歷史的轉換期 VI

1571年

白銀大流通與國家整合

1571年
銀の大流通と国家統合

Turning Points
in World History

岸本美緒
KISHIMOTO MIO
｜編｜

平山篤子、城地孝、眞下裕之、
堀井優、和田光司、薩摩眞介——著
李雨青——譯

內文左方註釋為譯者或編者註，特此說明。

出版緣起

在空間的互動中解讀歷史，在歷史的纏繞中認識世界

中央研究院近代史研究所助研究員、「歷史的轉換期」系列顧問　陳建守

歷史是什麼？來自過去的聲音？人類經驗的傳承？還是帝王將相的生命史？個人有記憶，所以人類也有集體記憶。表面上這些記憶是由事件及人物所組成，更往下分疏縷析，則風俗、習慣、語言、種族、性別等，無不在背後扮演重要的角色。而由這些基點延展開來的歷史研究，則有社會史、文化史、宗教史、性別史、思想史等不一而足的研究取徑。正因為人類無法忘卻過去的一鱗半爪，我們才有了「歷史」（history）。

上個世紀六〇年代英國著名史家卡爾（E. H. Carr）推出的《何謂歷史？》（*What is History?*）迄今剛好屆滿一甲子。卡爾當年「何謂歷史？」的鏗鏘命題，不僅是歷史學者在其漫長的從業生涯中無法迴避的提問與質疑，直至今日，我們仍與之不斷地進行對話。然而六十年過去了，我們現在對「何謂歷史？」這個問題提出的解答，與卡爾提供的答案已經有很大的不同，唯一相同的是「歷史是過去與現在永無止盡的對話」。雖然隨著討論的課題與人們討論方式的改易，對話的本質可能已

經改變，但這樣的對話至今仍不斷地在進行。

與卡爾當年身處的情境不同，現今歷史學研究的興趣從探究因果關係轉向對意義的追尋，由解釋轉向理解。近年來更出現兩項重大的轉向：第一，在過去十年，以全球史為名的出版品有逐漸增加的趨勢，相關研究書文不斷地出現在各大期刊的篇目當中。基於全球史取徑的興起，觀看歷史的視角也從歷時性轉為空間的共時性（from time to space/ place）。第二，大眾史學的出現，歷史做為大眾文化與市民生活的元素，與民眾日常切身相關的歷史研究蔚為風潮，也培養出一群重視在地連結與歷史感的閱讀大眾。

全球史取徑的意義在於打破單一的國族和語言，展現跨地區的相遇（encounter）和連結，同時也直接挑戰了預設地理疆界的「方法論國族主義」。將研究對象置於全球視野之下，一方面可以解構所謂的「歐洲中心化」概念，另一方面則可以指出一個歷史交纏打造的世界。全球視野下的歷史研究跳脫了歐洲中心普世論與國族主義特殊論的二元對立，將視角置於區域發展的自身脈絡以及整體歷史變遷上。至於大眾史學，強調的則是「歷史感」的課題，意圖帶領讀者感受歷史影響我們生活的諸般方式；透過瞭解與參與歷史，我們終將更加了解自己與身處的世界。

呈現在讀者眼前的這套「歷史的轉換期」叢書，就是從這兩大面向切入，編輯而成的套書。整套叢書共計十一冊，是臺灣商務印書館繼二〇一七年推出「中國・歷史的長河」系列套書後的又一鉅作，目的是提供臺灣讀者不同觀點的世界史。其中挑選我們熟知歷史大敘事中的關鍵年分，將之視為探索的起點，卻不囿於時空的限制，而是以一種跨地域的比較視野，進行橫切式的歷史敘事。

過往的世界史往往是各國按照年代時間序列組合而成的宏大敘事，全球史的敘事則是要將時空的框架重組，既有縱向的時代變遷，又有橫向的全球聯繫。這正與當前一〇八歷史課綱所提出的理念不謀而合，亦即注重空間（區域）的歷史思考，非常適合做為第一線中學教師補充一〇八歷史課綱的知識點。特別值得一提的是，這套叢書採取與日本同步的翻譯速度，希望能夠在最短的時間內，將最新的研究成果推送到臺灣讀者手中。

歷史學的地貌會改變，新的歷史斷層地圖也會隨之產生。讀者可以發現，專業歷史知識生產已然轉變，大一統的歷史書寫文化業已瓦解。「歷史是過去與現在永無止盡的對話」，自從卡爾為歷史下此定義之後，過去與現在之間彷若有了一條光亮的通道。而這套「歷史的轉換期」叢書，正是另一道引人思索的靈光乍現。

導讀

拉開一五七一年前後的世界史視野

中央研究院歷史語言研究所研究員　陳國棟

岸本美緒教授主編了「歷史的轉換期」系列套書第六冊《一五七一年・白銀大流通與國家整合》。她在本書的〈總論〉中花了不少篇幅去處理歷史分期稱法的問題，很有意思。她分析在日本的學術傳統下，被譯為「近代」的英文字“modern”的特定用法。不過在華語世界，不管是「近代」還是“modern”，大概都沒有一個統一的概念。由於分期稱法的中文用語問題不可能在眼前當下解決，我們還是簡單鎖定目前這本單冊的內容，針對的就是十六世紀末附近時間點上發生的歷史大事即可。

本書，以及包含本書在內的「歷史的轉換期」套書，聚焦於「轉換期」——歷史的轉捩點。用「期」代替「點」，代表那樣的激烈轉變不僅出現在一個單一的時間點上，而且是在一段相連的時間過程中接續發生。

編者以及各篇的作者都意識到最近二、三十年來有關世界史或全球史的探討狀況。編者群的〈寫在前頭〉說：他們的考量「並不是像馬賽克一般集結拼湊，而是像漣漪一般，以具體事例為中心，不斷往外擴散又彼此重合；描繪出這些漣漪彼此碰撞接觸的軌跡。」也就是既著重個別國度的內在發展，也關注不同國家之間的彼此互動。

在十五世紀末、十六世紀初，西方人往世界各處探險、貿易、征服、殖民以後，原本天南地北、各分東西的國家與人民，由原來的各行其是，開始逐步加速互動。本來由於獨自發展，因此走著不同的歷史進程：有時候同步，有時候有先有後，而有時候根本沒有共同性。開始互動加速以後，各自的回應也不一定相同，差別性往往也因地而異。不過，國與國之間的共同性的確日漸增加，而同步性的情況也越來越顯著。

本書選定西元一五七一年，來代表十六世紀後半相近時段的這個「轉換期」，十分恰當。副標題「白銀大流通與國家整合」也相當精準扼要。一五七一年之所以會被本書選為關鍵年分，那是因為西班牙人在這一年占據馬尼拉，開始了他們在東亞的殖民事業。西班牙人的本土在歐洲，主要殖民地在中南美洲。前此因為教宗仲裁，讓葡萄牙人擁有菲賓群島以西的壟斷地位，所以西班牙人往來菲律賓都得繞道，經由墨西哥或智利，走太平洋航線。當時中南美洲盛產白銀，西班牙人趁勢運載大量白銀到馬尼拉，向亞洲商人交換形形色色的商品。有趣的是，同一段時間的十六世紀後期，日本也大量產銀，因此也被納入世界貿易流通網絡。

白銀價值高，方便攜帶，幾乎所有的國家社會都願意接受，是絕佳的國際結帳工具。白銀的流通聯繫起整個世界。因為有了這樣方便、可信賴、被普遍接受的交易媒介，世界經濟才能活絡，世界貿易才能擴大規模。透過商品與白銀的流動，人類的生活也就綿密地結合在一起。

白銀推動歷史進程的事實毫無意外會引人注目。早年任職過臺北帝國大學的小葉田淳教授就深入探討此一課題，美國學者蘇爾茲（W. L. Schurz）的《馬尼拉大帆船》（*The Manila Galleon*, 1939）一書更是經典之作。而本書所收錄的作品則從不同國家的角度切入，探討同樣的歷史要素在個別國家的反響與後續。

羅馬共和國晚期的執政官西塞祿(Marcus Tullius Cicero）有一句名言：「金錢是戰爭的力氣！」（*Pecunia Nervus Belli*）。在西方重商主義時代，這句話經常被人掛在嘴上，而白銀就是當時主要的金錢。白銀讓許多國家的統治者方便籌湊經費，進行征戰，不但整合國家，甚至還擴張領土。

不過，以當時人的角度來設想，大多數個人的感受未必直接而深刻。編者群的〈寫在前頭〉說：「至少在十八世紀以前，絕大多數的人們對於自己生活的地區與國家之外發生了什麼事，幾乎是一無所知。」可是我們是在二十一世紀回顧歷史。我們在關注西元一五七一年時，不難知道下一年就是萬曆元年（一五七二）。這幾年前後，中國與其周邊發生了不少大事。

舉例來說，隆慶四年（一五七〇），蒙古土默特部首領俺答汗為救孫子把漢那吉，與明朝展開和談，次年達成協議，兩國由對立狀態轉向和平相處，開啟了雙邊的茶馬貿易。一五七一年也是日本九州大名大村純忠將長崎一帶土地交給天主教耶穌會利用的那一年，從此以後數百年間，長崎成為日本對外接觸近乎唯一的窗口，東亞的歷史也因此而改觀。

世界不會只有中國，世界也不會只有東亞。一五七一年西班牙人建立了馬尼拉城，而葡萄牙人在更早以前就在印度洋周邊建立殖民地，更進一步在中國澳門落腳。十七世紀一開始，英國與荷蘭都成立東印度公司，把貿易、殖民與戰爭都推向亞洲。越來越多的歐洲人東來，與東方各國產生互動。透過這本書，岸本美緒等日本學者幫我們拉開視野，到地球的不同角落。讀者披覽本書，將可對一五七一年前後的世界增加更多、更深入的認識！

寫在前頭

今日，諸如「全球史」等從廣闊視野出發、多面向思考世界歷史的史學日益盛行，我們希望能夠立足於最新的學術知識，針對各個時期的「世界」，提供一種新的剖析方式——本叢書就是依循這樣的思維而開展的企畫。我們列舉了堪稱世界歷史重大轉換期的年代，探討該年代各地區的人們過著怎樣的生活、又是如何感受著社會的變遷，將重點放在世界史的共時性來思考這些問題。此即本叢書的核心主旨。

從全球視野來嘗試描繪世界史的樣貌，在今天已經不是什麼稀奇的事，可以說本叢書也是歷史學界在這方面集結努力的其中一環。既然如此，那在這當中，本叢書的目標及特色又是什麼呢？在這篇〈寫在前頭〉中，我們將從幾個面向來試著敘述。

首先要討論的是「轉換期」*一詞代表的意義。若從現在這個時間點回顧過去，每一個時期在「轉換」上的方向性，看起來都會是十分明確的；雖然因為地區不同，而有或早或晚的時間差異及個別的特色，但歷史應該還是會往一定的方向發展吧……？然而，這樣的看法卻很容易讓後來時代的人們在回顧歷史時，陷入認知上的陷阱。對於熟知後來歷史動向的我們而言，歷史的軌跡自然是「只會朝這個方向前進」；既然如此，那如果「不從今天來回顧當時的社會」，而是嘗試「站在當

* 配合各冊敘述需要，會斟酌譯成轉換期、轉捩點、轉換關鍵等詞。

時社會的立場來看未來」，情況又會變得如何呢？今天的我們，若是論起預測數十年後或數百年後的世界，應該沒什麼人有自信吧！這點對過去的人們來說，也是一樣的。綜觀當時世界各地人們的生活便會發現，儘管他（她）們深切感受到「世界正在經歷重大變化」，卻又無法預測這股推著自己前進的潮流將通往何處，因此只能在不安與希望當中，做出每一天的選擇。將這種各地區人們的具體經驗相互積累、結合後，歷史上的各個「轉換期」，便會在我們面前呈現出一副比起從今日視點出發、整齊劃一的歷史更加複雜，也更加活潑生動的姿態。

第二是世界史的「共時性」。本叢書的每一冊，都以一個特定的西元年分做為標題。對於這種作法，讀者理所當然會湧現疑問：儘管在這一年的前後數十年甚至數百年間，世界各地呈現了巨大變化，某種程度上也可看出一定的關聯性，但這樣的轉變會是在特定的某一年一口氣突然爆發出來的嗎？就算有好幾個地區同時產生了重大變革，其他地區也不見得就有變革吧？特別是，姑且不論日益全球化的十九、二十世紀，針對古代和中世紀世界史的「共時性」（synchronicity）進行推論，真的有意義嗎？當然，本叢書的編者與作者並不是要強硬主張所謂「嚴密的共時性」，也不是要對每一冊各章的對象僅就該特定年分的狀況加以論述。不僅如此，諸如世界史上的「交流」與「衝突」這類跨地域的變遷，以及在這之中肩負起重要任務的那些人，我們也不特別著墨；畢竟至少在十八世紀以前，絕大多數的人們對於自己生活的地區與國家之外發生了什麼事，幾乎是一無所知。而本叢書的許多章節裡，就是以這樣的普通人為主角。儘管如此，聚焦在特定年分、以此眺望世界各地狀況的作法，仍有其一定的意義——它開創了某種可能性，也就是不以零星四散的方式，而是透過宏觀的視野，針對當時各地區人們直接面對的問題，及其對應方式的多樣性與共通性進行分析。像是大範圍的氣候變遷與疫病，各個地區在同一時期，也可能直接面對「同樣的」問題。不只如此，也有像資訊與技術的傳播、商品的流動等，有著時間差而對世界各地產生影響的現象存在。然而，儘管問題十分類似，各地區的對應方式卻不相同；甚至也有因某些地區的對應，導致相鄰地區做出截然不同的對應態度。此外，面對類似的狀況，某些地區的既有體系因此產生了重大的動搖，但其他地區卻幾乎不受影響，這樣的情形也是存在的。當我們看到這種迥異的應對方式，從而思考為何會這樣的時候，便會對各個社會的特質產生更深一層的理解。儘管將生活在遙遠分離的地區、彼此互不相識的人們稱為「同時代人」，似乎不是件普通的事，但他（她）們確實是生活在同一時間、同一個「當代」(contemporary) 的人們；我們所做的，就是讓讀者試著感受箇中的醍醐味。

第三個問題是，「世界史」究竟是什麼？今日，打著「全球史」名號的著作多不勝數；儘管它們都有著超越「國史」框架的共通點，採用的方法卻林林總總、不一而足。有的將氣候變遷、環境與疫病等自然科學方法納入研究取徑，來處理大範圍的歷史；有的利用比較史或系統論方法，將重點放在亞洲，對歐洲中心主義進行批判；此外，還有運用多語言史料的海域交流史，這種有時也被叫做「全球史」。雖然本叢書秉持「世界史的視野」，卻未必會使用「全球史」一詞，而是讓各位作者按照自己的方法執筆，在選擇探討對象上也抱持著開放態度。雖然稱為世界史，但本叢書並未採取將某個年代的世界分成好幾塊、然後對各塊分別撰寫概述的作法，而是在狹窄的範圍內，盡可能提供鮮明生動的實例。因此在每一冊中，我們並不見得徹底網羅了那個年代的「世界」樣貌。乍看之下，這樣的做法或許會讓人覺得是好幾個零星主題胡亂湊在一起，然而，我們也請作者在執筆時不將各冊各章的對象框限在一國或一地區之中，而是以面向世界的開放脈絡來處理它們。「世界」並不是像馬賽克一般集結拼湊，而是像漣漪一般，以具體事例為中心，不斷往外擴散又彼此重合；描繪出這些漣漪彼此碰撞接觸的軌跡，就是本叢書的特色。「世界史」並不是一大堆國別史綁在一起的集合物，也不是事先就預設出一個所謂「世界」這樣的單一框架；相反地，我們認為它是紮根於各個地區的觀點彼此碰撞、對話，而展現出的活潑鮮明姿態。

透過以上三點，我們簡略陳述了本叢書的概念。歷史的宏觀脈動，是上至大政治家和學者，下至庶民，由各個階層的人們共同摸索與選擇所形成的。本叢書的視野雖是全球性的，但並非從超越個別眾人經驗的制高點來鳥瞰世界史的全貌，而是試著從廣泛的、同時代的視野，去比較、檢討那些跟今天的我們一樣，面對不可預測的未來不斷做出選擇的各時代人們的思考和行動方式，從而以這樣的視角，對世界史上的「轉換期」加以重新思考，這就是我們關心的所在。透過這種嘗試，本叢書希望能將歷史發展中宏觀、微觀視角的交錯，以及橫向、縱向伸展的有趣之處，介紹給各位讀者。

本叢書的各冊構成如下：

第1冊　前二二〇年　帝國與世界史的誕生
第2冊　三七八年　崩解的古代帝國秩序
第3冊　七五〇年　普遍世界的鼎立
第4冊　一一八七年　巨大信仰圈的出現
第5冊　一三四八年　氣候不順與生存危機
第6冊　一五七一年　白銀大流通與國家整合
第7冊　一六八三年　近世世界的變貌
第8冊　一七八九年　追求自由的時代
第9冊　一八六一年　改革與試煉的時代
第10冊　一九〇五年　革命的浪潮與團結的夢想
第11冊　一九一九年　邁向現代的摸索

各冊除了每一章的主要敘述外，還收錄了簡短的補充說明「專欄」，開頭也編入概觀全書樣貌的「總論」。除此之外，扉頁設有地圖，書末附有參考文獻，希望能對各位讀者有所幫助。

「歷史的轉換期」叢書監修　木村靖二・岸本美緒・小松久男

歷史的
轉換期

06

1571年

白銀大流通與國家整合
銀の大流通と国家統合

Turning Points in World History

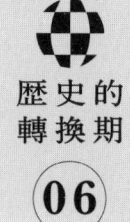

總論　白銀大流通與國家整合

岸本美緒

「近代」、「近世」概念與十六世紀*

長久以來，十五世紀至十六世紀一直是公認的歷史重大轉換期。現在常見的「上古－中古－近代」三段分期法出現於文藝復興時期，之後「modern」等衍生自拉丁語「modo」(現在、最近之意)、含有「近代」之意的語詞取代「中世紀」，成為人們指稱自身富含嶄新人文精神時代的名詞。先不管論述是否嚴謹，就一般常識而言，現今歐美地區不管是英文 modern 或是法文 moderne，皆用以指稱十六世紀之後的時代。不過若將範圍擴大到歐洲以外的地區，從世界史的角度來看，「近代」一詞的用法就顯得相當複雜。有關時代劃分的問題，將在本系列第七冊《一六八三年．近世世界的變貌》的總論深入探討，然本冊亦希望在此加入部分討論。

* 本書所稱之「近世」一詞為日本史學界專有用詞，概念相當於英文的 early modern，臺灣較通用的譯詞有「近代早期」、「近古」等等。為忠實呈現編者對日本史學界時代分期的討論脈絡，本處沿用日文用詞。至於「中世」一詞則譯為「中古」或「中世紀」，特此說明。

十九世紀以降，非歐美地區在歐美影響下形成的歷史學，該如何在各自的歷史中劃分出「近代」？方法有好幾種。第一種，是以當地是否出現類似歐洲「近代」的現象做為分期基準。然而，根據選取的近代現象做為判定標準——例如中央集權化、商業發展，或是民主主義思想等某項或某幾項指標——所產生的分期結果，實際上會相當多樣。第二種，當地的內部狀況雖然與「近代」歐洲相異，但彼此存在接觸、交流或支配關係（例如殖民統治），因而將該時期視為「同一個時代」。換言之，此種分期法將重點放在「共時性」，認為彼此存在於同一個時期，擁有密切關係，因此同樣屬於「近代」。不過，彼此的接觸、交流及支配關係要到達怎樣的程度才算具有共時性，也沒有一定基準。

以世界史的尺度範圍來進行歷史分期，是否真的可行？這個難題多年來一直困擾著歷史學者們。若以第二種分期方式來檢視本書所討論的十六世紀，毫無疑問地，十六世紀具有極其重要的劃時代意義。以拉丁美洲為例，受西班牙與葡萄牙統治，在政治、經濟、社會和文化方面產生激烈變動的十六世紀，無庸置疑是拉丁美洲歷史上重大的轉換期。華勒斯坦（Immanuel Wallerstein）認為自十六世紀起，以西歐為「核心」的資本主義世界體系將拉丁美洲等其他地域納入附屬的「邊陲」地區，並逐漸擴大勢力範圍。根據他的理論，這個涵蓋了「核心」與「邊陲」地區的「近代世界體系」，便是誕生於十六世紀。另一方面，十六世紀東亞的中國及日本等地也因為與歐洲的接觸而受到相當程度的影響，但衝擊力道和拉丁美洲相比根本微不足道。一直要到十九世紀，中國及日本才真正遭遇「西方的衝擊」。日本直到十九世紀才正式開始效法歐美的「近代化」，即嘗試達成前述第一種的「近代」。如此說來，十六到十九世紀的這三百年間，對東亞而言應該怎麼稱呼？對於此一疑問，永井和認為這是「東亞史的『近世』問題」。永井在思考華勒斯坦的「近代世界體系論」時，即指出東亞在「含攝」入此體系之前，有著三百年的長期時間差。

安土桃山時代至江戶時代，也就是西元一五六八年至一八六七年，這三百年間在日本史上稱為「近世」，與明治維新後的「近代」有所區別。此種分期法在二次大戰前已被廣泛接受，是故永井提出的「東亞史的『近世』問題」，從表面的稱呼用詞上來看，可以說是已經解決。然而，通行於日本史的「近世」概念只是一種習慣性用法，並不是因應永井的提問才形成的研究成果，而「近世」一詞亦未在日本以外的亞洲各處落地生根。在這樣的狀況下，永井主張以十八世紀末至十九世紀前半為界，重新將世界史上的廣義「近代」劃分為「近世」與狹義的「近代」。

另外也須注意，歐洲史裡十六至十八世紀的這「三百年」，也同樣遇到了稱呼用詞的問題。近藤和彥論述如下：

> 根據以往的教科書大綱，在文藝復興、人文主義與宗教改革的影響下，中古時期被否定，近代的「人文主義」及「個人」概念也應運而生。然而將近三百年後，因階級制與封建特權而充滿限制的舊制度再次成為問題，所產生的異議最後在一七八九年引發法國大革命，透過人權宣言，「近代」得以確立。（中略）若上述近代皆屬於同樣的時代，那麼從「成立」到「確立」的三百年間，又究竟是怎麼一回事？

——《世界史手冊一一四　近世歐洲》

提出上述疑問後，近藤建議將世界史上的十六至十八世紀劃為一個重要的時代，以便與工業革命、法國大革命後的狹義「近代」有所區別，也就是「近世」(early modern)。如今這樣的時代分期法在西洋史學上亦廣泛運用。

若以上述區分「近世」與狹義「近代」的觀點來看，十六世紀做為世界史的轉換期，與其說是「近代」的開端，更應該說是「近世」的開端。由於「近世」與「近代」的字面含義相去不遠，看起來或許像是文字遊戲，可能也有人認為「近世」不過就是歷史過程中逐漸演化至「近代」的早期階段，刻意區分「近世」與「近代」好像沒什麼太大意義。然而這裡該關注的是，「近世」與「近代」並非僅是指涉的時代不同，此二詞在使用上也有極大的差異。

「近代」並非只是用來指稱從西元幾年到幾年，表示時間區段的詞。就如同「近代性」、「近代化」等詞語，在使用時多半代表著普遍且具共通性的指標——民主主義、理性主義精神、高度的科學技術、蓬勃發展的工業、資本主義等等。當然，要強調其中的哪一項指標因人而異，但諸如「你的想法太不近代了」、「期望走向近代化」等措辭，總得對「近代」的含義有所設想，這些句子才得以成立。因此，「近代」同時也乘載了某種價值觀，但這個價值觀並不像是「近代性」或「近代化」，不一定具有正面的意涵。比如在當今日本，「近代主義者」便可以用來揶揄將近代西方模式奉為圭臬者，帶有些許負面意味。這也是由於「近代」一詞混雜了許許多多受西方衝擊，因而邁向

「近代化」的非西歐地區人們的憧憬、焦慮、自卑感等五味雜陳的情緒。

相對於此，「近世」一詞則不一定含有這樣的指標或價值觀。當然，居住在日本的人們透過來自學校教育或是連續劇的知識，對於日本「近世」的特徵都再清楚不過了。而其他地區的人們對於各自的「近世」（也就是十六至十八世紀左右），應該也都有某種程度的認識。然而，這些「近世」概念是否有著共通的標準？這個問題很難三言兩語就給出回答。換言之，「近世」一詞並不像「近代」，其所包含的共通概念相當稀薄，因此，「近世」可說是一種依地區不同有所差異、能夠涵蓋多樣性內容的開放概念，反過來說也是一個內容模糊、讓人摸不著頭緒的詞語。那麼，究竟是什麼讓「近世」即便有這層曖昧，還是得以被定義為「近世」呢？接下來，就要聚焦在本書的重點「一五七一年」，來簡單闡述幾個論點。

「世界貿易」的誕生

丹尼斯．弗林（Dennis O. Flynn）與阿圖洛．吉拉爾德茲（Arturo Giráldez）共同著作的英語論文〈含著「銀湯匙」出生：一五七一年世界貿易的誕生〉（*Born with a 'Silver Spoon': The Origin of World Trade in 1571*, 1995），是探討一五七一年世界歷史上全新形勢誕生的著名文章。之所以是一五七一年，因為這一年是馬尼拉建城與馬尼拉大帆船（Manila Galleon）啟航之年。關於馬尼拉建城與馬尼拉大帆船，在本書第一章將有詳細的說明。簡而言之，弗林等人主張，馬尼拉大帆船的定期航線完成了連結美洲、亞洲、歐洲、非洲各大陸的常態性海上貿易鏈，所謂的「世界貿易」自此展開。當然，在一五七一年之前亦存在不同大陸間的交易活動，然而此時的貿易具備了帶給所有交易對象關鍵性刺激的重要性與持續性，並同時補足了過去始終從缺的「美洲－亞洲太平洋航路」環節，形成連結四大陸的交易網，故可稱為「世界貿易」的誕生。

這種觀點不算新穎。就如弗林等人在論文中引用的近世貿易史權威查爾斯・博克瑟（Charles R. Boxer）所述，他雖然沒有強調一五七一年這樣特定的年分，但早在一九六〇年代就已提出同樣的看法。不過，弗林等人的論文之所以在英語圈歷史學界受到重視，是因為該文主張商品流通與白銀流通互為表裡，並認為造成白銀流通的主因在於中國對白銀的需求。

這個嶄新的論點，為此一時期的洲際交易發展帶來了主客易位的全新面向與見解。接下來將稍微偏離這篇論文的主題，先來回顧一下至今對洲際交易發展的普遍性看法。以往說到此時期的洲際交易，總是由哥倫布（Christopher Columbus）、達伽馬（Vasco da Gama）等歐洲人前進世界的角度出發，通常被稱為「地理大發現」。後來由於「地理大發現」一詞隱含了歐洲中心主義偏見，便改以「大航海時代」來指稱此一時期，並指出亞洲物產的豐饒和品質優良如何吸引歐洲人，強調至少直到十八世紀末之前，亞洲各地的經濟力與技術毋寧是凌駕歐洲。而表示歐洲人航海活動的「大航海時代」一詞，亦逐漸為涵蓋多元民族活動的「大貿易時代」取代。不過即便如此，在「歐洲人為尋求亞洲豐富物產而來，加入當地活絡的交易活動」這樣的論述方式背後，敘事主體依舊是歐洲人，受到關注的是歐洲商人想取得生絲、陶瓷的欲望，流入中國的白銀只是歐洲人主體活動下的產物。弗林等人的論文正是想要扭轉這個被默認的觀點。換言之，此論文主張中國對白銀的需求大量吸納了美洲及日本白銀，引起世界性的白銀流動，這才是造成世界貿易誕生的主因。歐洲商人在此種貿易中扮演了重要角色，但也不過就是以中盤商的身分活動罷了。

美洲大陸的白銀自十六世紀後半開始流入中國，日本的白銀也在稍早開始大量流入，這些事實早在二戰前就眾所周知，並不是什麼新發現。不過，從「中國的白銀需求」角度切入，扭轉了西方學界對「大航海時代」的一般印象，可謂是此論文的有趣之處。此切入點以「世界貿易」與「白銀的流通」為中心詮釋該時期的世界，與前述第二種重視「共時性」的歷史分期法思考模式相近，卻與華勒斯坦等人以西歐中心支配邊陲地區的「世界體系」架構論述剛好相反。當然，弗林等人並非否定西班牙曾在拉丁美洲建立起掠奪結構，但若要追本溯源，此結構也是肇因於白銀流通終點的中國對白銀需求而產生的結果。這樣的主張相當符合近年英語學術圈內強烈的歐洲中心主義批判潮流，卻也略顯極端。不過當時的中國不斷地大量吸收白銀，物價卻未如同時期的歐洲般明顯上漲（即所謂的物價革命），這是不爭的事實。究竟為何會有這樣的現象產生？這是個相當有意思的問題。

中國真的是白銀流通的終點嗎？弗林等人在論文中以「無底的白銀排水口」來形容中國對白銀的龐大需求。至於為何產生如此龐大的白銀需求，論文中僅提到中國的銅錢品質參差不齊造成白銀較受歡迎，以及一五七〇年代前後實施一條鞭法賦稅折銀繳納，除此之外並未多談。有趣的是，查看當時的中國史料，會發現明朝的知識分子也以類似「排水口」的詞彙「尾閭」來形容白銀的流動。「尾閭」指的是位於海底，不斷吸入海水的大洞。該史料記載如下：

自款市以來，中國之鏹歲費虜中者幾百萬，積之二十餘年，不下二千萬。此二千萬者往而不返，如歸尾閭，不複流注於內地，何怪官民之兩困也。

——陳懿典，〈客問開礦利害對〉《陳學士先生初集》卷二八

這邊說的款市即「講和」與「互市」，是本書第二章的主題，即指一五七一年明朝與蒙古達成和議，以及隨之開設的馬市。也就是說，這份史料指出當時已有中國人對中國白銀流向北方且只出不進一事，備感危機。先不論其中敘述的白銀流出量是否可信，如同第二章指出，從日本、美洲流入中國的白銀確實有一定數量流向北方邊疆地區，並培養出之後建立大清、統治中國的女真（滿洲）等，一點一滴瓦解明朝統治的新興商業兼軍事勢力。當日本邁向全國統一之際，幾乎同一時期，女真社會也因競爭藥用人參、皮毛等商業利益展開激烈的部族鬥爭，逐漸朝向統一國家邁進。

弗林等人的論文標題「含著『銀湯匙』出生」，除了是借用自形容在生活無憂的富裕家庭中出生的西方諺語，也表達了「世界貿易」與「白銀大流通」的同時誕生。不過「含著銀湯匙出生」這句話，會讓人聯想到那些從沒拿過比湯匙還要重的物品、不知人間疾苦的少爺或千金，然而白銀大流通在實際上卻是完全相反，總是伴隨著嚴峻的軍事抗爭或宗教壓迫。接下來，就要從國際商業、戰爭與宗教的角度來闡述其情勢。

貿易熱潮與國家形成

弗林等人論文中所謂「世界貿易誕生」的時期，亦是中國對蒙古開設馬市、解除東南沿海民間出海交易禁令的時期，迄今在朝貢貿易下嚴格的經濟控制逐漸緩和。這個將重心由朝貢貿易轉換至民間貿易的中國新貿易體制，中島樂章稱之為「一五七〇年體系」。當時熱烈的商業浪潮，以及因商業利益而引發的激烈抗爭，席捲了東亞和東南亞等中國周邊地區。東南亞歷史學家安東尼・瑞德（Anthony Reid）在著作《東南亞的貿易時代》（*Southeast Asia in the Age of Commerce*）中，將一四五〇年至一六八〇年定為「貿易時代」（the Age of Commerce），其中又再劃分成幾個區間，一五七〇年至一六三〇年的六十年則是被稱為「熱潮時期」的高峰期。

瑞德的「貿易時代」論指出，這個在某方面堪稱「全球化」的世界貿易發展時期，不僅是東南亞發生激烈抗爭的時期，也是強盛新興國家的形成時期，這是該論述的亮點之一。他將十六世紀急速成長茁壯的東南亞各王國，包含蘇門答臘北部的亞齊、西爪哇的萬丹、蘇拉威西島南部的望加錫、暹羅的阿瑜陀耶王朝*、緬甸的東吁等等都稱為「絕對主義國家」（absolutist states）。該書的研究對象雖然是東南亞，但對於思考同時期的其他地區亦提供了一些啟發與見解。以下是筆者從瑞德的論述中整理出來的東南亞各國共通特徵。

* Ayutthaya，又稱大城王國。

第一，這些國家都以海外貿易收入為重要財源。這也是馬六甲等十五世紀連結印度洋與南海貿易圈，做為東西交易樞紐而發展的東南亞港市國家共同特性。不過相較於馬六甲境內並無特產品，十六世紀興起的各國都同時坐擁出口港，又領有得以生產胡椒、香料（萬丹、亞齊）、蘇木、獸皮（暹羅）、米(緬甸、望加錫、暹羅）等出口特產品的廣大腹地。第二，則是新兵器的登場與使用，瑞德稱之為「軍事革命」。這些國家的君主在擴張勢力時紛紛向歐洲壟斷購買操作性能高，威力強大的大砲、槍枝等武器。第三，權力向國王集中。國王掌握上述海外貿易財源，並取得軍事上的優越地位，足以壓制國內貴族及富裕菁英階級，獲得了「絕對主義式」的權力。第四，這些國家都仰賴統治中樞的多元文化性，來支撐集中的權力。國王任用來自各地（歐洲、伊斯蘭文化圈、中國、日本等）具備外交、貿易或軍事相關專業知識和技能的人才擔任直屬官僚和軍人，以支持自身權力。第五，王權與宗教的關係更加密切。一五七〇年開始的「熱潮時期」，同時也是東南亞的「宗教革命」（這也是瑞德的用詞）時期。亞齊、望加錫等島嶼區王國都在此時強化了伊斯蘭政權性質，這是由於島嶼區的伊斯蘭地區交易擴大，不但協助鞏固了王權的正統性，也成為對抗葡萄牙勢力的支柱。而在大陸區方面，則是由自古傳承的上座部佛教成為支撐國王正統性的宗教。

這些東南亞國家形成的特徵，若與日本近世國家的形成比較，其間有何異同？一五六八年織田信長前往京都（上洛），該年一般被視為「統一天下」事業的起始；就這點而言，時間點恰好和弗林等人的「世界貿易誕生」、瑞德「熱潮時期」如出一轍，與東南亞「絕對主義國家」的形成和壯大屬於相同時代下產生的現象。

第一，從政權的經濟基礎來看，與東南亞各國相比，日本可說是重視土地更甚於商業。不過，無論是織豐政權*還是當時的各大名，都相當重視貿易利益，無不積極推行政策掌控港口城市以保護和管制貿易，並控制生產主要出口品的貴重金屬礦場，如織田與豐臣政權皆直接掌管生野、石見等銀礦山，並將長崎劃為直轄地，努力運用多種手法壓制各大名以壟斷海外貿易利益。

第二，在使用新兵器這點，眾所周知，當時日本迅速將海外傳入的鐵炮國產化，並運用於戰爭。鐵炮在日本的普及度遠遠超越東亞各地，不僅促進了織田與豐臣政權的統一大業，也透過出兵朝鮮推動了朝鮮及中國明朝的兵器改革。

第三，東南亞的「權力向國王集中」現象，也出現在日本的統一過程之中。豐臣政權時期進行了全國的土地丈量，並以石高制†為基礎統一向各大名徵收軍役。德川幕府後成立的「幕藩體制」，雖然讓各大名的領地以藩為單位存續，卻也實行了改易轉封與參勤交代‡等制度，諸如這般集權的「公儀」（公家權力）強化情況，在前近代的日本史中亦屬突出。不過，掌握經濟基礎與軍事力的強大武家政權，最後依然沒有消滅天皇，成為集威權於一身的「國王」，這也是日本統一政

* 織田信長與豐臣秀吉政權。
† 依土地標準玄米收穫量為基準的日本近世生產力指標，約確立於豐臣秀吉政權。
‡ 江戶時代的改易意指沒收大名的領地、家產、房產等等，轉封則是命令大名搬遷至領地以外之土地。至於參勤交代，則是要求大名每隔二年就必須前往江戶服役，一年後再返回領地。

權的獨特之處。

第四，在多元文化性這點上，雖然十六世紀後半至十七世紀初期存在許多以儒學或醫學等專業知識出仕大名的中國人，但若檢視中央的織豐政權，卻無法在權力中樞找到如東南亞各國般的外國人傭兵或專業官僚集團，可以推測統治集團當中並沒有顯著的文化多樣性。特別是以好戰尚武聞名的日本，即便日本人會在海外擔任他國的傭兵，他們也不願僱用外國人做為自家的傭兵。統治集團內部高度的文化同質性，是日本與同時期東南亞各國、滿洲政權的相異點，也被認為是後續德川政權得以和平切換至鎖國政策的主因之一。

第五，在宗教層面上，日本不像東南亞，新的統一政權並非藉由伊斯蘭或上座部佛教這樣明確的宗教而達成「正統化」。不過，基督教在日本的傳教活動仍是一個重要的宗教因素，造成了包含大名在內的眾多日本人士改宗，無疑對統一過程產生了巨大的影響。就結果而言，日本的近世政權不僅未以宗教為後盾，甚至如同秀吉和家康彈壓基督教一般，藉由消除可能轉變為敵對勢力的宗教性凝聚，以確保自身政權的正當性。

由以上的比較可以看出，當時東南亞與東亞的新興政權間雖然有相當程度的共同點，卻也有相異的特徵。不過，這些特徵皆是在國際商業急速擴張、新軍事技術傳入、各種宗教的傳播與衝突等廣域局勢的共同背景下形成。這正是一五七〇年代以後東南亞與東亞「商業熱潮」下的產物，也是伴隨「世界貿易誕生」而生的現象。

菲利普二世時代

不論讀者是否樂見，瑞德提到東南亞各國時使用的「絕對主義」一詞，還是讓人聯想到與歐洲的比較問題。一般而言，「絕對主義」指的是近代早期歐洲各王國的強大王權。瑞德在兩大冊的《東南亞的貿易時代》序文裡，就提及了費爾南．布勞岱爾（Fernand Braudel）的《地中海與菲利普二世時代的地中海世界》（*La Méditerranée et le Monde Méditerranéen a l'époque de Philippe II*），表示該著作採用了不限於歷史學的種種方法，探討廣域內各地區的關聯性及精彩的多樣性，為他帶來極大的啟發，足見瑞德關注的範圍並不限於東南亞地區。

瑞德在書中雖然沒有明確比較東南亞及歐洲，但他主張東南亞的「貿易時代」其實更早於起源自歐洲的「大航海」時代，當時東南亞出現眾多兼具經濟力與軍事力的「絕對主義式」國家，而東南亞島嶼的重要地區是在貿易熱潮消退後的十七世紀末才臣服於歐洲勢力。這些敘述都可看出瑞德認為在「貿易時代」，東南亞在某方面與歐洲平起平坐。

布勞岱爾書名中的「菲利普二世時代」，是指西班牙國王菲利普二世（Philippe II）在位的一五五六年至一五九八年，本書的重點一五七一年也涵括其中。如同前述，一五七一年是菲律賓馬尼拉建城，與馬尼拉大帆船定期航線的起始之年，菲律賓之名便取自於菲利普二世皇太子時期的名字。對菲利普二世來說，一五七一年是他派遣西班牙艦隊對抗鄂圖曼帝國海軍，與教皇和威尼斯聯軍合作在希臘外海發起勒班陀戰役（Battle of Lepanto）的那一年。如同第四章所述，鄂圖曼雖在勒班陀戰役中敗北，但它並未因此停止向東地中海繼續擴張勢力。然而其後，一五八〇年菲利普二世同時繼承了葡萄牙王位，在歐洲除了伊比利半島，荷蘭、西西里與薩丁尼亞島皆為其勢力範圍，歐洲以外則統治了包括美洲大陸、菲律賓、馬六甲、果亞、非洲西岸的安哥拉等地，堪稱一個遼闊的「日不落」帝國。

在西班牙不斷擴張遠方領土的同時，與西班牙對立的各國勢力在十六世紀後半開始逐漸增強。以喀爾文教派為主的荷蘭便在一五六八年起身反抗菲利普二世的天主教化政策，之後演變為長期的獨立戰爭。一五八八年，支持荷蘭的英格蘭海軍在英吉利海峽擊敗了西班牙的「無敵艦隊」。如同本書補論所言，在這之前英格蘭的船隻就時常在海上追捕、掠奪西班牙的白銀運輸船，主謀之一的法蘭西斯·德瑞克（Francis Drake）也因為擁有豐富的海盜經驗，於對抗無敵艦隊的戰役中擔任副司令官。然而不只荷蘭、英格蘭等新教國家，即便是國內宗教對立激烈的法國，也是在抵抗西班牙介入的同時，透過國王改宗走向溫和的天主教統一國家，在這過程中反西班牙聲浪不斷高漲，詳細情形可見本書第五章。由此可知，一五七〇年代至十六世紀末的幾十年間，西班牙的領土範圍達到巔峰，可謂是其「黃金時代」，但同時也因各方戰爭造成財政困頓，與新教諸國的對抗也讓西班牙失去海上霸權，國力衰退之象漸現，從美洲大陸流入國內的白銀又流出至其他國家。其後，荷蘭、英格蘭等國設立了東印度公司，歐洲在亞洲的商業活動主角也從西班牙和葡萄牙變成了荷蘭及英格蘭。

此一時期也是歐洲「絕對主義國家」形成與競爭的時代。近年，西方史學裡「絕對主義」的定

圖總 -1　菲利普二世

圖總 -2　勒班陀戰役

義發生變化，比起像國王這類如字面般的絕對權力，傾向更重視維繫君主專制政體的團體（依地區或職能為基礎組成的中間團體）組織，並指出各國皆有相異的多樣特徵。因此必須特別注意，不能因為同樣有「絕對主義」一詞，就過度強調歐洲與東南亞的共通性。瑞德亦指出東西方的差異，「東南亞的絕對主義與同時期的歐洲不同，當新權力向國王集中時，並沒有可以承認社會中其他利害關係人士地位的制度，或者說根本不曾想過要建立那樣的制度」。也就是說，歐洲的王權為對抗貴族階級而與商人聯手，因此必須顧慮其權益，東南亞卻不曾有過這樣的考量。先不論瑞德所提的差異是否具有普遍性，可以確定的是，「絕對主義」，也就是權力集中於君主的政治體制，內部情況其實是相當多元的。

然而，若從宏觀角度來看，此時歐亞大陸東至東南部，以及西至西北部的大洋沿岸區域，確實在同一時代皆出現了權力逐漸集中於君主的現象。而這個權力集中的過程，又與爭奪長途貿易流通的白銀、為了藉軍事行動占據優位而從事的武器改良以及戰爭規模的擴大（軍事革命）、大規模戰爭下的財政擴張、刻意利用宗教與意識型態提供王權正當性，以及從打壓到試圖吸納與王權抗衡的宗教等等，在這些結合了國際貿易、戰爭及宗教要素的複雜關係下同步進行。誠然，國際貿易、戰爭及宗教因素在各地區和時代都會出現，不過這些因素彼此密不可分且相互加乘，即便在國內也引發劇烈變化，這樣的情形則是其他時代較少看到的。換言之，全球性的白銀流通成為觸媒，權力成為槓桿，凝聚大洋沿岸地域的軍事與宗教力量，打造出具有強大向心力的國家。

由此層面來看，以十六世紀白銀大流通的共時性為基礎的歷史分期法，對歐亞大陸東西兩側與美洲大陸的歷史來說，比較有說服力且容易接受。但另一方面，也有無法適用此種歷史分期的地區。舉例來說，若將目光放到同時期西亞與南亞常被相提並論的伊斯蘭世界三大帝國：鄂圖曼帝國、薩法維帝國、蒙兀兒帝國，「近世」一詞雖也曾用來論述這些地區的歷史，卻沒有被廣泛接納。這又是為什麼呢？

「陸地帝國」與近世世界

檢視一五七一年這個時間點，會發現這些帝國都在該時點前後出現了具備強大領導力的君主，致力於推動和強化國家整合。鄂圖曼帝國有「大帝」(the Magnificent) 之稱的蘇萊曼一世 (Suleiman I，一五二〇～一五六六年在位)、薩法維帝國有建造了伊斯法罕的阿拔斯一世 (Abbas I，一五八七～一六二九年在位)，而蒙兀兒帝國則有本書第三章的主人翁阿克巴 (Akbar，一五五六～一六〇五年在位)。這些帝國是否可納入「近世」帝國的行列？清史學者杉山清彥撰寫的文章〈近世歐亞大陸中的大清帝國〉將較晚登場的清與其他三個帝國並列，歸納出四個帝國的共同特徵。第一，從過往的政治和文化框架來看，這些帝國皆由邊疆地區興起，並征服、重組了以古老文化傳統為傲的地區。第二，在國家成員或組織技術上，這些帝國具有混合多「民族」、多文化的複合性質。第三，疆域皆非一元統治，而是多元統治型態的集合體。第四，官方採行的語言或文字皆與以往使用的傳統語言有所出入，並以此發展出高度的文書行政系統。杉山認為這些共通性的淵源，在於這幾個帝國都是「承襲自十三至十四世紀的蒙古帝國，擁有廣大領土，整合了多『民族』的龐大國家」。

接下來，我們再就「世界貿易衝擊」的角度，重新思考這個問題。除了較晚才在歷史舞台上登場的清帝國外，十六世紀後期活絡的世界貿易，究竟有沒有為鄂圖曼、薩法維及蒙兀兒三大帝國帶來宛如歐洲或東亞那般的衝擊力道與變化？當然，這個時期與這些帝國相鄰的海上貿易活動相當熱絡，關於東地中海海域鄂圖曼帝國與威尼斯商人的關係，將於本書第四章詳述。至於印度洋，葡萄牙人以武力建立據點，不再滿足於單純的交易活動。但即便如此，這三個帝國的財政與統治體制並未因海上貿易的動向而產生重大變化。

我們可從二個層面切入，進行假設性的探討。首先是國家規模與財政基礎的層面。就貿易相關收入之於國家財政的重要性，東南亞「絕對主義」式的各王國應較三大帝國來得更高，這不僅是由於領土大小差異造成土地收入的落差，也是由於各自對海上貿易的關注與看法有所不同。這三大帝國皆屬「陸地帝國」（羽田正），即便君主或官僚個人投資海上交易活動，亦缺乏排除他人，壟斷性管理和經營海上貿易，並以此做為財政基礎的想法。如同第三章所述，阿克巴於一五七一年建設的新城之名，是用來紀念當時征服了印度洋貿易重鎮古吉拉特地區，然而勝利的意義並不在於掌握了該地區的貿易利益，而是壓制住帖木兒家族的競爭對手。

其次，這些帝國政府對民間貿易皆採取柔軟彈性的態度。這點可與第二章討論的明國對外政策做比較。明國在一五七一年之前的民間貿易政策，主要採取禁止的控管模式。這種強硬政策引發了追求商業利益集團的武裝抵抗，最後造成明代邊區的統治崩壞。對於明這個巨大的「陸地帝國」而

圖總 -3　蘇萊曼一世

圖總 -5　阿克巴

圖總 -4　阿拔斯一世

言，白銀的流入就像是一把雙面刃，促使明朝邊境出現抵抗統治的商業兼軍事勢力，日益興盛的世界貿易對於明的解體發揮了作用。相較之下，三大帝國鮮少禁止境內貿易商人的活動，對外貿易雖有一定程度的管理，卻不會強加干涉，故人們很少因此對國家統治產生不滿或衝突抵抗。

從以上幾點可知，三大帝國不同於因世界貿易熱潮而急速凝聚向心力的國家，也不同於因世界貿易帶來的離心力影響而開始崩解的帝國，它們緩慢吸收了世界貿易的衝擊。它們與其他的「近世」國家同樣享有貿易帶來的利益，出現導入兵器技術，整頓國家機構等各種現象，卻又同時保有統治遼闊領土的彈性。以十六世紀白銀大流通做為共時性基礎的時代分界，在這三個帝國並未以顯著的型態浮現。

以「共時性」來檢視世界史，並不是假設所有地區皆發生強度相同的變化，也不代表變化的內容相同。但若就一五七一年前後世界貿易的興盛而言，雖然全世界眾多地區的變化強度與方向皆有所不同，但依然產生出了充滿特性、足以相互比較的結果。

接下來本書將由東至西，鎖定數個足以代表此一時代特性的敘事主題。第一章將以西班牙的馬尼拉建城與馬尼拉大帆船航線啟航的角度切入，來探討白銀、商品（絲綢等）、人群及資訊的流通狀況。第二章則以明朝與蒙古戰爭舞台的北方戰地為焦點，討論隨著白銀及軍糧流入，來自各地的人群混合形成的「邊境社會」，以及因應國家政策轉變，對全新廣域秩序的摸索。第三章將重點放在阿克巴一五七一年建設的新首都法泰赫普爾為何會在十四年後遭到廢棄，並指出此問題的時代背景：以此時期為界，帝國整合狀況在各個層面都走向新的階段，包含曼薩布達爾制等國家制度、翻譯及儀禮等文化政策，以及中央不再靠攏特定蘇非聖人（Wali）的宗教政策等等。

第四章則論述鄂圖曼帝國在東地中海（又稱黎凡特，Levant）建立的交易秩序，其中支撐威尼斯商人活動的條約及領事制度，為歐洲各國加入黎凡特貿易提供了基礎。第五章將探討法國國內天主教與胡格諾派之間宗教戰爭的經過，詳細檢視該戰事與西班牙等國的國際關係之關聯。戰事於國王改宗後平息，但這並非只是受到宗教寬容思想的影響而走向世俗化，裡頭亦帶有為了對抗西班牙這個世界帝國，而從事宗教與政治性國家整合的成分。最後，補論以一五七九年英格蘭人掠奪西班牙白銀運輸船為開端，探討私人船隻搶奪外國船的各種狀況與國家管理的強化。補論中亦提及，搶奪對象擴大到航行太平洋的馬尼拉大帆船及印度洋的蒙兀兒帝國朝聖船隊，成為全球性問題。如此看來，本書從第一章到補論，可謂是環繞了世界一周。

第一章　西班牙之馬尼拉建城

平山篤子

1　「一五七一年」

轉換視角

一五七一年，這一年西班牙人在菲律賓呂宋島的馬尼拉設置殖民地官署，「馬尼拉大帆船」(Galeón de Manila）的定期航線串連起菲律賓和西班牙帝國，其引發的種種變化與延伸影響的規模，足以稱為「歷史的轉捩點」。

「馬尼拉大帆船」是航行太平洋船隊的通稱，每年三月左右從墨西哥阿卡普科（Acapulco）港出發，五月抵達馬尼拉的甲米地（Cavite）港，七月再從甲米地出發，十二月左右回到阿卡普科。

西班牙自十五世紀起將歐洲內外各地納入領土，形成「西班牙帝國」*；而伊比利半島與美洲大陸在進入十六世紀之際建立關係，這點堪稱是本章的大前提。哥倫布成功往返大西洋發現的南北美

* Imperio Español，一般指西班牙在美洲、太平洋及其他地方的殖民地，但也有說法把從屬於西班牙國王的歐洲低地國及義大利南部領土列入。

洲，所謂的「新大陸」，正向他們敞開大門。一方面，此時普遍認為應該盡可能累積金銀等貴金屬以增強國家財富，也就是所謂的金銀通貨主義（bullionism）時代；另一方面，此時西班牙甫藉由天主教理念統一國家，遂帶著強烈的使命感，將傳播天主教列為國家重點政策。為了達成獲取金銀與促使「新大陸」天主教化這二大目標，西班牙建立了大西洋航線，也就是被稱作「西班牙珍寶船隊」（Flota de Indias）的加雷翁大帆船（Galeón）定期船隊。十六世紀後期，這些船隊的航行船隻每年超過百艘，乘載了眾多人群前往「新大陸」。在司法、教會等制度隨之移植新大陸的同時，眾多物品也被運回舊大陸，現今的墨西哥、祕魯等地就此與「西班牙世界」同步。墨西哥的新西班牙總督轄區、祕魯的新卡斯提爾州及周邊地區以國王的「分身」（altar ego）——總督（viceroy，又譯副王）為中心，樹立西班牙王權統治體制。尤其是以墨西哥城為核心的新西班牙總督轄區，與本章探討核心的阿卡普科—馬尼拉間定期航運船隊，更是有著密不可分的政治與經濟關係。

把話題拉回來，在十六世紀中期，西班牙與美洲大陸間已有高度的連結，若再以「馬尼拉大帆船」串連歐亞大陸東側海域與美洲大陸，三地便得以邁向「一元化」。本書主旨為「歷史的轉捩點」，但筆者想特別使用「一元化」一詞，藉此強調上述這種連結關係，與過往世界以距離相近的複數文明如接力賽般彼此相連、最後與遙遠地區產生聯繫的運作方式，在根本上大相逕庭。當時，相信已經有一批人認知到自身所屬的社會規模擴及全球，可透過國王麾下運行的定期交通工具串連，並具備了以全球尺度來俯瞰、構思並運作人群、物品與資訊的世界觀。這可說是人群、物品與資訊的流通開始超越了某種界限，與遠端地區同步的力量在全世界發揮強大作用。

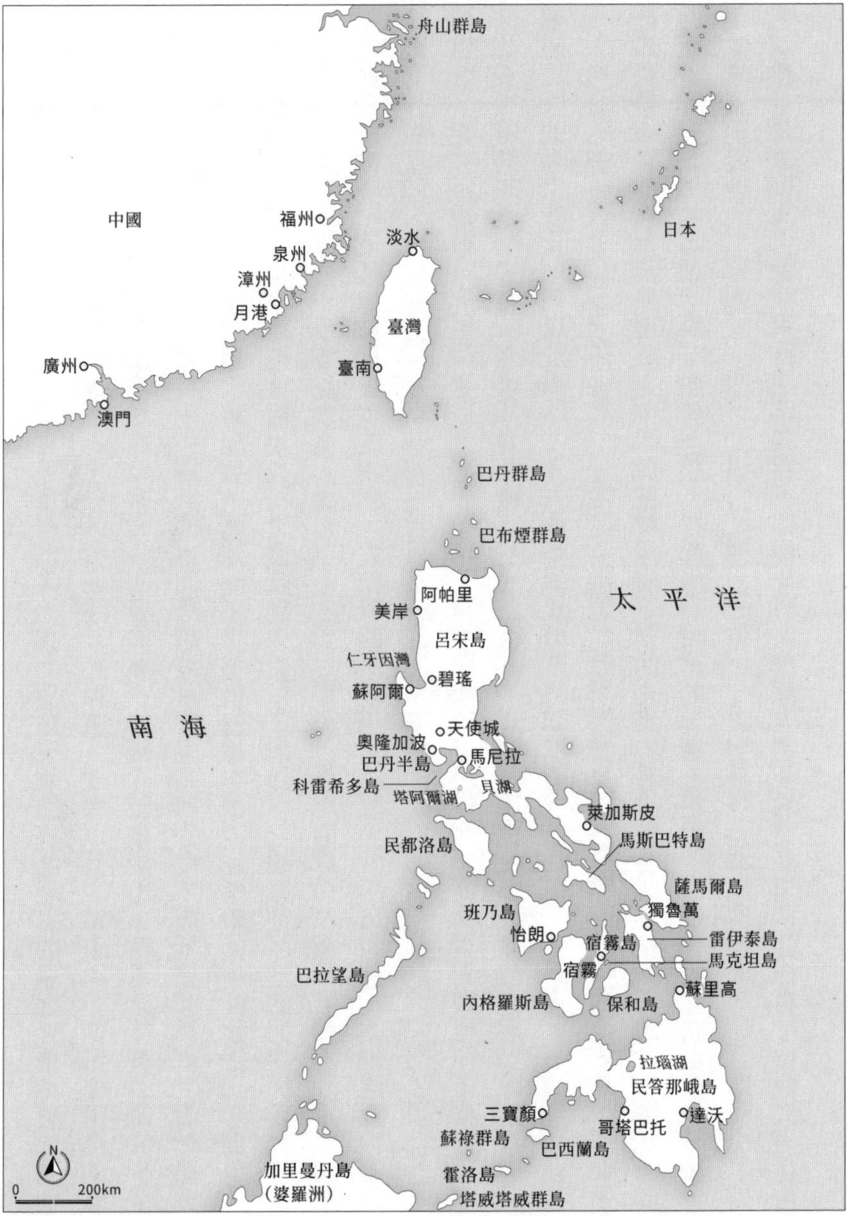
舟山群島
日本
中國
福州
淡水
泉州
漳州
月港
臺灣
廣州
臺南
澳門
巴丹群島
巴布煙群島
阿帕里
美岸
太 平 洋
呂宋島
仁牙因灣
碧瑤
蘇阿爾
南 海
天使城
奧隆加波
巴丹半島
馬尼拉
科雷希多島
塔阿爾湖
貝湖
萊加斯皮
民都洛島
馬斯巴特島
薩馬爾島
班乃島
獨魯萬
怡朗
宿霧島
雷伊泰島
宿霧
馬克坦島
巴拉望島
蘇里高
內格羅斯島
保和島
拉瑙湖
民答那峨島
三寶顏
哥塔巴托
達沃
蘇祿群島
巴西蘭島
加里曼丹島
（婆羅洲）
霍洛島
塔威塔威群島
0
200km
N

現今菲律賓周邊地圖

這樣的見解與迄今為止的「歷史」多有出入，在此簡短說明造成此現象的原因。地域史或國別史通常是以該地區的「統治政權」為主軸，譬如論及菲律賓，便會以其「宗主國」西班牙王權的意識為中心，並由此審視菲律賓群島。然而與「西屬美洲」的研究數量相比，西屬菲律賓的研究少了許多。從母國西班牙出發向西行，經過美洲，需跨越經度將近二四〇度才能抵達菲律賓，而菲律賓也不像美洲，幾乎沒有金銀礦山可開發，無法讓王權獲得貴重金屬或鑄幣稅（Seigniorage）。此外，當地居民散居山間，也很難期待租稅或監護徵賦制（Encomienda，王權將征服地的原住民委託征服者或殖民者管理的制度。受委託者為監護主〔encomendero〕，得以向原住民徵求勞役、納貢，同時負有保護原住民、使其信仰天主教的義務，直轄於西班牙王室）收入。不只如此，在地緣政治上菲律賓受外敵環繞，故防禦費用高昂，在身負維護責任的王權眼中是個耗費預算的「赤字殖民地」。換言之，從「距離遠」、「規模小」、「赤字虧損」幾組關鍵字中可得知，菲律賓對西班牙王權的重要性並不高。從此觀點來看，西班牙對菲律賓長達三百五十年的殖民實在讓人難以理解；除了推動當地居民皈依天主教及「難以退出」之外，找不到什麼確切的理由。

然而，若將目光放在菲律賓納入西班牙帝國版圖後引發橫跨大範圍的各地域關係性，並聚焦於馬尼拉出現的種種具體現象上，眼前便會浮現不同的光景，看見由各式各樣的人們自發織就而成的世界，一派生氣勃勃。為了便於理解，在此用最簡單的架構來說明。西班牙人建立定期航線後，便將維護殖民地的「經費」，亦即「白銀」運至馬尼拉。這個具有普遍性價值之物品立即吸引了周遭關注，其中中國人對白銀特別感興趣，積極地將西班牙人想要的商品運往菲律賓，以換取大量白銀做為報酬帶回中國。雖然這些白銀最終流入誰的手中，目前還沒有明確定論，然其為中國和中國東北部帶來熱絡的活力，促使大量物品在中國與東南亞間流動，無疑是轉動歷史巨輪的重要推手。另一方面，西班牙人在這片海域，也體認到了和過去哥倫布以來完全不同的自我與他者關係。殖民的目的原是為了征服、支配和取得貴金屬，但這裡的發展狀況卻與預期相去甚遠。關鍵在於，此地所大量出產及供應的物品，讓西班牙人即便得耗費貴重的白銀也希望獲得，因而產生了交換及互惠關係，不再是單方面的掠奪。因此，在美洲取得的白銀開始違背王權的意願，往母國的相反方向流動，且流量迅速增長。交換的「物品」主要是中國生產的絲綢，這些運向新大陸的絲綢影響了當地的社會及產業結構，開闢了多元的流通路徑，自然也波及到了母國西班牙。綜觀整體可發現，若以太平洋航線為主軸，將其視為人體脊柱，兩側就是因自身利益、甘冒危險加入物流的人群與地域形成的複雜經絡；後者宛如附著在骨骼上的肌肉，柔軟地延伸、消長，在依附的同時又支撐著它。換言之，它們在脫離王權意志、轉為自行運作的同時，又依附於王權打造的馬尼拉大帆船，並穩固了航線的存在，物品的流動創造出人群與資訊的流動，讓西班牙、美洲大陸、亞洲東側三個世界踏上平準化的長期軌道。這件事為整個世界帶來了最初的發起者們也想像不到的巨大變化。

那麼，接下來將探討以「一五七一年」發生之事件為契機所引發的種種現象，及其內部架構的重點，來檢證這一年為何會被稱為「轉捩點」。

西班牙帝國殖民菲律賓的目的與航線確立

「一五七一年」，這並非西班牙帝國偶然開啟太平洋世界的一年，而是「世界」和「地球」的概念為世人所覺察，亦即所謂的「意識化」後，才引導出的結果。

回到時代起點的十五世紀末，葡萄牙與西班牙的海運能力超越歐洲諸國，哥倫布在西班牙支持下成功往返大西洋，當然也引來了早先一步前進非洲、活躍於大西洋的葡萄牙反彈與衝突。最後兩國在羅馬教宗亞歷山大六世仲裁下，於一四九三年達成協議，劃分彼此活動範圍，翌年又接受葡萄牙要求訂立《托德西拉斯條約》（*Treaty of Tordesillas*），條約內容將現今非洲西岸達卡，維德角群島以西約三百七十格里（約二千公里），西經四十六度半為界線（教皇子午線）將地球一分為二，以東屬葡萄牙，以西屬西班牙，兩國以此線為界各自「發現」與「殖民」。西半球的界線就此清楚劃分，但東半球的界線僅屬於抽象概念，端看既定事實的累積結果。

一五一一年，葡萄牙將馬六甲納入統治，搶得先機。於是，盡早抵達「現場」成為西班牙國王在世界戰略重要的待辦事項之一。國王卡洛斯（Charles，以西班牙國王而言是一世，神聖羅馬帝國國王則是五世）自一五一九年起便陸續派遣斐迪南．麥哲倫（Ferdinand Magellan）、安德烈斯．尼尼奧（Andrés Niño）等人前往同一片海域及太平洋沿岸探索，一五二五年八月命聖地牙哥騎士團團長加西亞．何弗瑞．德．羅薩（García Jofre de Loaísa）率領八艘船隻組成船隊，自西班牙西北端的拉科魯尼亞港（La Coruña）出發。負責領航的艾爾卡諾（Juan Sebastián Elcano）是麥哲倫探險隊的生還者，一五二二年代替死於菲律賓宿霧的麥哲倫，完成了環繞世界一周的偉業。他沿著麥哲倫的航線前進，穿越南美洲最南端的麥哲倫海峽，帶領羅薩船隊航向太平洋。之後雖於菲律賓確認到摩鹿加群島的位置，但卻不走屬於葡萄牙側、自印度繞行至非洲南端的既有航線，而選擇在太平洋上迴轉、返回美洲大陸的未知航線。船隊被困在摩鹿加海域複雜的海流，漂流了二個多月，期間除了羅薩、艾爾卡諾相繼死亡外，還有其他上級軍官身亡，西班牙母國甚至流傳他們是死於毒殺。倖存者們忍受飢餓，一面與向東繞行抵達摩鹿加群島的葡萄牙人對抗。年輕的安德烈斯・德・烏達內塔（Andrés de Urdaneta）也是倖存者之一，他來自航海家輩出的西班牙巴斯克地區，受艾爾卡諾之邀加入了羅薩船隊。另一方面，一五二七年國王在征服墨西哥之後，隨即命令科爾特斯（Hernán Cortés）率領塞凡提斯船隊出發，其中一項任務便是救出羅薩船隊。然而該船隊一樣在摩鹿加海域遭難，兩隊的生還者中有幾個人是靠著葡萄牙船才得以返回伊比利半島。烏達內塔一直滯留在該片海域，直到一五三五年終於投降葡萄牙，與八名同伴成功生還。在此期間，西葡兩國於一五二九年簽訂了《薩拉戈薩條約》（*Treaty of Zaragoza*，摩鹿加群島讓渡給葡萄牙，但設有購回條件）。烏達內塔繪製的航海圖及海域情報被葡萄牙視為機密而沒收；一五三七年烏達內塔被卡洛斯國王召見，隔年因某些理由前往墨西哥城，一五五三年加入當地的奧斯定會，成為修士。

同一時期，西班牙二度自墨西哥派遣艦隊前往同一海域，目的是探索及救援過往船隊生還者，也是為了回收寶貴的情報。其中，維拉洛博斯（Ruy López de Villalobos）率領的船隊於一五四三年抵達菲律賓，卻在探索回程航道時失敗。之後當上菲律賓代理總督的吉多・德・拉維薩里斯

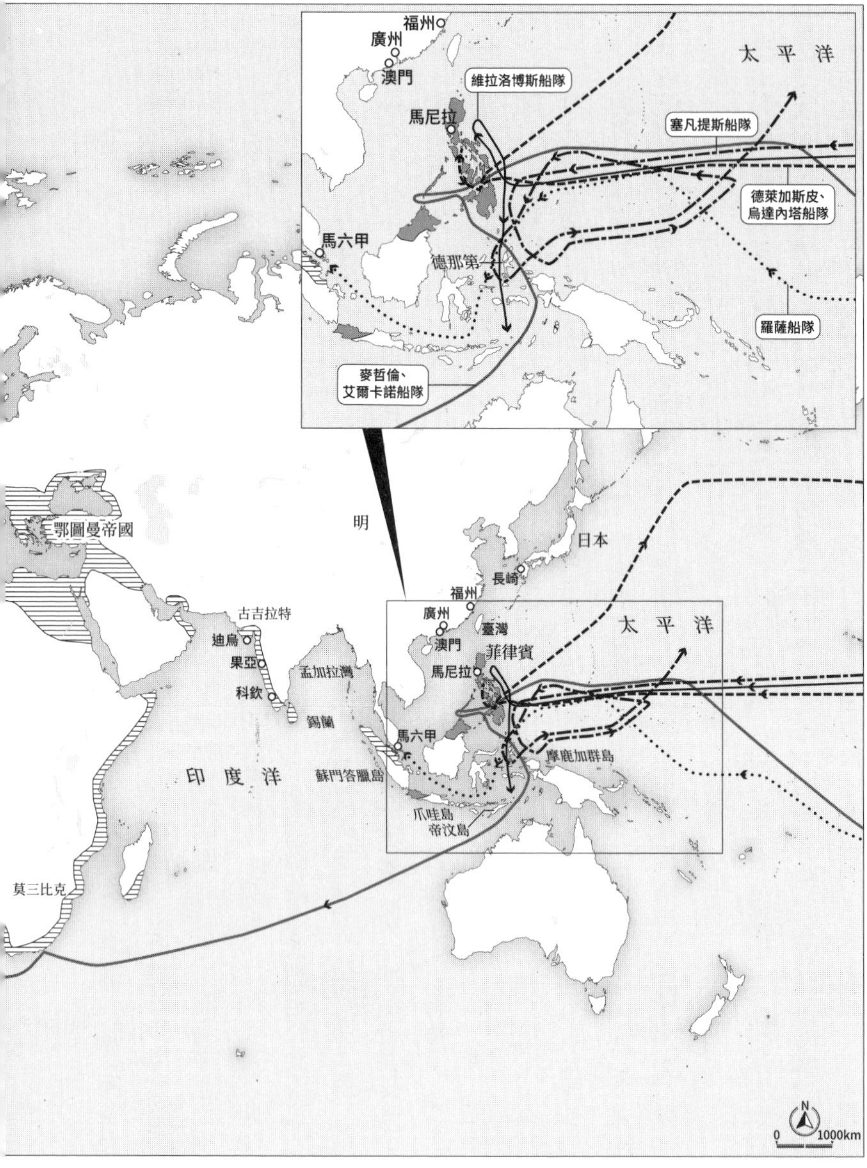
福州
廣州
澳門
太平洋
維拉洛博斯船隊
馬尼拉
塞凡提斯船隊
德萊加斯皮、
烏達內塔船隊
馬六甲
德那第
羅薩船隊
麥哲倫、
艾爾卡諾船隊
鄂圖曼帝國
明
日本
長崎
福州
古吉拉特
廣州
臺灣
迪烏
澳門
太平洋
菲律賓
果亞
孟加拉灣
馬尼拉
科欽
錫蘭
馬六甲
印度洋
蘇門答臘島
摩鹿加群島
爪哇島
帝汶島
莫三比克
N
0
1000km

西班牙航海者們的航線

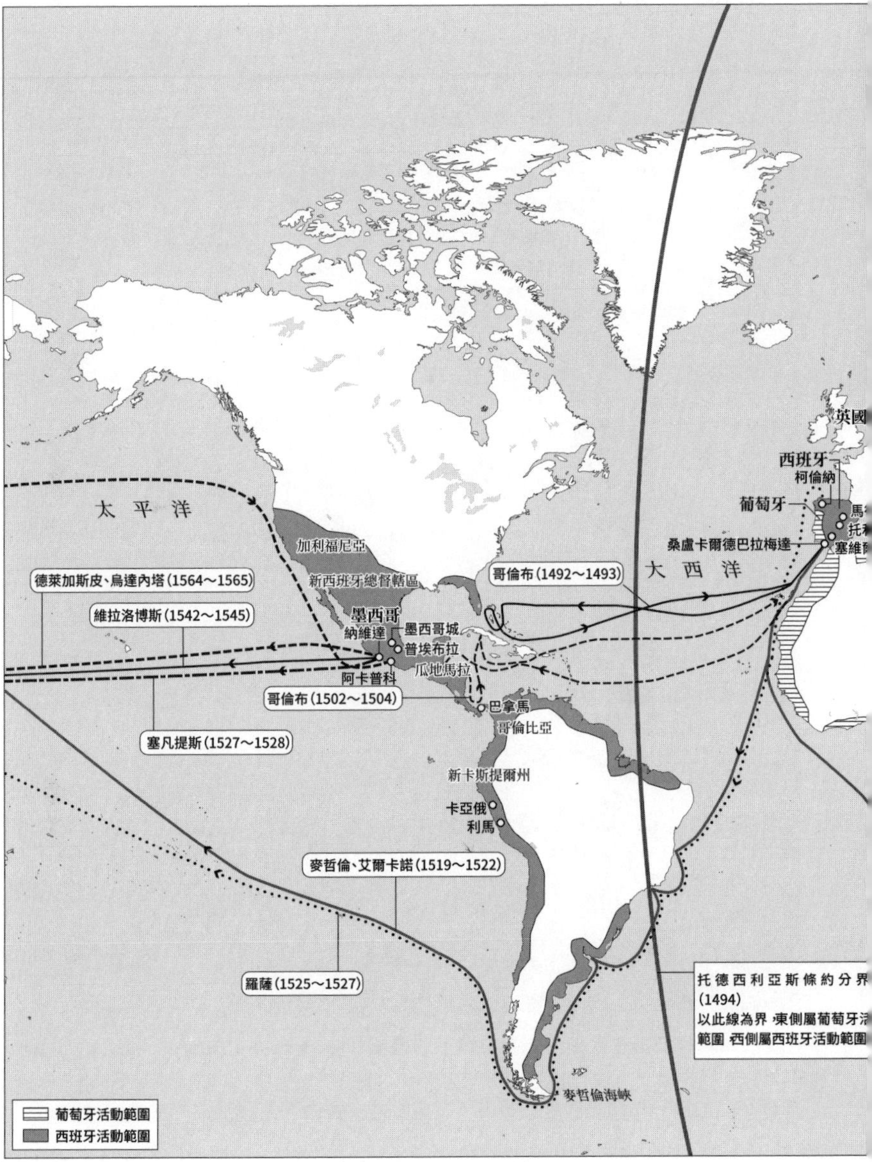
太平洋
大西洋
加利福尼亞
新西班牙總督轄區
墨西哥
納維達
墨西哥城
普埃布拉
阿卡普科
瓜地馬拉
巴拿馬
哥倫比亞
新卡斯提爾州
卡亞俄
利馬
麥哲倫海峽
英國
西班牙
柯倫納
葡萄牙
桑盧卡爾德巴拉梅達
哥倫布(1492～1493)
德萊加斯皮、烏達內塔(1564～1565)
維拉洛博斯(1542～1545)
哥倫布(1502～1504)
塞凡提斯(1527～1528)
麥哲倫、艾爾卡諾(1519～1522)
羅薩(1525～1527)
托德西利亞斯條約分界
(1494)
以此線為界，東側屬葡萄牙
範圍，西側屬西班牙活動範圍
葡萄牙活動範圍
西班牙活動範圍

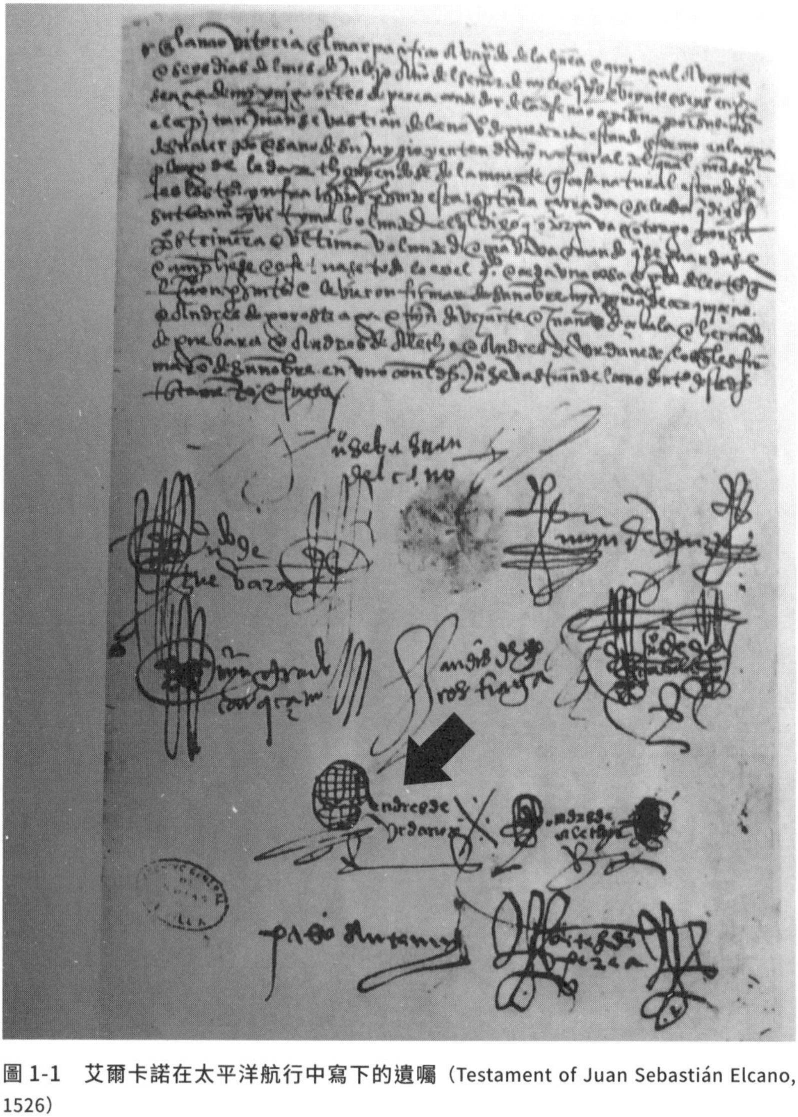

圖 1-1　艾爾卡諾在太平洋航行中寫下的遺囑（Testament of Juan Sebastián Elcano, 1526）

箭頭指向的部分為烏達內塔的簽名，是年少的烏達內塔為羅薩船隊成員的證明。

（Guido de Lavezaris），以及之後跟隨沙勿略至日本傳教、促使長崎開港的托雷斯（Cosme de Torres，一五一〇年生於瓦倫西亞，一五七〇年死於熊本天草）也都在此船隊中。托雷斯擔任船隊的隨行神父，雖然在航海事業上受挫，但當時在安汶島宿命般地邂逅了沙勿略，之後前往印度加入了耶穌會。各船隊的船員名單，默默地訴說著航海情報的傳承與連續性。

乘著吹拂於赤道南北緯十五度附近的風——日後被稱為貿易風（trade wind）——從新大陸出發約二個月便能抵達菲律賓群島。然而，我們不能忘記從當地居民得到的知識以及生還者的經驗談：回程是沒有辦法走同一條海路逆向而返的。

一五五四年繼承王位的菲利普二世十分重視此一問題，便命新西班牙總督遠征，一五六四年由萊加斯皮（Miguel López de Legazpi）率領船隊，從現今墨西哥哈利斯科州的納維達出航，並懇請已成為奧斯定會修士的烏達內塔擔任上級領航員。船隊遵循航海命令書向菲律賓航行，以與麥哲倫頗有淵源的宿霧島做為根據地。二個月後，在烏達內塔的指揮下船隊開始探索回程航道，從菲律賓群島乘著將颱風運往日本的氣流，在黑潮的引領下沿日本列島仙台外海向北航行至北緯四十度左右，接著東轉朝加州航行，看到門多西諾角後南下，最後返回阿卡普科。這條航道成為日為馬尼拉大帆船的基本航線，一直延續到帆船時代。這趟約四個月的航程中有一九五名成員成功往返，死者僅二十一名。他們的經驗成為日後航行安全不可或缺的寶貴經驗，其手札更是航海知識的寶藏。

馬尼拉大帆船

就這樣，西班牙建立起太平洋航線，將據點移至更便利的馬尼拉，並著手建設城市；這條航線也名副其實，成為維繫各島統治的生命線，西印度法律*即詳細規範了大帆船航行細則。西印度法律涵蓋了殖民地的各種規範，除了彰顯西班牙王權的意志與意識，也是個別事項的法則集成，可謂是宛如鏡面般、盡數反射出當時實際情況的優良史料。裡頭詳細記載了大帆船的航行頻率、規模與船隻數量、總容積，以及阿卡普科和馬尼拉的出航時期最低水位（這會影響航海安全）、船員行李及貨物放置區域圖等等。這些規範約莫於一五九三年開始實施，在這之前的各種航行仍處於試行航海階段，只能依循實際狀況為準。此時西班牙也成功開闢出祕魯的卡亞俄港與馬尼拉或澳門，以及巴拿馬與馬尼拉間的航線，利馬的國立文獻資料館館藏中可看到大量提及「中國紡織品」的船運紀錄。不過為了抑止白銀流出，西班牙帝國在一五九三年頒布法令，禁止阿卡普科－馬尼拉之外的航線運行，帳簿上的「中國」二字亦自此消失，但這絕不是因為當時人們都乖乖遵守法令，僅僅只是不將實際交易記載於官方文件中罷了。畢竟要在無邊無際的海洋上限制「可行的航海路線」，是相當不切實際的作法，從禁令不斷反覆發布這點即可為證。究竟是哪些人在從事這些交易仍待今後探討，不過我們必須先了解一件事：隨著航海技術、航海知識、造船技術，以及航海資訊的擴散抑或「大眾化」，所謂的「走私」行為也不可逆地持續增長。這裡所謂的「大眾化」，意思是指「不特定人士皆可接觸前往」。

此外，西印度法律規範航行船隻限一艘三百噸，一年最多二艘，但實際上依然有許多超過千噸的大型商船運行海上，像是一五九六年在日本土佐外海觸礁的《聖菲利普號》，以及一六〇九年在千葉房總外海遇難的《聖法蘭西斯科號》，都是超過千噸的大型船隻。大型船隻雖然能提升航海安全及收益率，但在難以確保足夠船員數量的太平洋航線上，並非所有航線都傾向使用大型船隻。往馬尼拉航程平均約需二個月，往阿卡普科航程則需約四個月，後者因航海期（需於颱風季與冬季橫越北太平洋）、貨物超載及遠程航行等原因，遭遇船難的機率極高。由於海難紀錄不甚完整，又曾有年分連續發生悲劇，因此容易給人遇難機率極高的印象，但實際上遇難率在十七世紀前期約一五％左右，之後更是急速下降。即便如此，海上航行本身依舊艱辛。在一六七八年的航程中，四百名船員與乘客僅一百九十六人健康平安地抵達阿卡普科，其餘人員皆染病，需長期療養才能恢復，罹患疾病以壞血症與腳氣病為主。當時留下的旅遊手札中提到，船上的蚤蝨對所有乘客一視同仁，總讓人全身發癢不適。此外，由於超載新大陸或歐洲大受歡迎的貨物，前往阿卡普科的帆船航行速度緩慢，常成為敵國英格蘭或荷蘭的目標，特別是當美洲大陸出現在視線中時，遇襲的風險也隨之增高。西班牙國王下令應互相通報在海上巡航的英格蘭和荷蘭船隻動向，因此我們可在菲律賓總督收發的文書中看到「智利外海有英格蘭船通過，需警戒」。這是出於必要的防範措施，也能看出當時將廣袤的太平洋視為單一整體的概念已然存在。

* Leyes de las Indias，西班牙王權幾百年來為統治美洲、菲律賓等殖民地，規範與原住民間的交流而頒布的殖民地法律。其中最重要的，是一六八〇年成冊的《西印度群島各地區法律彙編》（*Recopilación de las Leyes de los Reynos de las Indias*）。

前往馬尼拉的定期航線，主要目的在於運送士兵與殖民地官僚的補給品、薪資、教堂維護費和軍事經費的西班牙披索（Peso，每枚白銀純度九三%以上，重二七・四六八公克）及個人資產的白銀；前往阿卡普科的定期航線則是運送用銀幣購入的貨物。貨物在運輸過程不但有可能沉沒海底，還有因暴風雨浸水失去商品價值、遭敵人搶奪等風險，即便如此，來自馬尼拉的貨物在新大陸價格往往可翻上數倍，屬高收益的投資商品。不過，這些投資者究竟是誰？答案是「誰都可以」。在法律上，居住於菲律賓群島，並協助維持殖民統治的西班牙人居民享有優先權，而條文明定居住該地超過八年的西班牙人，便是所謂的「菲律賓居民」。然而，資本更為雄厚的墨西哥西班牙人以抽成制分潤拉攏「菲律賓居民」，再將「商務人士」轉為「居民」，藉以鑽法律漏洞。法律禁止的投資者亦透過代理人從事投資，不只是教會相關人士和政府官員，就連明文禁止利用船隻運輸貨物的「外國人」，也可能將資金交給西班牙人投資。其濫觴來自於將大帆船的貨艙空間以販售、賞賜或做為艦船上級士官特權等形式，向個人開放。其中的賞賜，是指將貨艙空間無償開放給國家貢獻者遺族；他們可以自行購入商品運至墨西哥參與販售投資，或是將使用權讓渡他人換取現金。此外，若是集資購買貨艙空間，小額投資者亦可加入，投資者因而逐漸增加，走向「大眾化」。而對船上貨物課徵的關稅，則成為維持菲律賓總督府運作的財源。

那麼，是誰在負責馬尼拉大帆船的定期航線？一五九三年法條修訂之後，「主要由國王營運」應該是較為正確的說法。當太平洋交易逐漸走上軌道，其放任主義式的開疆拓土及個人投資被大西洋交易的相關人士視為威脅，因此主張應改由國王經營予以壓制。直至一七八五年菲律賓皇家公司

（Real Compañía de Filipinas）設立前，王權經營不僅維持了漫長的時間，還透過收取關稅允許裝載運輸個人物資，這點實屬特例。葡萄牙人、荷蘭人與英格蘭人皆投入這類長程貿易，有的早西班牙半個世紀，有的稍晚於西班牙，然而其王權雖販售航海權或發行特許證等等，卻未如西班牙般參與全程運作，且因與營運方的利益牴觸，他國均嚴格禁止船員利用船艙空間運送個人物資，違反者可判處死刑。儘管此種經營模式為西班牙國王的財政帶來莫大負擔，卻依然持續了長達二個半世紀；以新西班牙總督轄區為首，藉此獲得利益的人數相當龐大，是該模式維繫如此之久的理由之一。

至於船員，人事權由新西班牙總督掌管，司令官及事務長以下的各高級船員皆由總督任命。其他乘客包含殖民地行政官員、傳教士在內，多以西班牙人（含克里奧爾人，出生在西屬美洲殖民地的西班牙人）或是歐洲人為主，而這些高級船員及乘客的隨從、僕役及下級船員則來自四面八方，從菲律賓到亞洲沿岸、甚至非洲都有，範圍相當廣。一五九〇年代初的書信中，菲律賓原住民曾寫下「只帶著身上這身衣物上了船，在高緯度的海上受寒」，由此可見當時的人們在沒有任何事前準備或是保護的情況下，就這樣被丟到截然不同的世界。這些人來自何方，將再後述。

澳門與馬尼拉常被視為二個相似的社會。的確，這二個地方都宛如歐洲勢力延伸至東亞的橋頭堡，不過相較於馬尼拉是西班牙國王的正式領土，澳門僅是向明清二朝支付租金的租借地；此外，每年一度往返銀山所在的美洲大陸大帆船，才是兩地關鍵性的差異。相較於王權以大帆船定期並大量補給包含民間所需資金的馬尼拉，澳門僅為境內交易網絡的一個據點，仰賴自身運作。葡萄牙由西而東，自非洲至中國沿海各地設立了許多交易據點，包含莫三比克、迪烏、古吉拉特、果亞、科欽、可倫坡、孟加拉、馬六甲、德那第、葡屬帝汶、澳門、長崎等地。除了連結母國與果亞，葡萄牙商人也利用這些據點與情報為節點，流通交易網絡上的物品，累積手上的白銀並再投資。在這樣的結構中，澳門結合對華人與日本人的交易，成為收益最高的據點。據佐久間重男指出，一五九九年起的四十年間，自廣州運送絲綢至日本販售所得並流回廣州的日本白銀高達五至六千萬兩（約七千萬披索）。由於馬尼拉以具信用度的披索進行通貨交易，向葡萄牙人高價收購絲絹與奴隸，因此是澳門極為重要的交易對象。相較於從葡萄牙前往當地赴任的政府官員對西班牙人所抱持的強烈反感，以馬尼拉為據點從事交易、一般被稱作卡薩多（Casado）的葡萄牙或葡萄牙裔人士，則用心維持與馬尼拉的良好關係。雖然西印度法律禁止雙方往來，但自一五八三年以來雙方仍長期保有持續的交流。

菲律賓總督的「履歷書」

接下來就來看看，當時都是哪些人在統治這個移植到東南亞的西班牙世界吧。菲律賓群島時常得與「外敵」對峙，是個戰鬥熱區。民答那峨島、霍洛島等地的伊斯蘭勢力為了奪取奴隸，每年都會前往西班牙統治地區綁架居民，而西班牙為了維持勢力範圍並獲取奴隸或戰利品，也幾乎每年遠征伊斯蘭統治地區；英格蘭及荷蘭船隻更是在十七世紀前夕就已展開海上巡航與攻擊。也因此，軍人擔任菲律賓總督的比例相當高。此種履歷帶有象徵該地域性，以及西班牙帝國擴張統治體制的要素。

和烏達內塔一起來到菲律賓的萊加斯皮是遠征指揮官「阿德蘭塔多」*，其接班人拉維薩里斯（Guido de Lavezaris）則是「代理總督」。由於葡萄牙人認為菲律賓群島位於自己的半球內而主張該地權利，西班牙國王因此延緩總督府部署，正式任命的首任總督是薩拉曼卡大學教會法博士弗朗西斯科・德・桑德（Francisco de Sande，一五七五～一五八〇年在任）。他曾任墨西哥高等法院（Audiencia，具有法院機能的殖民地統治行政機關）次長及法官，卸任菲律賓總督後再次擔任墨西哥高等法院法官，後轉任瓜地馬拉高等法院巡察官、哥倫比亞高等法院議長等職，最後終老當地。桑德於馬尼拉任職期間曾向國王提出「征服明朝計畫」，依文件所述，他認為僅需數千人就能征服中國「支那」。這應該跟當時來到馬尼拉販售商品的小規模華人商人及西班牙對「支那」地理條件認識相當有限的緣故、然而，此亦與桑德在西班牙統治大致抵定的墨西哥獲得的「統治者」意識有所關聯。當時明朝把總王望高曾因追捕擾亂海域安寧的海盜林鳳來到菲律賓，桑德對他態度高傲，王望高因此憤怒拒收總督府準備的禮物。哥倫布發現新大陸之後，《馬可波羅遊記》（*The Travels of Marco Polo*）被視為中國情報的聖經，然而對明帝國實際狀況不了解所引發的不安，以及雙方統治者間缺乏直接交涉的管道等等，都讓西班牙人內心交織著期待與恐懼。不只桑德，從馬尼拉寄至母國的西班牙人書信中也充滿著某種矛盾。信中一方面展現出統治者意識，另一方面又因豐臣秀吉催促馬尼拉對日朝貢，或是遭受外敵包圍，而充滿恐懼與孤立無援的悲愴感，情緒落差極大。這大致反

* Adelantado，為西班牙國王賜與前往新大陸探險與征服的指揮者稱號，具統治當地的實質權力。

映出西班牙殖民政府的官方態度，與馬尼拉當地面對的現實狀況之落差。不過，以王權相關的官方文件為主的史料研究，多半仍偏重於前者的殖民帝國意識；即便是現代，關注後者這種恐懼及孤立感的研究者依然不多。

第九任總督（一六二六～一六三二年在任）胡安・尼諾・德・塔博拉（Juan Niño de Tabora）為軍人，其職涯始於法蘭德斯，至馬尼拉赴任前曾在卡斯提爾擔任騎士修道院領主（Corregidor）。塔博拉擔任總督時，曾致信國王表示應與澳門攜手，也強調臺灣島的戰略地位，以及華人發展農業、與華人建立合作關係的重要性等等，可以說對殖民地狀況觀察入微。塔博拉生於加利西亞，從姓氏可看出他其實是葡萄牙裔，統治期間馬尼拉對澳門的實質交易量大幅增加，馬尼拉的華人人口數、與華人的交易量亦接近顛峰。這當然可能是受到世界景氣循環的影響，不過塔博拉重視與富裕華人建立良好關係，相信也是造成此現象的原因之一。他在馬尼拉就任後隔年便將妻子從墨西哥接來，但妻子卻在產下兒子後去世，本人也疑似罹患胃癌在任期中病逝，享年四十八歲。死前他在給國王的信中表示，希望國王能慈悲照顧遠在異鄉將成孤兒的幼子。這讓人不經意地窺見塔博拉鮮活的情緒與心境，也提醒閱讀者，派駐殖民地的統治者雖因常方便起見被統稱為官員，但基本上他們與國王仍存在著個別的君臣關係。

第十任總督（一六三五～一六四四年在任）塞瓦斯蒂安・烏爾塔多・德・科奎拉（Sebastián Hurtado de Corcuera）同樣是軍人，是官員遠距離調動與對總督職務的管理制度的好例子。依照慣例，總督任期結束時會由新任總督對卸任者進行留審審判（residencia），科奎拉在問審後被判罪，

圖 1-2　聖地牙哥要塞（上）及其上側的浮雕（下）聖地牙哥要塞的建設與馬尼拉建城屬同一時期，但之後歷經多次整修。下圖的浮雕，騎在馬上的是收復失地運動的天主教軍前鋒、西班牙的守護聖徒雅各。馬蹄下的則是穆斯林等異教徒。

處以罰金二萬五千披索，於馬尼拉禁錮五年。此判決與其說是針對他個人的具體犯行或貪汙，不如說是他為了增加王權收入而做的決策與手段被認為無益於增進馬尼拉的西班牙人居民利益，因而被判「有罪」。他在監禁期間寫給國王的赦免陳情書，內容和擔任總督時專橫強勢的口吻截然不同，訴說了他從十六歲在法蘭德斯從軍，當時月薪僅八披索，一直到在梅迪納德爾坎波當上少尉，一六二七年開始從事與新大陸相關的工作，擔任巴拿馬總督後又就任馬尼拉總督，此生都奉獻給國王等履歷。獲釋後他回到母國哥多華的科雷希多島，最後在加那利群島高等法院議長任內過世。科奎拉的調職人生與許多前往菲律賓赴任的傳教士及士兵十分相似，特別是其中無論聖俗，許多人都曾參與過法蘭德斯的戰事。此外，塔博拉和科奎拉同為騎士修道院成員，桑德雖然擁有神職人員身分，但觀察其統治理念和正當性，仍可看出收復失地運動*對聖俗不可分的西班牙帝國在海外領土統治上的影響。

關於三人履歷所反映的內容，有幾點須先強調如下。不管是透過國王任命或是身為神職人員，由國王負擔費用赴任殖民地的人們，對官方而言便是國王意志的執行人，無論是出自何種目的執行何種行為，都有義務向國王報告。這些報告就是我們今日做為史料研究的書信文件，內容除了國王想要知道的事項外，財務報告也是必備項目。與天主教傳教相關的報告則由傳教士和世俗統治負責人雙方向國王提出，這是由於殖民地徵稅的正當性來自於以天主教救贖居民的靈魂，因此與國王內心的安寧有關。給國王的財務報告中經常提到財政窘迫的字眼，表示國王金庫的銀幣已經見底，卻不曾提及菲律賓當地的經濟狀況或西班牙人的貧困問題。的確，貨船一旦遇難沉沒，很有可能導致投資者破產，西班牙人因此一夕赤貧並不稀奇；不過相對地，資金充足、有能力貸款給國王者亦不在少數。一直以來我們對菲律賓殖民地陷入貧困的既定印象，主要是肇因於將官員對國王金庫狀況的報告，逕自擴大套用在解釋殖民地的整體情形。在進入第二節前，必須先確實理解這一點。

2　物品的移動

移動的開始

前節開頭提到西班牙人以菲律賓為據點，每年投入白銀，將各地的物品集中於此。他們從中國、印度、暹羅、斯里蘭卡、爪哇、蘇門答臘等地運來食材、生活雜貨、軍需物資、棉花、絲綢、「奴隸」、珍珠、鑽石、寶石、肉桂、胡椒、琥珀等等。除了前四樣之外，其他都屬奢侈品，最終多半銷往新大陸或歐洲。本節將以最具代表性的兩樣物品——白銀與絲綢的移動，來檢證這個「轉振點」。此外，若無特別說明，本章中的「絲綢」都是指生絲與絹織品的總稱。

如同前述，當時歐洲各國都認為將貴金屬收歸本國才符合國家利益，西班牙正是為此在新大陸奪取原住民的貴金屬，苛刻強迫原住民開發與採掘礦場。但在太平洋上，白銀流向西方，絲綢流向東方，白銀不斷從西班牙帝國流出。對此西班牙國王曾在一五八六年表達不滿：「這不是西班牙帝國該做的事。」不過，已然成形的太平洋白銀流通蓋過了國王的不滿，在很短的時間裡成為定局。

西班牙人在殖民菲律賓之初，對於如何維持生活幾乎一籌莫展。華人從中看到了商機。在西班牙人抵達菲律賓前，當地就有少數華人居住，或許是被他們的行動觸發，來自鄰近漳州府海澄縣月

* Reconquista，西元八至十五世紀間西班牙天主教徒重新收復被穆斯林摩爾人占領的伊比利半島地區。

港的華人們評估銷量，開始將所有能販賣的東西，從食物、食材、生活雜貨到軍事造船、航運所需的必需品等盡數運到菲律賓，拯救了西班牙人有錢（白銀）卻沒東西可買的窘困生活。第三任總督聖地牙哥・德・斐拉（Santiago de Vera，一五八四～一五九〇年在任）就曾在一五八五年寄給國王的書函中寫道，華人運來的物品以及他們在馬尼拉製造的皮鞋、衣物等日用品，大大減輕了西班牙人生活上的困境。華人販售的西班牙人必需品和商品，包括食物在內，有許多都是他們自己不使用的東西。此外，攤販文化也跟著來到了馬尼拉；不只華人，西班牙人也開始光顧路邊攤，首任馬尼拉主教便曾在一五九〇年給國王的報告書中愉快地記述此光景。

馬尼拉以白銀交易的龐大市場與勞務需求的消息傳開後，每年都有大批華人航行至此。明朝在一五七〇年代擴大實施白銀納稅（一條鞭法），並幾乎全面關閉了所有礦場，讓白銀變得更為貴重。但由於擁有大量白銀的西班牙人不甚在意白銀的購買力，華人認為能在馬尼拉以遠高於自己市場的行情兜售商品。再加上絲綢的需求急速增加，主要的交易內容也從生活必需品轉為絲綢——馬尼拉的西班牙人認為中國產的絲綢品質優良，卻遠低於行情價，又能在墨西哥等地以數倍的高價販售，便基於投資目的積極購入中國絲綢。

由於彼此對白銀與絲綢的高度需求，雙方在「優惠好康」的情緒下一拍即合，促成了眾多交易。此交易市場不到十年就抵定，只消「一眨眼」的時間，馬尼拉就化身為槓桿，串連起福建海澄縣月港與墨西哥阿卡普科港，在持續高漲的需求下，物品的移動不斷擴大。此外從史料上來看，華人稱菲律賓群島為「呂宋」，與馬尼拉是「互市」關係，這層關係可能也是西班牙船在一五八〇年代中期漂流到福建沿海一帶時，被明朝地方政府慷慨收容款待的理由。同時，西班牙人對明朝的觀感也出現變化。一六二〇年代荷蘭人追捕華人船隻事件相繼發生時，西班牙便透過傳達安全情報的方式，採取有利華人的行動。此一時期，旅居馬尼拉的華人和西班牙人之間雖然發生了二起重大暴力事件*（一六〇三年／一六三九～一六四〇年），但除了清朝發布遷界令（一六六一～一六八三年）期間之外，雙方的商業交易始終未曾中斷。不過，這些交易關係僅只於民間的個人往來，明清兩朝的官員與西班牙少有官方上的接觸。

另一方面，華人運送過來的物品，也影響了在這段交易關係中被認定為消費者的菲律賓原住民。同時，華人帶來的綿織品價格較絲綢低廉，但數量依然龐大，均悉數運往新大陸。根據傳教士留下的紀錄顯示，便宜耐用的棉布造成新大陸原住民社會原有的衣物交易體系全盤崩壞。其中最具代表性的例子是部落長老服裝，這原本是由部落成員特別製作，後來卻改為購買中國絲綢或棉布；會有如此轉變，比起節省製作功夫，更是出於對外觀與流行的優先考量。此外也有研究觀點認為，由於絲綢和棉布只要花錢就能取得，以服飾展現不同身分的階級分類遂開始趨向扁平化。若說外觀變化必然伴隨著意識變遷，就這點來看，當時的社會確實面臨了巨大的變動。但若要探討物品流入

---

* 指西班牙人對呂宋島上講華語方言的華人進行的屠殺行為，一般稱為呂宋大屠殺（Sangley Rebellion）。第一次大屠殺肇因於西班牙人懷疑當地華人勾結明朝預謀叛亂，因此先下手為強。此事曾驚動明萬曆皇帝，甚至打算出兵呂宋，後不了了之。第二次大屠殺肇因於西班牙人對華人課徵高額租稅，但時值明末動亂，朝廷無暇外顧，倒是當時明末東南沿海勢力之一鄭成功曾對此發出不滿，欲遣使招降。

對原住民生活造成的具體影響，則依地區不同有著極大的差異，必須要先了解各自的日常生活與文化。為此，我們必須仔細解讀為使原住民皈依天主教而進入部落，與他們一同生活，留下日常記事的傳教士紀錄。

白銀

先不論香料等地區性特產，以貴重的白銀去換取亞洲的「製品」，這對經歷過工業革命與帝國主義的西歐世界價值觀而言，總有些難以接受的糾結；然而，從各種史料上都能明顯看到白銀用來購買「絲綢」並流入中國，數量之「龐大」誰也無法否認——雖然正確的數字難以確認。研究中標示的白銀重量，是以帳簿記載的披索含銀量所計算出來的數字；考量到王權為徵收鑄幣稅而禁止金塊銀條運出新大陸，以此計算的官方白銀數量，應無問題。但其他還有正式與非正式的個人白銀輸送，或是透過非正式管道從祕魯卡亞俄、巴拿馬運至馬尼拉和澳門的黑箱白銀。有研究指出，一五九七年從祕魯卡亞俄港運至馬尼拉和澳門的走私白銀（應該是銀條）超過三百噸。關於白銀流通整體數量的討論最好在此打住，不過做為參考數據，理查德・馮・格拉（Richard Von Glahn）曾計算自一五六五年起的三十年間，從新大陸流向中國的白銀為五十八噸，至十七世紀前期為一千七百二十五噸。漢彌爾頓（Earl J. Hamilton）也曾以印地亞斯總檔案館（Archivo General de Indias）的史料為基礎研究美洲白銀的產出與流向，約翰・德巴斯克（John J. TePaske）便根據其研究指出，墨西哥生產的白銀可能有四分之一都流向了菲律賓。以此現象為背景，有關華商在交易中僅接受白銀的證詞便格外受到重視；如同後述，與中國有關的華人們都認為握有白銀最為有利。

西班牙王權方面自然無法忽視「白銀外流」，但新西班牙總督轄區方面主張除了貿易之外，菲律賓殖民地沒有其他方法可自給自足。考量種種因素後，一五九三年西班牙立法規定，送往馬尼拉的白銀上限為五十萬披索，送往阿卡普科的上限則為二十五萬披索。該數字為最初規定的總額，之後限制稍有放寬，但仍在一六〇四年及一六一九年時反覆公告。根據德巴斯克推論，送至菲律賓的白銀中約有一半屬於個人資產，考量到從馬尼拉運往阿卡普科的絲綢交易金額多半於隔年送往馬尼拉，在這些送往菲律賓的白銀中，個人資產所占的比例很可能遠高於國王送往菲律賓維持殖民地運作的經費。

流入菲律賓的白銀量自一五八〇年代中期起急速上升，一五九〇年代前半至後半持續增加，形成第一個高點。之後一六〇〇年至一六二〇年代增幅更大，一六四〇年代後期開始減少，一直到十八世紀前大致呈現較低走勢。中國與西班牙雙方都各有因素影響白銀交易量走向低迷：中國正值明清交替的混亂期，接著清朝又發布遷界令，西班牙方面的主因則是新大陸的礦場產量低迷。不過佐久間重男指出遷界令的實際成效不彰。然而在皮耶·修呂（Pierre Chaunu）整理、重現馬尼拉外港甲米地的外國船隻入港紀錄之研究《菲律賓與伊比利亞人的太平洋》（*Les Philippines et le Pacifique des Ibériques*），其中所展現的數據可看出清朝政策仍有其一定影響。而以墨西哥城為中心的經濟起伏也大致與此走勢吻合，可推測這也影響了世界性的景氣循環。

接著來檢視其他史料。一五八六年法官羅哈斯(Pedro de Rojas)在信中寫道，「華人每年將超過三十萬披索帶回支那，今年更帶走了五十萬披索」；一五九八年的總督德特略（Francisco de Tello de Guzmán）信中則描述：「華人每年運來價值八十萬、有時高達一百萬披索以上的商品，取得極大的利益」。此外，一五八八年也有記錄「葡萄牙人帶來超過三十萬達克特（ducat，金幣單位，約為西班牙披索的一．一七倍）的商品」，由此可知馬尼拉有兩個大額交易對象。修呂在研究中根據一六〇〇與一六一二年向華人徵收的進口稅紀錄，計算出馬尼拉的購買總額各約為一百三十萬及一百六十萬披索。

另一方面，有法官在一六〇〇年記錄「每年都有超過一百五十萬披索（從阿卡普科）送來」，同年荷蘭人的報告亦載有「每年都有超過一百五十萬披索」送至馬尼拉。方濟會傳教士在一六〇二年的書信中也寫道「每年有二百萬披索送來，然後又全都歸於華人手中」，這雖然略嫌誇大，但基本上沒有太大出入。修呂也表示，十七世紀後半從交易低迷期進入回復期，「一七〇一年約有二百萬披索的絲綢，其他年分更有三百至四百萬披索的絲綢從馬尼拉出口」。

華人的紀錄與上述資料互為表裡。當時的華商主要由設立市舶司的海澄縣月港管理，最初僅徵收既有的水餉（船舶稅）與陸餉（貨物稅）兩項關稅，但明朝認為此二稅都無法含括裝載貨物幾乎都是銀錢的「呂宋」歸船，因此針對呂宋交易特別設置了由船主負擔的增額餉。原本每艘船增收一百五十兩銀（一兩約等於一．二西班牙披索），但在《明神宗實錄》萬曆十七年

（一五八九）的條項中可看到減額的提議，隔年便減為一百二十兩。萬曆二年（一五七四）年的《實錄》中已記載月港徵收的稅金主要用於海防，在關稅實行初期自呂宋交易徵收的稅額僅有三千兩，但根據一六一七年出版的《東西洋考》記載，萬曆四年（一五七六）已有一萬兩，萬曆十五年（一五八七）二萬兩，萬曆二十二年（一五九四）年時則有二萬九千兩。《實錄》中也記載萬曆四十年（一六一二）的關稅收入高達四萬兩，且幾乎都花費在福建的海防上。

明朝將朝貢交易與海禁政策視為祖制，但為了解決海盜問題，也逐漸放寬海禁承認關稅交易，並在一五六〇年代設立文引制來管理航行海外船隻，也就是發行交易許可證，上面清楚記載船隻尺寸、貨物內容、目的地、船商個人資料（姓名、年齡和戶籍等等）及其他種種詳細資訊。起初只發給五十艘船，萬曆十七年（一五八九）後以廣州為界，以東的「東洋」港口與以西的「西洋」港口各發給四十四份；「東洋」共有二十座貿易港口，四十四份商船文引中有十六份是給「呂宋」，其他八港各得二份，剩下港口則各得一份。「呂宋」的發給數在東西兩洋中特別高，足可見福建地方政府對馬尼拉交易的重視程度。但若將文引數目與前述修呂研究中的入港華人船隻數量相比，會發現兩者數字並不一致，有些研究便推論部分船隻是持發給其他港口的文引前往馬尼拉。但根據萬曆四十年（一六一二）的《實錄》文字可推測，地方當局也會發行文引，同年也記載發行了四十份文引給前往呂宋交易的商船，但其中出現了偽造的文引。以上二點應可以解釋為何西班牙的紀錄與明朝的紀錄有所出入。根據佐久間重男的研究，扣除視同國內航運而發給前往臺灣船隻的十份文引，一五九三年發行的文引數為一百份，一五九七年則為一百二十份。

關於交易活動的盛況，根據《實錄》萬曆三十八年（一六一〇）記載，雖然禁止使用偽造許可證出國，也禁止在交易地跨年滯留，但福建方面曾發公文指出「為避免人民因貧困引發動亂，無法完全斬斷交易管道」。與馬尼拉的交易造福了大小商人，福建官民的個人或資本皆與之密不可分，無論從合法或是非法管道都獲取了眾多利益，這成為當時維持並擴張交易最為重要的背景因素。中國史學者卜正民（Timothy James Brook）表示，與馬尼拉的交易提升了以往商人低下的社會地位；身為交易的直接受益者，商人一躍成為社會的第二階層，取得與鄉紳階級同等的社會地位。

朝代更迭由明至清，福建廣東一帶因交易獲得的利益一樣備受重視。胡安．吉爾（Juan Gil）根據史料記載，指出在遷界令發布期間曾有官員從廣州前來，私下要求西班牙重啟商業交易。

儘管有些許變動，白銀的移動基本上都是大量且長期性的。由於西班牙披索的高信賴度有利於交易，就連葡萄牙，以及西班牙政敵的英格蘭和荷蘭都殺紅了眼爭相入手；另一方面，百瀨弘指出漳州原本是採用勘查純度的銀兩制，之後才認可披索做為流通貨幣。從長期性觀點來看，十九世紀中期西方世界霸權雖已交替，但西班牙披索含銀純度高且具穩定性，在環太平洋地區仍保有關鍵貨幣的地位。薩摩藩便是以在香港周轉而得的西班牙白銀支付薩英戰爭的賠償金。岸本美緒指出，流入中國的西班牙披索是以何種路徑如何流通，此問題須配合史料證據，才可能做出邏輯性的論述；然而即便能掌握大量披索流入的間接證據，對於流通性本身的直接檢證，仍是今後需闡明的課題。

最後，再來重新探討一次「銀價高昂」的意義。不時會有人提及金與銀的交換比，但就中國而言，重點在於白銀的稀少性與高需求量，因此每公克皆具有相當高的購買力。至於金銀的交換比，一五六六至一六〇四年在新大陸約是一比十二，而中國則是一比六至七．五；十八世紀前半歐洲的金銀比為一比十五，同時期的中國則是一比十。當時有很多案例指出，歐洲人察覺到此種比率的差異，特地來到廣州將持有的白銀換成黃金「大賺一筆」，日本也有信仰天主教的大名將手中的白銀交給傳教士，請他們前往澳門換取黃金。透過兌換黃金的方式讓白銀流入中國，對於步向帝國主義的西歐各國來說，或許是個較易被接受的流通方式，但史料中卻從未出現西班牙人捧著大量白銀，持續向華人換取黃金的記錄。西班牙人大多以白銀換取絲綢，因為對他們而言，絲綢的報酬率更高。另一方面，華商之所以熱衷於賺取白銀，是因為白銀在中國本土的購買力很高。《東西洋考》中列舉了「呂宋」的產物，可見華人也對當地物品感興趣。臺灣學者方真真等人近期的研究也指出，實際上華人所購買的燕窩、鹿皮等數量，在十七世紀後半達到相當驚人的數字。然而，中國白銀問題的關鍵在於：比起將商品運至中國販售獲利，直接取得流通貨幣白銀的報酬率壓倒性地高。

絲綢

在歐洲人喜愛的中國進口商品裡，陶瓷器相當有名，但在十六、十七世紀的太平洋交易，最重要的是各式各樣的絲綢。西印度法律不斷提及中國絲綢，並將其列為管制品，透過下列描述及史料紀錄，可得知當時有大量的絲綢不斷從中國運往新大陸。

（1）代替沒有設置關稅的馬尼拉，中國絲綢在阿卡普科港上岸時會徵收一〇%的關稅，並從中撥出經營菲律賓群島的經費回饋給馬尼拉，稱為西圖阿多（Situado）。關稅金額通常以馬尼拉的價格為基礎來計算，與新大陸的價格相比多被批評過於便宜，不過馬尼拉高等法院法官德莫伽（Antonio de Morga Sánchez Garay）曾在十六世紀末表示，這些收入雖包含了租船費用，但還是一筆「相當不得了的金額」。實際上，此一收入占了菲律賓經營費用的一大部分。

（2）如同在上一段白銀章節中所述，華人將商品販售所得幾乎全換成銀幣帶回中國；對此情況徵收的加增餉，讓福建在短時間內獲得海防所需的經費。這些銀幣大半都是販售絲綢的所得。

（3）一六二〇年，格拉納達的財務官向印度會議（El Consejo de Indias）議長提出了一份篇幅冗長的「意見書」，討論母國與各殖民地之間的交易利害得失。該意見書主旨在於整頓「廉價」中國絲綢與西班牙國產絲綢的競爭市場，並抑制銀幣外流與「貪婪」不已的墨西哥商人。內容主張在面對涵蓋半個地球的交易網問題時，應該以國王和母國利益為首要考量，並提出改善策略，以跨越這些錯綜複雜的利害關係造成的阻礙。

不過，相較於品質，為什麼歐洲人始終認為中國絲綢「廉價」？第一個理由就是前述的白銀價格差異。第二個理由，是由於明朝東南沿海地區生產剩餘的出現及運輸系統的整備，都恰好遇上西班牙人來到菲律賓這個絕佳時機。在生產體系上，依岸本美緒所言，中國當時廣大的農民階級已累積出生絲、絲綢、棉布的高度生產技術，能製造高品質的產品。也就是說，明朝發展紮實的地區產業之時，形成了一個由低資本家庭手工業製造高品質產品、並以低廉價格販售的體系。同時，江南的沉重賦稅讓支持家計的副業不可或缺，在白銀納稅的壓力下，小農將產品廉價求售，因而孕育出價格低廉、具國際競爭力的高品質商品。除了價格之外，上段提到的財務官也表示，格拉納達或托利多出產的絲綢色澤偏黃，相較之下中國絲綢不但白皙滑順、油脂少，染色的色澤也亮麗，深得消費者喜愛。這些都讓中國絲綢的需求不斷增加。

絲綢的價格取決於品質與供需關係，單純列出數字並沒什麼意義。但若一定要提的話，那麼一五八〇年左右馬尼拉的紀錄中，一磅撚紗值十四雷亞爾（reales），「意見書」則記載其撰寫年分的馬尼拉價格是一磅七至八雷亞爾，但在墨西哥由於貨量不足，一磅售價高達七十雷亞爾以上。修呂指出，雖然西印度法律再三禁止將阿卡普科上岸的絲綢運往新西班牙總督轄區以外的地區，但實際上這些絲綢甚至被運到祕魯一帶，以馬尼拉售價七至八倍的價格販售。當然其中包含了各種支出花費、中間商差價，以及一旦遇上海難就會折了夫人又賠兵的高度風險，因此靠大帆船買賣絲綢的人們都認為至少要讓本錢翻倍、甚至四倍才划算。

至於交易量，雖然起起伏伏，但因為橫向的通路擴大與縱向的需求增加，主要仍是逐步成長。如同上述，政府反覆公告禁止新西班牙總督轄區與祕魯交易，反而說明了兩地間交易持續進行，運至祕魯的商品又再開啟更多新通路，促成通路擴大。此外，「意見書」證實中國的生絲流入西班牙，供應停止的那年更導致托利多等絲織品產地出現失業潮。這也屬於橫向的通路擴大。縱向的需求增加，則是指絲綢的大眾化，至今與絲綢無緣的人們也對絲織品產生了需求。「意見書」稱中國絲綢的使用人口有一百五十萬人，更指出「不論富人還是窮人都依需求購入」，暗示有「低級絲綢」的存在，反映出符合消費者需求的平價絲綢已然普及。絲綢已不再是稀少、獨特或僅限少數高貴人士使用的產品，即便尚未達到今日所謂「大眾」的程度，也已經是「大多數人」的消費商品。這點在我們探討的主題中，是極為重要的一點。

埃爾南．科爾特斯（Hernán Cortés）曾將養蠶及絲織業引入墨西哥，中國產生絲雖然讓當地養蠶業沒落，卻有助於紡織業發展。西班牙國王巡察官在一六三六年的報告中指出，當地絲織業受雇者高達一萬四千人，這也是日後眾多研究者經常引用的數據。在一六二九年墨西哥城遭大洪水侵襲人口遽減前，該城與周邊地區的總人口數約為十五萬人，由這個數字便可清楚看出其重要性。這個數字意味著以中國生絲為原料，在墨西哥、普埃布拉等地織成天鵝絨或類似天鵝絨的布料，在南美大陸有著廣大的市場。

參照西印度法律的絲織品相關規範，我們須將絲綢（錦緞、天鵝絨等）與生絲捆等原料分開來看。中國絲綢在品質、設計、價格雖然備受好評，但受法規限制，必須偽裝成其他物品才能運入阿卡普科。另一方面，中國生絲進入新大陸與西班牙絲織業，成為生產體系的一環，可推測其實際上不在限制進口物品之列。然而這背後也有相當嚴峻的現實，「意見書」中提到，即使限制在馬尼拉—阿卡普科航線大量採買生絲，但西班牙織品業者只要缺乏貨源，便會以高價向「敵方」荷蘭業者購買不足的部分。而荷蘭人販售的商品，其實是來自於襲擊西班牙船奪取的戰利品。

此一生產體系是在馬尼拉大帆船啟航四十年左右時形成，數年後的報告中指出，西班牙母國的絹織師傅移居墨西哥，開設了附有染坊的小型工廠。實際的理由雖然難以得知，但很有可能是因為生絲在墨西哥的價格較母國低廉，加上白銀價格影響，可在此地賺取高額加工費之故。

卜正民指出，一六二〇年景德鎮生產的出口用陶瓷器使用了中國國內尚未出現的鬱金香花紋；不過，在早期絲綢就已出現這樣的機制——往返馬尼拉與中國的華商，直接向中國的生產者傳達消費者想要的設計。依「意見書」所述，中國的生產者對最終消費者的喜好、評價及墨西哥的各種禁令反應靈敏，更為了避免滯銷，而將供應品項集中於前一年的暢銷品，其他則要等到隔年才能出貨。出口馬尼拉的商品是依照西班牙人的喜好而特別設計，亦難以轉售至其他地區，藉由長銷商品及客製化產品來確保收益。「意見書」表示，在墨西哥商人掌握絲綢貿易下，馬尼拉居民可獲得貿易獲利約三分之一做為手續費；但另一方面，生產地與消費地之間共識與溝通的提升，也是為馬尼拉居民帶來收益的重要原因。早在十五世紀，中國販售至西亞、伊斯蘭文化圈的出口商品中就曾有古蘭經經文裝飾的瓷盤或模仿伊斯蘭藝術風格的瓷器，由此角度來看，迎合消費者喜好的華人企業家精神，其實並不一定始於馬尼拉貿易。

一五八〇年代後半起持續近四十年的西班牙對日本貿易，主要內容同樣是絲綢與白銀的互換。雖然與華人或葡萄牙人對日貿易市場相比規模甚小，但販售絲綢取得豐沛日本白銀，正是西班牙人最渴望的交易模式。在日本非但不用受制於墨西哥商人，還能就近在短期內將新大陸運至馬尼拉的白銀數量倍增。一六二四年德川幕府徹底禁止西班牙人來日，但馬尼拉西班牙人仍不斷陳情，請求再次展開交易，可知日本市場對他們來說多麼具有吸引力。不過，前往馬尼拉經商的華商和從事對日交易的華商出生地多有重疊，西班牙人在失去日本市場後，很可能還是繼續透過華人來投資絲綢。

另外，航向阿卡普科的船隻若船身較小、承載量低，就會優先運送利潤高的絲綢，大型船隻才會連同棉花一同運送。亦有史料記載，棉花一般載貨量為絲綢的六分之一左右，不過木棉在新大陸市場與西班牙麻製品並無競爭關係，因此鮮少出現在史料中。依「意見書」所述，曾有船隻裝載了綿布四千包，八包棉布約重一噸，總量約是五百噸，與絲綢的價格比粗估約為一百五十比一，因此僅負擔得起小規模投資的人們也可能將資金投入棉花交易。

全球供應鏈的萌芽

西班牙人只要一發現華人供應的水銀，就會立即收購，一五七三年為了在墨西哥提煉白銀，還將水銀裝在桶子內運送至阿卡普科。國王菲利普二世曾親自命令席爾瓦總督（Juan de Silva）採購二百公擔的水銀，也曾嘗試尋找大規模定期採購的管道，卻沒有成功。但水銀仍是航往阿卡普科的大帆船長期運送的貨物。在原料收購上，耶穌會史料記載，祕魯總督曾為了銅進行採購作戰。一五八〇年代末至一五九〇年代左右，英格蘭海盜卡文迪西不斷襲擊南美洲沿岸，總督認為必須在沿岸建設砲台，鑄造大砲，卻苦於沒有足夠的銅，因此決定向中國採購。他準備了二十萬達克特（ducat，折合約二七．五萬披索）交給二位耶穌會教士，藉由可在葡萄牙保教權（patronage）下傳教的耶穌會教士，搭船將錢送至澳門。然而從之後的書信中得知，這筆錢被不樂見大批資金流入市場的澳門葡萄牙殖民政府沒收，一半被送至果亞，另一半則由耶穌會修道院院長保管。

另一方面，一五八五年的總督書信中寫道，在馬尼拉用一萬披索可建造三至四百噸的船隻，運至墨西哥可賣到四至五萬披索。雖然該信的主旨是爭奪大帆船航運主導權，但內容也可看出馬尼拉的木材、尤其是人力都相對便宜。此外，新西班牙總督轄區總督知悉馬尼拉能建造出優良的大砲，便於一六二四年要求當地總督製造十八座大砲，並支付二萬四千披索。葡萄牙一七〇七年的史料記載，在墨西哥、維拉克斯要塞都有馬尼拉製大砲。此時的人們不畏距離遙遠，積極運用相對優勢的價格、人力成本及製造環境，這主要是因為人們取得了橫跨太平洋的技術，特別是馬尼拉大帆船的定期航線，此為一大關鍵。

3 人群的移動

原住民世界的變化與馬尼拉的變遷

以前的菲律賓並不像美洲大陸是一座孤島。《明史》記載，十四世紀後「呂宋」就持續向明國朝貢，一五七〇年西班牙人遠征呂宋島時，也為了與約四十個家族、一百五十名左右的華人，以及少數日本人交易等理由，多停留了一段時間。一五七一年之後，前述商品與白銀被帶入此地，吸引了各式各樣的人們從四面八方湧入，居民的人種、出生地與停留理由都發生了「劇烈改變」。從史料來看，隨著西班牙人進駐，除了歐洲人，還吸引了中國、日本、汶萊、爪哇、柬埔寨、暹羅、民答那峨島及霍洛島等群島地區，以及印度、非洲的人們前來。下頁的表格從不同角度整理出各移動族群的特色。

西班牙的統治勢力範圍多限於平原及沿海地區，要討論其統治對菲律賓原住民社會的影響，必須依地區或部落個別討論。對呂宋島南部、宿霧島等交通便利地區而言，西班牙的統治無疑對當地環境及社會造成了極大的變化，主因在於（1）勞役制（Polo，每年男子無償公共賦役四十天）；（2）居民逐漸聚居於傳教核心區；（3）分散並遷移叛亂部落；（4）華人的移入。（1）的勞役制類似原住民社會既存的奴隸制，但原住民本身如何看待兩者間的差異還有待探討，動員規模也尚不明確，不過其勞役移動範圍曾遠至墨西哥。（2）則與西班牙帝國的統治理念有關。據說原住民並未正面抵抗西班牙人的征服行動，而是選擇四處逃散，這讓西班牙領有菲律賓群島的正當性始終曖昧不明。一五八一年建設大教堂時也舉行了大教堂會議，會議中論述西班牙領有並於當地徵稅的正當性，來自於居民皈依天主教，再次確認傳教事業為統治的主軸。不過實際上傳教士人數不多，當地居民也散居各地，並有盡可能避免與他人接觸的傾向。為了解決這兩個問題，西班牙以居民的聚居化和居住地區的集中化，這兩個亦於新世界實施的對策來因應。約翰·費倫（John

出生地	遷入	定居	回國	遷出*	經過**	自由人	奴隸
菲律賓群島	群島內移動	—	—	△	—	○	○
中國	○	○		△		○	△○
日本	○	○	△	△		○	△
東南亞各地	○	○		△	○	△	○
印度	○	△			○	△	○
非洲	○	○			○		○
葡萄牙等地	○	○	○			○	

人群的移動

可推論但無史料證據的部分皆保持空白。△代表數量稀少。

* 遷出目的地主要為新大陸

** 在馬尼拉奴隸市場售出，被運至美洲大陸的人們

Leddy Phelan）認為，現今可見的中小型核心城市，就是由當時這些據點發展而來。至於（3），勇猛的參巴族（Sambal）事蹟相當出名。他們曾武裝起義，殖民當局好不容易鎮壓下來後，便將該族女性、小孩分散遷居至不同區域，並拘捕超過二千五百名男性做為奴隸。修道院相關人士曾質疑此「鎮壓」行動是否為正當戰爭之必要條件，但以往原住民部落間亦存在著武力對抗以獲取奴隸，原住民世界又是如何看待這次鎮壓造成的變化，還有許多部分值得商榷，各地區之間的差異也相當大。此外，以馬尼拉為中心的地區逐漸城市化，成為各類物品的消費與集散地。

華人居留者

若僅以史料為據，華人是主動來到菲律賓群島的一群。主要時間是每年三至五月，大約會有十至四十

幾艘戎克船，每艘船載著一百到四百名華人來到馬尼拉外港甲米地港。其中包含了第二節提到的那批負責交易的人們，他們以船主、資本家、商人及其代理人的身分，參與船貨交易。*這些人都是短期停留，通常在八月底左右就會回國。但也有人一待就是好幾年，甚至一輩子留在各島嶼。胡安・吉爾在《馬尼拉的華人們》（*Los Chinos en Manila*）中推測，每年來到島上的華人約有三分之一就此定居。這些人的出身背景極為多樣複雜，有和本國資本家關係良好，或身懷資產、技術，具備科舉生員程度學識者；但也有孑然一身、一無所長者。一六〇三年華人與西班牙人爆發武裝衝突，西班牙人所拘留數百人規模的集團中被稱作「Anaya」的即為前者，史料記載這群人聚居，蓋大宅邸，應是早期的安海商人。傳教士紀錄也提到，華人居留區岷倫洛（Binondo）住著富裕的改宗華人，捐贈大筆捐款給教會。塔博拉（Juan Niño de Tabora）總督也曾與富裕的華人階層「商量」，接受其所提供的大筆資金整頓基礎建設。西班牙人總是期待華人的捐款、借款及賒受。

眾多史料都記載了華人的生意手腕及靈活度。他們在馬尼拉首次接觸到西式書籍裝禎、天主教宗教畫等新技術，就能瞬間學習吸收並轉為商品，一五八〇年代末期馬尼拉首任主教曾對此大感驚訝。學習的技能從醫術、藥草、理髮、裁縫、製鞋、冶煉、銀細工、雕刻、鎖匠、塗裝、泥作、鋪設屋頂等一直到麵包師，可明顯看出這群人的技能與勞動力支撐著馬尼拉的城市化及基本生活。前述的主教報告指出，早在一五八〇年代中期，隻身前來的華人中便有農民和漁民。西班牙不論神聖或是世俗社會都因華人的高農業生產力而徵收到高額稅金。另外二種行業也非常仰賴華人勤勉不懈的勞動力，也就是西班牙人家庭或修道院的家務勞動，以及甲米地港的造船用煉鐵業；當荷蘭等外敵進攻時，曾有上千人每天強制勞動十幾個小時。若華人不願意改信天主教，也可選擇與當地女性通婚，以融入當地社會。值得注意的是，這樣的婚姻下誕生的麥士蒂索人†在十七世紀中期的紀錄被視為一個族群，到了十八世紀更形成一個社會階層。

之所以出現這個社會階層，跟居住於馬尼拉周邊的華人數量，在十七世紀初期至少已經超過二萬人有關。西印度法律起初限制華人居留人數上限為四千人，之後上調至六千人。西班牙當局對這樣一個聰慧靈敏的龐大集團感到恐懼，不時懷疑他們與中國政權勾結，或是想像他們會對人數較少的西班牙人採取行動，因此只好藉由對華人生活數不清的限制或課稅來壓制他們。然而，對非改宗華人課徵的八披索滯留稅，屢屢成為西班牙殖民政府的主要收入，而逃稅華人的賄賂更是讓西班牙官員中飽私囊，嘗到甜頭的殖民當局最後反而默認了華人人口的增加。一六二〇至三〇年代華人人口約有三萬五千人，有史料指出全域的華人人口高達六萬人，他們在馬尼拉的人口數為西班牙人的二十至三十倍以上，是該城最大的族群，此外他們還會透過商業活動深入西班牙人通常不會涉足的地區，與當地原住民接觸。從這個角度來看，給予原住民更強烈、更大範圍衝擊的，其實是華人。

* 這群華人被稱為常來人或生理人（Sangley），源自閩南語，意指「生意人」，後來也衍生出「常往返兩地的人」的意思。

† Mestizos，意指混血兒。在美洲特指歐洲人與原住民生下的混血兒，但菲律賓則為所有外國人所生的混血兒通稱。內文所指應為華裔麥士蒂索人（Mestizo de Sangley），日後也有了菲律賓華人（Tsinoy）的專稱。

一五八二年，為了減輕殖民當局對華人的恐懼，第二任總督設立「八連」(Parian，又稱澗內)為華人居留區，將他們限制在特定區域。亦有研究稱該居留區為「Ghetto」*，不過綜觀史料描述，其實際情況應該沒有這麼負面，很多時候該區域名在使用上與絲綢批發街(Alcaiceria)沒有太大的不同。亦有研究指出，有了華人居留區，不但跨年度商品得以存放，亦可在此重現原鄉華人社會，這才是促使華人定居於此的重要因素。西班牙當局也指派任期一年的華人統治長官進駐。這些華人及居留區為現今菲律賓人口組成、住宅及建築風格帶來了極大的影響，是為第一波大轉折。

十七世紀初期的二十年間，日本人在馬尼拉的人口數約莫達到三千人高峰，有一定程度的存在感。當時馬尼拉與交趾、暹羅並列為朱印船的三大通航地，不過受到之後德川幕府的對外政策影響，不再有日本人前來，一六四〇年代日本人的存在感已相當薄弱。由此來看，對日本而言此時的人群移動尚稱不上是持續性的時代轉換要因，反倒是後述的局面才真正為日本帶來了新的轉換契機。

南亞、印度、非洲大陸的人們

後述的阿隆索・桑切斯(Alonso Sánchez)耶穌會神父規劃的一連串「明朝征服計畫」(一五八三～一五八六年)，裡面將「五百名印度奴隸」列為重要人力；一六三九年為鎮壓華人暴動，總督派出的華人殲滅軍隊便是由「黑人奴隸」組成。據說馬尼拉城內約有三分之一的居民都是奴隸，其來源大約可分成三類：(1)延續原住民社會的奴隸制，因借款、犯罪等理由成為奴隸者及其子女；(2) 在民答那峨島、霍洛島等伊斯蘭地區與當地勢力對峙時，雙方各自拘捕的戰俘。史料所記載的「一五九九至一六〇四年在馬尼拉買賣了四千人」、「伊斯蘭勢力向荷蘭東印度公司及該地區販售了二千五百人」等，指的就是這群人；(3) 從東亞、東南亞、印度、非洲等地透過綁架等手段被當作奴隸販售的人們。史料中「一五九五年在澳門買入於印度販售的奴隸一千名」，以及豐臣秀吉曾因葡萄牙人將九州人口做為奴隸運出日本，而質問耶穌會教士（一五八七年〈伴天連追放令〉†），皆屬於此。東亞、東南亞、南亞、西亞各地自古都存在著奴隸交易網絡，其中從事人口買賣的主要是葡萄牙人，具有購買力及需求量大的馬尼拉即為特別醒目的奴隸購入地。馬尼拉雖然面積小，卻因為家庭內需要侍僕人力，以及可做為資產轉售，而有高度的奴隸需求。被轉售的奴隸主要以大帆船賣往新大陸，他們是航程中的主要勞力（划槳等操作船隻之勞力，或供乘客與船員使喚），到了墨西哥後又成為商品被販售。在馬尼拉以七十到一百披索購入的奴隸，在墨西哥可以二百至三百的價格賣出。在七十九頁的表格中，「經過」一欄的人們也包含這些經由馬尼拉、被強制運送至新大陸的奴隸。相較於大西洋奴隸交易基本上為奴隸專營制（Asiento，由王權販售專營許

* 在此應指歷史上歐洲城市的猶太區，某些情況下，猶太區實為一種嚴重的種族隔離狀態。

† 伴天連（Padre）為葡萄牙語的神父與傳教士通稱，追放為日文的放逐，合起來就是基督教放逐令(日本稱キリスト教，實際為天主教會)。豐臣秀吉頒布此令，禁止外國傳教士在日本活動，嚴格區分南蠻貿易與傳教行為，並鼓勵吉利支丹大名（信仰基督教的大名）放棄信仰。但直到一六一四年德川家康頒布〈日本禁教令〉，才正式嚴格執行。

可的制度）與奴隸船運送，馬尼拉的奴隸市場規模較小，因此個人也能參與，奴隸可搭乘大帆船與一般乘客及船員一同移動，是二者的相異點。同時，也有人向當局申訴自己成為奴隸的理由不合理，或自己花錢買回自己的案例，二者間的奴隸概念差異，必須特別留意。而由於教會相關人士不斷質疑西班牙殖民政府奴隸制度的正當性，十七世紀末時所謂的正當奴隸範圍已經相當限縮。在此雖然主要討論奴隸，但並不代表自由之身的人們沒有往來異地，但由於難以追溯史料中「負責口譯的孟加拉人」之類的人員身分，因此只能點到為止。此外，透過一五八九年的道明會教士文書也可得知，已經有新大陸原住民以阿卡普科至馬尼拉大帆船的主要船員身分來到馬尼拉，不過他們通常被歸納為「Indio」，幾乎不曾受到重視，也鮮少出現在史料上。

跨越太平洋的人們

要還原當時物品與人群的流動，墨西哥國家檔案館（AGN）與印地亞斯總檔案館內的會計檔案是不可或缺的豐富情報來源。接下來就以黛博拉．奧羅佩薩．克雷希（Deborah Oropeza Keresey）和筆者對墨西哥國家檔案館藏資料的研究為基礎，來看看從東亞一路延伸到新大陸的人群流動狀況。克雷希整理了二大檔案館藏有關阿卡普科和墨西哥城的繁雜文件檔案，並以書信史料為輔，聚焦於阿卡普科人口的出入，特別是自阿卡普科前往新大陸的亞裔人群動向。此外，她也透過結婚登記、訴訟、異教徒審問文件等因屬特定人物而幾乎完整記錄其身分（自由人或奴隸）、人種（白人、黑人或混血等）、出生地、職業別的資料，來觀察這些跨越太平洋的人們生活的痕跡。但由於該研究課題尚在進行中，目前能提出的論述還不算多。

這些人在史料中被稱作 Chino 或是 Indio Chino，但「Chino」並非皆指稱華人。釐清這個語詞指稱的範圍，可以幫助理解當時的族群概念，在此簡短說明。

西班牙人將首次探查地域遇見的人們皆稱作「Indio」（印度人），在法律條文中亦是如此，其意涵接近「當地人」。日本人除了被稱作「Japón」外，也被記錄為「Indio Japón」。另一方面，「Chino」多是泛指大帆船西邊的終點地區，太平洋交易本身就常被理解為「和中國的交易」，他們也不時將商船稱作「支那船」（Nao de China）。用於人時，Chino 也非限定華人，而是泛指來自東南亞一帶的人們。不過，馬尼拉西班牙人筆下的「Chino」雖然不如別稱「常來人」（Sangley）那般明確，但用以表示「華人」的機率相當高。反倒是 Indio Chino 的涵蓋範圍較大，可能是（1）華人；（2）菲律賓出生的華人或麥士蒂索人；（3）菲律賓原住民。若是（1），Indio 便是代表「當地人」之意；（3）的「Chino」則是代表來自東洋的 Indio 之意，以與新大陸原住民區別。因此文件中的「Chino」並非都是指華人，也有被稱作 Indio 的華人。另外，由於人名幾乎都被轉化為西班牙名，要從人名判別人種較為困難，不過像是「Engcang」等馬尼拉華人常見的名字，當地也有出於便利而以出生地或居住地當作姓的習慣，因此若剛好是華人居留區，那擁有此名字的人也很有可能就是華人。另一方面，印度以西出生的人們多被稱作拉斯卡（Lascar），這是來自於當初對搭乘葡萄牙船的阿拉伯和印度人之稱呼，穆斯林也包含在內。

根據克雷希的研究，從會計檔案及課稅報告可計算出一五六五年至一七〇〇年間，共有一百四十五艘馬尼拉大帆船平安抵達阿卡普科，其中共有三千三百六十名亞裔船員，以及其他二百三十三名亞裔乘客來到新大陸；至一六七三年為止，進入阿卡普科的一百二十一艘船隻中，共有三千六百三十名奴隸來到新大陸。史拉克（E. B. Slack）舉十八世紀中期為例，三百七十名船員中，三十名士官皆為歐洲人及墨西哥出生的克里奧爾人*、四十名砲兵中有二十七人為Chino、一百二十名船員中有一〇九人為Chino、一百名男僕人中有九十六人為Chino。我們希望透過這些數據，來闡明華人占總人數的比例與奴隸人數占總人數的比例是否相近。馬里安諾．波尼亞里安（Mariano Bonialian）指出，雖然奴隸中也有華人，但有很多華人是在知道目的地的情況下主動上船的。對於這些華人，應該注意以下這點：雖然在一五七一年馬尼拉建城時仍不顯著，但亞洲人群也開始向新世界流動；他們對於目的地有一定程度的認識，在這樣的前提下展開了長距離移動。

大帆船航線起始初期常苦於人力不足，從馬尼拉出發前會招募華人、日本人及原住民船員，若招募人數仍然不足，便會以勞役制（Polo）之名徵用原住民。華人多半會避免以身犯險，不過許多來到馬尼拉的華人皆是為了賺錢的單身漢，因此可推測總能招募到一定人數。克雷希用史料還原了當時的大帆船船員名單，在一六〇〇年前後的名簿中出現相當多以湯都（Tondo）、岷倫洛、甲米地等華人居留區為姓的例子，還有許多發音近似華人名的姓氏。一五九四年的書信文件中也記載，兩艘馬尼拉出發的船隻上共有「Chino一〇六名」，與同年船員名單上記載的「Indio Chino」的人數相符。名單記載的總人數中約有二成註記了艤裝師傅、幫浦人員、防浸水人員、船員主管等工作名稱。由於書信是由馬尼拉寄出，因此「Chino」很可能指的就是華人。至於他們的薪資，若歐洲人下級船員可得一百披索，Chino即為四十八至六十披索。單看數字貌似有所歧視，不過艤裝師傅等技術人員可以拿到八十至一百披索，其薪資也依照生活津貼或經驗多寡而增減，不能一言以蔽之。另一方面，一五九二年在阿卡普科下船的人員中，共有三名「商人」為Indio Chino，一五九四年同樣有三名「搬運堆積人員」（可能指將貨物向上堆疊）為Indio Chino，一五九五年「常來人」Juan Bautista de Vera 被另外列出，但可判定其為華人。而這位「Vera」和一六〇三年的華人統治官同名同姓，很有可能是同一個人。

至於奴隸的數量，很可能遠高於上述記錄的人數。理由在於（1）奴隸在阿卡普科上岸時會被徵收五十披索的稅金；（2）當局不斷發布乘客和船員的僕役人數限制令，一五九七年限制每人只能帶一名僕役人員，一六四二年又改變了限制人數（艦隊司令官可帶六名、法官四名、領航員三名、大商人等地位較高者二名）；（3）新大陸的奴隸價格高昂。此外僕役、下人和奴隸的區別相當曖昧，幾乎為同義詞。

* criollo，一般來說意指歐洲白種人在殖民地移民的後裔。

生活在新大陸的東亞與東南亞人

這些來自遠方的乘客在阿卡普科上岸後，經歷了怎樣的人生呢？克雷希以當時的薪資明細為基礎，查出一六一八年來到阿卡普科的七十五人中，僅有五名返回馬尼拉；一六二八年則有九十四名上岸，回國人數相同（其中一名為不同人），不過光以這樣的數據，還是很難推測當時的狀況。克雷希還調查了好幾個年分的船員名單，從人名中歸納出一點：來到新大陸的人們，很可能有三分之一會回到自己的國家，不過名簿中同名同姓者不在少數，因此無法判定哪些人是長期滯留，哪些人是移民者。返回馬尼拉的西行航線雖然較去程的東行航線來得平穩，也僅需一半的日程，但要再次乘船跨越太平洋，還是需要相當的決心。再加上墨西哥當地也人手不足，若為自由之身，做出留在阿卡普科的選擇是很自然的。

從阿卡普科港的勞工薪資名簿或是墨西哥城的各種記錄中留下的資訊來看，此一時期確定為華人者的只有上述的「商人」，其他標記為木匠、鑄造師、倉管、鍛冶等職稱的「Indio Chino」，屬於華人的可能性較高，這些工作也和華人在甲米地港從事的職業相近。該研究也指出，來到阿卡普科後「Chino」多集居在太平洋沿岸的科利馬，或墨西哥城近郊的普埃布拉一帶。前者能最早看到跨越太平洋來到新大陸的大帆船，以便向墨西哥總督府通報，也是能在抵達阿卡普科前先祕密上岸的地點。該地很早便出現西米椰子、可可豆等農園，研究指出奴隸很可能多半在此上岸及工作。後者如同前面所述，是絲織業集中的城鎮，據稱有超過百名華人居住於此，不過卻鮮有史料可為佐證。

此外，根據墨西哥城的紀錄，擁有該城販售中國錦緞、中國綿襪、玉蜀黍等物的商店，還有十餘匹驢子的，是一位「支那國出生的 Chino」。數年後的記錄還提到以「Chino」理髮店、放血師、藥劑師為主要成員所組成的天主教信心會；與此相對的，則是跟急速增加的「Chino」理髮店有關的官司。一六三六年墨西哥城將「Chino」理髮店上限設為十二間，下令其他店鋪搬遷至郊外；三十年後，高等法院再次下令市內數量已超過百間的「Chino」理髮店回歸原本的上限數量。這些理髮店即便並非全由華人開設，但就職業別推測為華人的可能性極高。日本人鮮少出現在史料中，只有慶長遣歐使節支倉常長與索特洛神父一行人停留在墨西哥城的那一年，日本人的人數突然增加；而不久之後的紀錄，則出現了原本是奴隸，後與葡萄牙人結婚並販售毛織品的日本人女性。上述各例看起來十分符合以西班牙人為統治者、亞裔人為被統治者的歐洲中心主義構想，不過其中有二點必須特別注意。第一，當時來到日本的西班牙人曾指出，日本的顯赫人士多不習慣長距離的旅行，更別說是出國了，伊丹宗味*是特例。伊丹宗味是曾往返馬尼拉，之後加入支倉使節團的一位資產家。至於中國，則是明確地將皇帝與臣子的關係理念化，一般而言並不會特別顧及海外的「天朝棄民」。第二，提供馬尼拉大帆船的是西班牙國王，而與航行相關的亞裔人士則大多來自各社會的「底層」。

* 江戶前期的武士，慶長遣歐使節成員，曾前往羅馬。

4 資訊的移動

原住民的天主教傳教

「資訊」一詞會讓人聯想到許許多多的意涵。本節中代表一種無形、卻足以改變人們生活的概念，並特別聚焦於天主教傳教事業。

十六世紀初期以來，在新世界宣揚天主教就一直是西班牙的國家政策。起初他們認為，當地的人們是純白無瑕、宛如白紙或嬰兒般的存在，加上受到末世論影響，傳教士只想盡快拯救靈魂，無暇去解釋何謂天主教或協助人們理解教義，幾乎僅將全力放在讓人們受洗一事。傳教士們將舊世界中已不復存在的理想人類形象投射在當地居民（Indio）身上，甚至有修士嘗試建造烏托邦，急著實踐伊拉斯謨（Desiderius Erasmus Roterodamus）提倡的歐洲式最新教育理念，或是預備施行高等教育。然而到了一五七〇年代，進入了草創階段的反抗期，這些對當地居民擅自的美化與過度期待瞬間轉為巨大的失落。約翰．費蘭（John Leddy Phelan）指出，在馬尼拉建城時期前後，傳教士們將菲律賓視為美洲大陸的延伸，一班來說缺乏新意，傳教意識與方法論皆仿自墨西哥的傳教模式——透過教育制度灌輸孩童基本教義，以培養天主教道德觀及家庭觀；同時以改造村落外觀為起點，建立以教會為中心的社會。當時剛召開完特利騰大公會議*，推動天主教會的教義與組織秩序化。由於與軍事征服同時進行，便認為傳教自始至終皆是傳教士單方面向當地居民傳遞資訊，此種觀點或許需要再次檢討。十六世紀末《新大陸自然文化史》(*Historia natural y moral de las Indias*) 的作者阿科斯塔 (Jose de Acosta) 在同時期撰寫了《西印度救贖論》(*De procuranda indorum salute*)，表示多方面地融入當地生活習慣傳統，「將當地傳統宗教替換為天主教才是傳教」，短期內的強制手段實屬迫不得已。不過，究竟怎樣才算是真正的天主教式生活，怎樣才算是傳統？要辨識或區分兩者，其實相當困難。若無法被當地社會和傳統基盤的感性所接納，新宗教便無法真正紮根。傳教士雖然企圖替換當地居民的世界觀，卻不能否定他們也逐漸接受了當地的現實。現代的我們常會以帝國主義之後的世界觀來理解十六、十七世紀中期發生的事件。然而所謂的傳教士報告書，是寫給從未離開過基督教世界的歐洲教會高層閱讀，其描述亦是依循著當時他們的世界觀，這點必須特別注意。換言之，由於這二種世界觀在缺乏其他對照觀點上頗為相容，若是忽略時代背景不同，全盤接受傳教士的報告內容，原住民皈依便會被視為一種強制性的傳教。然而這樣的判斷是否妥當？對傳教士而言，在東亞與東南亞的傳教事業是否可能是天主教宣教方式的一個轉換期？接下來將對此問題進行個別探討。

---

* The Council of Trent，羅馬天主教會於一五四五至一五六三年召開的一系列大公會議。會議之目的為回應馬丁・路德的新教改革運動，重申了天主教教義與反宗教改革的立場。會議內容成為日後布道宣教及宗教戰爭的立論基礎。

華人傳教

菲律賓傳教與新大陸最大的不同點，在於當地擁有其他外部傳教目標。當時西班牙就相當關注中國和日本。十六世紀前期開始，《馬可波羅遊記》即掀起了對中國的傳教熱潮，同時耶穌會傳教士在葡萄牙保教權下經由澳門率先前往日本，所撰寫的日本傳教報告也大大刺激了新大陸西班牙教會的傳教熱潮。

向中國本土傳教的嘗試，約與馬尼拉建城同一時期展開。與萊加斯皮一同來到菲律賓的奧古斯丁修道會教士馬丁・德・拉達（Martín de Rada），搭上了為追捕海盜林鳳而前來呂宋島的王望高艦隊，在一五七五年抵達福州，卻因大量購買漢文書籍而被懷疑是間諜，不久便被強制遣返。到了一五九〇年初，二名通曉中文的道明會修士在華人幫助下進入福州，卻同樣在隔年遭強制遣返，協助入境的華人也受到嚴厲懲罰。這段期間，還有一些完全不會中文的傳教士不管三七二十一試圖由廣州入境，全數盡遭明朝官員拘捕，交給澳門的葡萄牙人。在窒礙難行的狀況下，傳教士們遂將對馬尼拉當地華人的傳教，視為中國傳教的預演。一五九〇年代初期，道明會修士高母羨（Juan Cobo）注意到重視書籍的華人文化，開始利用印刷品傳教，他在華人的協助下撰寫並以雕版印刷西語和漢語對照的《天主教教義》、《辯正教真傳實錄》（一五九三年發行，漢文版）等書籍，前者以《玫瑰經》（*Rosarium*）為中心解說基本教義，後者則以華人與神父的對話形式闡述，其中神父對陰陽五行思想表示認同，呼籲建立雙向傾聽的關係，此外書中還透過證明地球為球體、天體運行等規律性來說明造物主的絕對性存在。之所以採取對話形式，很可能是受到耶穌會修士羅明堅（Michele Ruggieri）著作《天主實錄》的啟發，但內容屬於對等關係的演示。此外，目前收藏在馬德里國立圖書館的漢文書籍《明心寶鑑》，西文對照部分便是出自高母羨之手，本書由首任馬拉尼主教獻給菲利普二世。高母羨曾擔任菲律賓總督使節前往日本，在名護屋接到豐臣秀吉的召見，之後在一五九三年返回馬尼拉途中於臺灣外海遇難身亡。遺憾的是，他沒有接班人能延續理念與作法。雖然為數不多，但在如這般傳教士願意面對理解不同文明的態度中，可看見前述這種令人驚訝的轉變。

歷任的總督都強烈支持向華人傳教，這背後涉及西班牙帝國在心理和政治上的感受及傳統。就如華人的課稅金額和項目依照改宗與否而不同，是否皈依天主教成為劃分「我者」與「他者」的基準，在暴動等緊急事件發生時亦是分辨敵我的識別證。西班牙在收復失地運動後不斷向海外發展，有著大批他者共存的西班牙勢力試圖在宗教的普世性中找出超越人種與國籍的共通點，有意無意間讓天主教化成為將「他者」變成「我者」的強力手段。然而在本章所討論的年代，除卻臨終時由一旁神父進行受洗的例子外，華人的改宗率其實相當低。曾在華人居留區「八連」擔任神父的道明會傳教士留下紀錄，指出該區教會的受洗者人數在一六一八至一六三三年間為四七五二名，其中身體健康、也就是自發性受洗者為二〇五五人。

相對於此，一五八〇年代前期有位傳教士擔任菲律賓總督府的使節，在明朝官員陪同下參訪漳州、福州、廣州，並曾兩度與明朝官員交涉。他就是前述提出「明朝征服計畫」的桑切斯神父。在人口稠密的華南地區，桑切斯神父看到在精神與物質上都洋溢著自信的人民，受到強烈衝擊。身為人文主義者，他認可明朝的政治制度有其合理性，另一方面，他判斷在此情況下若不予以軍事性打擊，絕不可能成功使中國天主教化。桑切斯神父將此見解及實行要領上呈菲利普二世，之後前往馬德里謁見國王，但此數日前無敵艦隊戰敗的消息才剛傳來。從馬尼拉進往中國的傳教計畫，一直到明末清初的混亂期為止都沒有實現。

即將進入一五九〇年之際，從馬尼拉出發的傳教士開始在日本傳教，然而率先進入日本傳教的耶穌會早已耕耘了近四十年，在日本擁有三十萬人左右的信徒。另一方面，雖然與後來的嚴格限制相比只是小巫見大巫，但秀吉已於一五八七年在名護屋頒布〈伴天連追放令〉放逐傳教士，並禁止一定身分以上的武士改宗（百姓、農民不在此限），馬尼拉的傳教士可說是晚了好幾步。不過一五九七年在西坂遭公開處刑殉教的教徒，也就是日本天主教史上著名的「長崎二十六聖人」中，有六人是來自馬尼拉的傳教士，其中五人是西班牙人，一人為葡萄牙人。此外，被稱作天主教徒大名的高山右近，則是在一六一四年逃亡至馬尼拉，西班牙殖民地政府稱其為「追尋信仰之人」，以盛大的歡迎隊伍與年金相迎，由此可知這件事為期許世界走向天主教化的帝國理念帶來相當大的鼓舞。

另一方面，自從秀吉明令禁教，尤其是在「二十六聖人殉教」後，傳教士不再歸結於因為秀吉是暴君所以壓迫天主教，他們在書信中紛紛討論天主教被壓迫的原因。這雖然跟先來到日本的耶穌會與後來從菲律賓進入日本的托缽修會體系間的對立，雙方彼此推卸遭禁的責任有關，然而從他們在傳教方內部尋求禁教緣由的舉動，可以看出傳教士之間劃分我者與他者的相對化現象。書信中常看到的主張是「日本誤會認為我們以傳教為藉口，實際上是要奪取日本」，這不但是西班牙人對自

圖 1-3　李樂倫（Lorenzo Ruiz）

1600 年生於華人居貿區岷倫洛區，父親為華人，母親為原住民，後任職於岷倫洛區的道明會教堂，為玫瑰會會員，已婚。據說因被冤枉殺害西班牙人，遂於 1636 年與道明會修士一同逃至沖繩。隔年在長崎西坂被處以倒吊之刑，與其他信徒一同殉教。1987 年成為第一位被封為聖人的菲律賓人。

身歷史的反省，同時也顯現出他們有自知之明，畢竟從很早開始便有不少人認為要改善傳教士無法在日本自由傳教的局面，就必須從馬尼拉導入武力來解決。在此種見解的基礎下，高瀨弘一郎很早就注意到，耶穌會修士的書信提及日本會壓迫基督教，是出自於恐懼外國勢力的「國家理性」。承認非基督教國的國家理性，這件事本身和征服新大陸、宣揚基督教相比，已經屬於一種觀看當地居民角度的轉變。

不過，一六一〇年代日本打壓基督教的理由，在重點上有所轉變。天下從豐臣秀吉移轉至德川家康身上，〈伴天連放逐令〉屬內政命令，重點在於（1）傳教士與改宗者破壞神社和佛寺的行為被視為攪亂和平，應予以禁止；（2）擁有公職的武士改宗被視為攪亂統治階級意志，應予以迴避。

以對外關係為由打壓基督教，這類記載自一六一〇年代中期起頻繁出現，最後更演變成僅開放指定港口與對象國交易的貿易管理制度。此外，幕府認為要解決引發「島原之亂」的各種問題，就必須徹底禁止一般民眾信仰基督教，遂設立連嬰兒都必須登錄在冊的「宗門人別帳」、「寺請制度」等等。此二者形成德川幕府的基本政策，之後更延續了二百五十年。這樣想來，西班牙的馬尼拉建城及帝國理念，可說是對日本政府帶來了巨大的轉換。

究竟發生了哪些轉換

第一節提到，西班牙王權為了推動既有的國策，便以東亞及東南亞海域為目標，跨越太平洋打造新的殖民地，以延續帝國意志。雖然完成了這樣的目標，其後世界發生的種種狀況卻都與帝國原先的意圖大相逕庭，受此影響而引發的是無人預想過、宛如川流般的交易活動。第二節的白銀與絲綢即為其中的代表性物品。物品的流通路線在眾多人們的自主性參與下開拓，不受任何統治勢力掌控，流通量龐大且範圍遼闊，並一路滲透至各地網絡。第三節則將重點放在人們是如何在這些路線中移動。受物品吸引的人們改變了菲律賓的人種組成，馬尼拉在東亞與東南亞的區位角色也產生急速轉變。同時，原先順應自然生息的美洲大陸湧入了人潮，我們還能看到這些人如何參與打造新世界。雖然這些人對墨西哥社會帶來怎樣的衝擊仍待今後探討分析，但透過物品和人群兩個面向，可以無庸置疑地感受到「支那」在歐洲人的空間存在著一定分量。第四章則聚焦在有意圖的資訊傳遞，也就是天主教的傳教與當地居民的接受問題，儘管教會在特利騰大公會議後有意識地建立秩序，但傳教並非只是單方面的說服；為了取得「成果」，天主教必須能夠彈性應對。此外，部分歐洲人開始意識到，無論是政治或是宗教，在東亞世界有許多事情皆無法依照「自我意志」實行。雖然不清楚僅在美洲大陸體驗過成功征服的母國對於這點有何種程度的理解，但在日後菲利普三世的統治下，西班牙帝國政策轉以內部的安定為優先。另一方面，帝國對菲律賓的重視，以及積極的對外傳教態度，也成為影響往後日本持續二百年對內與對外政策的決定性因素。

從幾個間接證據裡，可以看出許多西班牙馬尼拉建設與「轉換期」的關聯，以下舉出兩點總結。

前文曾二次引用的一五八六年國王詔書中寫道，「與交易相關的人員不過是搬運工，支那來的物品過於廉價，讓人們停止了思考」，宛如是這群固守著王權的金銀通貨主義者，在對抗物品、人群與資訊洪流下的負隅吶喊。確實，馬尼拉大帆船引發的結果與國王的預期不符，亦有地域史研究者將馬尼拉建城視為西班牙的失敗。歷史上發生的事件是成是敗，會隨著立場差異而有所不同。不特定的人們皆可接觸來往，也就是本章所說的「大眾化」現象推動了現實，也因此，時代的洪流一旦開始奔騰，就無人可預測或控制朝向何方。其規模雖與現在無法比擬，但「大眾化」所能發揮的功能確實在此一轉換期萌芽，這樣的看法亦不無道理。

另一方面，著有《日本的基督教世紀》（*The Christian Century in Japan*）等名著，廣泛收集研究葡萄牙、西班牙及荷蘭在東亞和東南亞活動紀錄的查爾斯．博克瑟（Charles Ralph Boxer），早在六十年前就已討論過東亞及東南亞海域的狀況；德巴斯克也早在近四十年前便已指出流向東亞的白銀非比尋常，然而卻未能吸引更多的研究者來關心此一議題。如今，環太平洋各國的存在感日益增強，物品、金錢與人群能輕易跨越國境，更因此引發諸般無法有效遏止的難題——這些每天在我們眼前發生的時事，也許能讓我們更容易理解並描繪出所謂的「一五七一年」及其後的時代。

第二章　北虜問題與明帝國

城地　孝

1 「邊境社會」的形成

一五七一年

一五七一年，以中國年號來看，此時正值明朝第十三代皇帝穆宗隆慶五年。明朝決定一改既有的對外政策，與斷絕交通、敵對二十年以上的蒙古右翼首領俺答汗議和。此事件史稱「隆慶和議」，明則稱之為「俺答封貢」。封貢的意思是授予（冊封）俺答「順義王」王號，並由他統率同樣接受明朝名義上武官職位的右翼蒙古諸侯，並向明朝貢。

十六世紀中期之後，明朝將多次跨越北疆長城掠奪侵擾的蒙古，與同一時期於東南沿海一帶猖獗的倭寇，並稱為「北虜南倭」。若簡單總結這個矛盾的結構，就是自十四世紀後期建國約二百年後，明朝的各個制度已經跟不上中國及東亞的商業化發展速度。由此角度來看，對明朝而言，北虜南倭已經超越了單純的邊防或外交通商問題，成為攸關國家存亡的重大叩問。一五七一年轉而與蒙古和議，則是明朝在此叩問下摸索建立新秩序，而找出的解方之一。

本章將聚焦於一五七一年的隆慶和議，探討在商業化浪潮襲擊下，十六世紀末至十七世紀初生活在明與蒙古邊界的長城兩側的人們採取了怎樣的行動，而明朝中央及地方政府又做出怎樣的處置。本章將盡可能具體描繪出當時的狀況。隆慶和議得以實現的前提，在於中國國內商品經濟的發達，促使長城兩側的人群與物品頻繁往來，白銀的爆發性流通更加速雙方交流，這些都與明代強調華夷之辨的對外政策相左。然而，對於這般現象所衍生的各種問題，明的處理方式卻顯得僵硬、不知變通。明建國初期建立的對外制度，是將所有的對外交流納入朝貢這個國與國之間的禮儀制度內；不論貿易或人員出入，一元化管制的色彩都很強烈。不過到了十六世紀中期，也就是嘉靖年間，北虜南倭問題愈加嚴重，加上第十二代皇帝世宗個人政治態度的影響，明朝處理對外關係的手段更為強硬。於是，過去朝貢體制內僅屬於附加恩惠的邊境貿易，即「互市」，在摸索重整交易秩序的過程中獲得了全新意義，此外則是隆慶和議的出現。然而諷刺的是，明朝原本是希望藉由互市安定邊境，結果卻讓明朝的邊境統治徹底崩壞，成為日後進犯並統治中國的清朝壯大的契機。

「由華入夷」時代

一五五〇年代，鳳陽巡撫鄭曉管轄大運河要衝揚州與淮安海防，同時負責擬定倭寇對策，之後兼任掌管中央軍事的兵部尚書，亦參與北方邊境問題。鄭曉被譽為屈指可數的邊境專家，並在一五六四年撰寫了《皇明四夷考》，其中對於南北同時發生的邊境危機，評論如下：

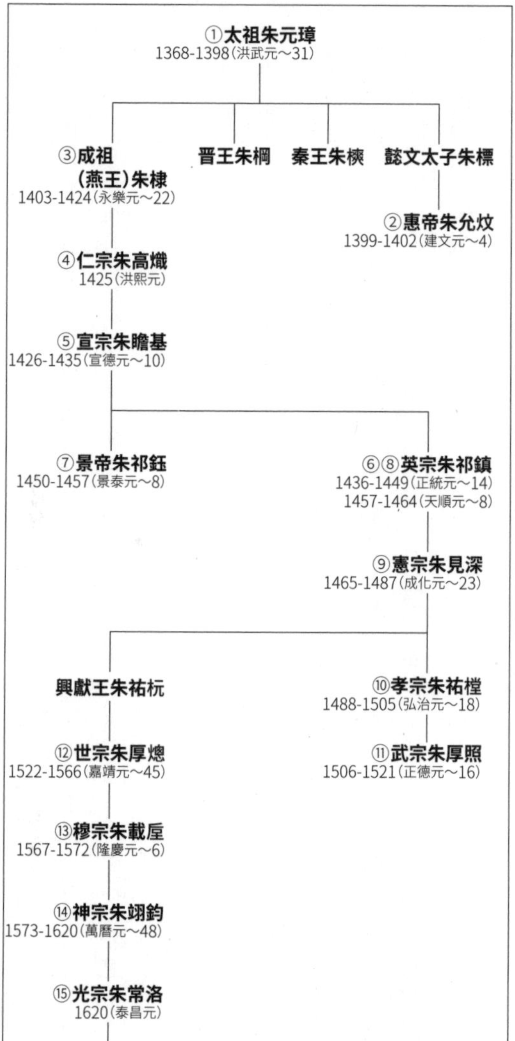
①太祖朱元璋
1368-1398(洪武元~31)
③成祖
(燕王)朱棣
1403-1424(永樂元~22)
晉王朱棡
秦王朱樉
懿文太子朱標
②惠帝朱允炆
1399-1402(建文元~4)
④仁宗朱高熾
1425(洪熙元)
⑤宣宗朱瞻基
1426-1435(宣德元~10)
⑦景帝朱祁鈺
1450-1457(景泰元~8)
⑥⑧英宗朱祁鎮
1436-1449(正統元~14)
1457-1464(天順元~8)
⑨憲宗朱見深
1465-1487(成化元~23)
興獻王朱祐杬
⑩孝宗朱祐樘
1488-1505(弘治元~18)
⑫世宗朱厚熜
1522-1566(嘉靖元~45)
⑪武宗朱厚照
1506-1521(正德元~16)
⑬穆宗朱載垕
1567-1572(隆慶元~6)
⑭神宗朱翊鈞
1573-1620(萬曆元~48)
⑮光宗朱常洛
1620(泰昌元)
⑰毅宗朱由檢
1628-1644(崇禎元~17)
⑯熹宗朱由校
1621-1627(天啓元~7)

明朝簡略世系圖

昔也外夷入中華，今也華人入外夷也。喜寧、田小兒、宋素卿、莫登瀛，皆我華人。雲中、閩、浙，憂未艾也。是故慎封守者，非直禦外侮，亦以固內防也。池魚故淵，飛鳥舊林，人情獨不然乎？彼其忍於捐墳墓、父母、妻子、鄉井而從異類者，必有大不得已也。

——鄭曉，《皇明四夷考‧皇明四夷考序》

鄭曉認為，南北邊境問題共同的關鍵原因在於「華人入外夷」，這和以往外夷入中華的狀況與性質皆不相同。鄭曉擁有豐富的經驗與學識，在解讀十六世紀後期邊境局勢演變背後的結構，並以此探究當時的劃時代特質時，他的這番言論成為相當有力的線索。中國人寧願捨棄家人、祖墳與故鄉也要前往異地，造成此現象的「大不得已」苦衷，究竟是什麼呢？首先就讓我們聚焦在長城沿線的商業化現象，檢視該區域的狀況。

屯田的變遷

在構成明朝北方邊境社會的各種要素中，以邊境防衛軍最為重要。曾五次親征蒙古、採取積極對外政策的明成祖死後，明朝政策開始轉向；至一四四九年土木堡之變，英宗遭瓦剌部首領也先俘虜後，全面轉為守勢。明於蒙古邊界築長城，並於沿線建立九座軍事重鎮「九鎮」（或稱「九

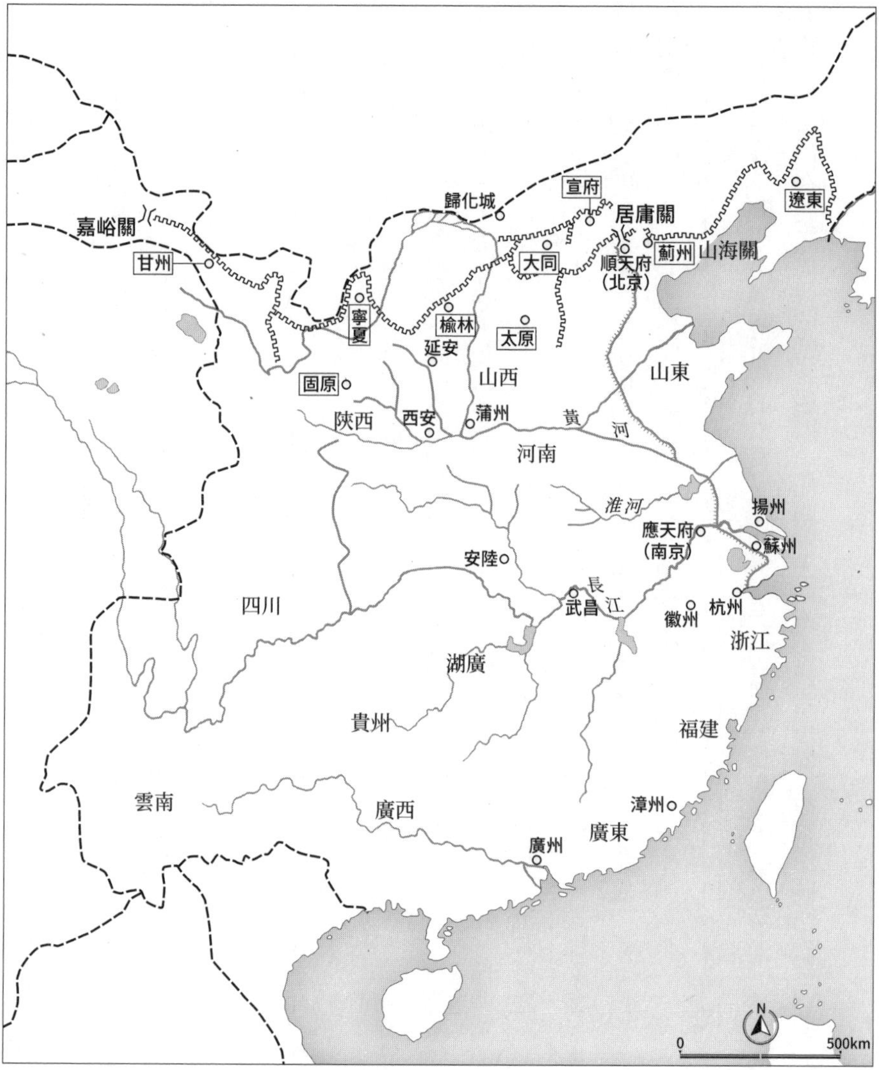

嘉峪關
甘州
歸化城
宣府
居庸關
遼東
大同
順天府
(北京)
薊州
山海關
寧夏
榆林
太原
延安
山西
山東
固原
陝西
西安
蒲州
黃
河
河南
淮河
揚州
應天府
(南京)
蘇州
安陸
長
江
武昌
徽州
杭州
四川
浙江
湖廣
貴州
福建
雲南
廣西
漳州
廣東
廣州
N
0
500km

明代疆域圖

邊」），以鞏固邊防體制。

依梁森泰的研究，駐屯於九鎮的兵力總數如一〇六頁表格所示。長達二千公里以上的防禦線上，戍守軍隊最少也有將近三十萬人的規模，糧食與物資補給成為一大問題。明代北部邊防軍糧的補給主要分為三大類：(1)民運糧；(2)屯田；(3)開中法。(1)即要求華北各省的農民提供糧秣，並運至營區；至於(2)，除了衛所士兵耕作的軍屯外，亦有民屯或商人經營的商屯；(3)則是結合軍糧補給與鹽專賣的制度。食鹽由國家專賣，商人若欲販售，可運輸糧秣至北方邊境糧倉，再以交納證明兌換食鹽的販售許可證「鹽引」。

明朝建國時(1)至(3)各項的徵收、繳納、給付，基本上皆為實物繳納。這是由於元末明初的戰亂使華北經濟嚴重受創，尚未恢復到可以商業買賣補給軍糧的程度。然而以實物繳納，運輸和管理成本耗費極大。依據寺田隆信的研究，一四三九年從山西省至宣府、大同、偏頭關的運輸費用一石約需花費六至七石；一五〇一年陝西人民將夏稅的小麥一石運至邊境，約需花費銀三兩，這對百姓來說是承受不起的重擔。為減輕負擔，人們先是改以棉布、農具或鹽等邊區必需品換購米穀，後又以白銀購買米穀繳納，這樣的繳納方式後來也獲得國家追認。十五世紀中葉起出現人民運糧折以白銀繳納，同一時期北京也開始運送白銀至北邊做為軍餉，此即京運年例銀制。

會出現這樣的現象，代表當時北方邊境的米穀流通已達可用白銀購買的程度。下方引用一四七七年九月陝西巡撫余子俊的上奏，便能從中看出其後的背景。巡撫為統治一省民政與軍務的地方官，余子俊在此之前曾任延綏巡撫，任期曾大興土木修牆建堡，以首位修築當地長城的巡撫聞名。

延慶沿邊一帶，正統初年該鎮守陝西都御史陳鎰經理邊務，埋立界石。彼時軍民依界種田，不敢纖毫違越，未聞難過。近年營堡多有移出界石之外，遠者七八十里，近者二三十里，越境種田，引惹賊寇，言該建議嚴禁，皆蒙俞允。今前項人民所告果實，緣邊牆至烟墩如清水營一帶，中間多有耕種百里者，誠恐此弊一開，末流無所不至，萬一被把總官員將土地霸占，派令軍人代種，或歲有旱澇，而追租無旱澇，人有逃亡，而追租無逃亡。

白話文：

延安、慶陽府邊境在正統初年立界石，劃耕地北界。自此以來，士兵與農民未有越線耕作者。然而近年有許多營堡移至界石之外，遠則七、八十里，近則二、三十里。越界耕作引來蒙古侵奪，已獲允許，予以嚴禁。然依前述的百姓報告，清水營一帶更有許多人跨越百里之遠從事耕作。這樣的弊害一旦開啟先例，便難以收拾，萬一把總（管理城堡、關門守備軍的武官）等武官占據土地，命令土兵耕種，若遇因旱澇而歉收的年分，應繳納的田租便會攤至未逢天災的土地上，若有人逃亡，便會到沒有逃亡者的土地徵收。

——《余肅敏公奏議・巡撫類・地方事》

年	總動員數
1446(正統11)年	25萬7152人
1488～1505年(弘治年間)	28萬1261人
1521(正德16)年	37萬1906人
1531(嘉靖10)年	44萬8974人
1541(嘉靖20)年	47萬 592人
1549(嘉靖28)年 *1	46萬6895人
1549(嘉靖28)年 *2	45萬2028人

明代各朝「九邊」軍數表

*1 潘潢〈查核邊鎮主兵錢糧實數疏 · 邊儲簿〉（《明經世文篇》卷 199）

*2 潘潢〈查核邊鎮主兵錢糧實數疏 · 兵部咨送〉（《明經世文篇》卷 199）

（出處：梁淼泰，〈明代「九邊」的軍數〉《中國史研究》1997 年第 1 期）

在明朝軍屯制中，耕作的士兵（屯軍）有別於負責軍務的將兵，屯軍除上繳充作自身糧餉的「正糧」外，還需繳納供應其他官兵俸糧的「餘糧」。然而隨著時代變遷，屯軍的負擔過重，不斷有人逃亡，最後改為僅徵收餘糧。向屯軍徵收正糧再發給俸糧，是為了防止浪費和流為他用。免除正糧徵收，意即在繳納餘糧後，剩下的收成皆可化為私用，在屯軍負擔過重的情況下採取此措施，遂讓屬於國家的屯田成為買賣對象。買賣軍屯田地和私下徵役屯軍雖然違法，但逃亡的屯軍與失去耕作者的屯田也終將脫離國家控管，被余子俊奏議中的「官員富豪」、「沿線的把總、守備軍軍官」們納為私有。這樣的狀況一旦加劇，納稅負擔便會集中到未受天災侵襲、亦未出現逃亡者的土地上，加深制度的空洞化，形成惡性循環。另一方面，這類運用土地及士兵從事私人耕作的情形跨越了明與蒙古邊境不斷擴大，也可能成為觸發蒙古入侵的誘因。這些都是余子俊所擔憂的。

這些問題並不是突然在此時才出現。早在約余子俊上奏的五十年前，一四三一年六月寧夏總兵陳懋就曾遭下屬舉發，稱陳懋命士兵為其耕作超過三千頃的田地，並搶奪民眾灌溉用水，再將收穫作物賣給商人，甚至私販食鹽。此外，他還給予手下二十名士兵每人二匹馬及銀兩，命他們前往杭州「販賣貨物」。陳懋因軍功獲封寧陽侯，像他這樣的高級將領將屯田和士兵納為私有，並從事商業活動賺取利益，類似事例在明朝早年便已出現。

隨著時間更迭，來自蒙古的壓力增強，邊防軍隊的負擔亦隨之加重。自一四七〇年代初期余子俊在延綏鎮大興土木開始，不斷修築長城的工程十分嚴苛，也讓逃兵不斷增加。然而在軍事情勢緊張，戰事拉長的狀況下，明朝亦無暇顧慮士兵品質，多以無賴、遊民或降死一等充軍的重罪犯來補充不足的兵員。

正規軍隊空洞化與將領私兵數量的增加，其實互為表裡。明代中期後，這些被稱作「家丁」、「蒼頭」的私兵，在北邊戍守的比重日益增加。將領收私兵為義子，在長期與敵人對峙的緊張感下，這樣的關係得以發展並發揮效力。也是透過這種私人關係，將領們得以吸納諸如觸法跨越國境、熟知蒙古內情的漢人，或是投身明朝的蒙古人等等，各種有益於邊境活動的人才。然而，將領在收養義子時能夠承諾給予遠高於正規軍隊的待遇，背後的財力是此關係成立不可或缺的要素。

一五五〇年八月，俺答無法忍受明朝再三拒絕其要求，便率領大軍跨越長城，包圍北京，史稱庚戌之變。從此以後，私兵亦正式納入國家的邊境防衛體制。這意味著原先由將領支付的私兵薪餉轉由國家支付，這也更加重政府的負擔，並加深了正規軍隊的窮困問題。

由此可知，北方邊境防衛軍脫離國家控制，尋求私人關係庇護，或說擴大勢力，此種傾向隨著時代演進不斷加劇，讓明朝的國家地位逐漸失去了絕對性與必要性。

開中法的建立

此外，與開中法相關的各種狀況，亦反映出從實物轉為納銀，以及貧富與階級差距的變化。

如同前述，開中法是指商人運輸糧秣至邊境，再以交納證明兌換鹽引的制度。然而實物運送對商人而言仍是相當沈重的負擔，因此，資金充足的商人盡可能地靠近邊境開墾屯田，招募遊民耕作，再用收穫換取鹽引。這些屯田被稱作商屯，是加速北邊稻米商業流通的要因之一。到了十五世紀後期，開中法開始接受納銀引鹽，一旦實物繳納的必要性消失，就也不用在邊境周邊耕種，商屯自此衰退，原本耕作的農民也再度成為遊民。

運司納銀開中的實施，則為開中法帶來進一步的轉變。在此之前，納銀開中仍須前往邊境上納白銀，但此後只要向管轄鹽政的都轉運鹽司、鹽課提舉司繳納白銀，即可換取鹽引。這樣的方式在十五世紀末成為主流，最重要的影響便是商人們紛紛將據點從邊境移向內陸。明朝的鹽專賣制是依食鹽產地決定販售區域，當時經濟最繁榮的江南一帶流通的鹽來自兩淮及兩浙，吸引了過去因鄰近長城、依靠地利之便經商的山西商人在內的各地商人，還有早先就已掌握根區資源的徽州商人，也打算加入開中分一杯羹。於是，鹽商逐漸分化成專門在內陸向運司納銀換取鹽引的內商，以及留在邊境上納實物開中的邊商，之後兩者更發展出上下關係。

十六世紀後半，俺答的出現讓邊境軍事更趨緊張；為了補給軍糧，便再次施行納邊開中。然而此時商屯早已撤廢，交納實物成為龐大的負擔，再加上政府為了銷售過量生產的食鹽，要求商人在購入鹽引時，除了原定額數的鹽外，還需加上同樣數量甚至翻倍的餘鹽，鹽引價格也因此提高。邊商資本原就不高，開中成為沉重負擔；而對內商來說，恢復輸邊開中，就必須前往北邊才能兌換鹽引。原先規定取得鹽引與兌換食鹽者必須為同一人，但在上述狀況下，逐漸演變成邊商向內商轉賣鹽引。而擁有龐大資本的內商，亦有人藉由賤價收購大量鹽引賺取暴利。

以上便是開中法的演變過程。從實物轉為上納白銀、商屯農民淪為遊民、邊商與內商的分化，以及邊商的困境等狀況，這些都與屯田變遷過程所浮現的問題類似。

北方邊境的白蓮教

不只是商人，當地農民同樣因負擔大增而叫苦連天。與長城相鄰的山西、陝西等地土壤貧瘠，氣候嚴峻，許多地區並不適合農耕。生於十六世紀後半至十七世紀的謝肇淛所撰《五雜俎》記載，當時官員間有一句諺語「命運低，得三西」，三西指的是江西、山西、陝西，因土地貧瘠，地方官亦無法期待其收入，故認為被派任到這些地方是運氣不佳。尤其是山西、陝西一帶「近邊苦寒之地，誠不可耐」。謝肇淛生於一五六七年，他所描述的是一五七一年隆慶和議後，北方邊境已稍顯安定的情形。更早之前的狀況多少可由此推測得知。

王府的存在更是加重了農民的負擔。雖然元放棄大都（今北京）退回蒙古，但明剛建國時仍得面臨蒙古勢力的巨大威脅。明太祖朱元璋在遠離北方的南京建都，為了防範蒙古侵略以及將邊境防衛軍軍閥化，他分封諸子為藩王，授予軍權，在各封地設置王府。次子封秦王於陝西西安，三子封晉王於山西太原，而曾是元朝大都的北平則封給四子燕王，蒙古邊防要塞則封給具有實力者。然而藩王僅擁有軍權，王府無權統治封地與人民，開支經費是在負責民政的布政使監督下，由地方政府支給。而在身為藩王的燕王以武力奪取二代皇帝建文帝之皇位，即位為明成祖後，藩王不僅軍權遭削，亦禁止自由進出王府，婚姻和就業上也多了種種限制。這一連串控管王府的措施，在十五至十六世紀的弘治年間逐漸確立，此後王府成為盤踞於王城所在之處、按規定由地方政府負擔必要費用卻無所事事的無功受祿集團。不過當初設置王府，主要目的是在於戍守邊境，因此北邊除前述的秦王府、晉王府外，寧夏的慶王府、大同的代王府等也都被保留下來。隨著時間推進，各藩王後代人數增加，地方政府卻仍須支付王府費用，這些負擔就直接轉嫁到王府所在地的農民身上。根據夫馬進的研究，當時山西布政使王宗沐在報告中指出，隆慶和議前夕山西農民繳納的稅糧內，支付給王府的祿糧高達八十五萬石，其數字幾乎追上供應大同和宣府，以及山西雁門、寧武和偏頭三關共百萬石的軍糧總和。

原本就已負擔沉重的士兵和農民，北邊情勢趨於緊張，又須背負軍糧和軍務重擔，無法承受的士兵農民紛紛逃亡，造成社會流動，也增加了社會的不安因子。在此背景下，白蓮教開始活躍。白蓮教被認為源自南宋阿彌陀佛信仰的念佛結社，在元末混入摩尼教及彌勒信仰，其特徵在於相信彌勒佛會降臨現世，拯救受苦貧困人民的救世主思想。白蓮教能為生活帶來希望，因此很快被貧困民眾接受；另一方面，其強烈否定現世的特性，被中央視為反體制的異端宗教，因此嚴厲壓制。

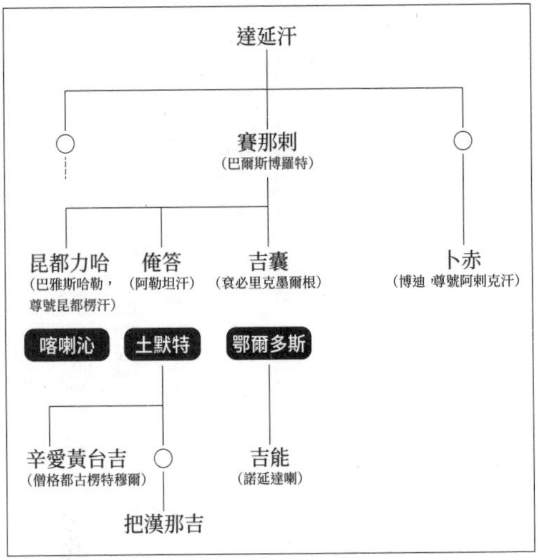

蒙古簡略世系圖

白蓮教與蒙古的關係，原本僅止於白蓮教徒期望藉由蒙古入侵趁機發起叛亂。然而十五世紀後半起，隨著蒙古勢力增強，白蓮教也積極在北方邊境與蒙古建立關係。到了十六世紀中期，又發展出新的局面。白蓮教徒因在中國內陸起義失敗遭官兵追捕，抑或是為了摸索新方向，基於各種理由，他們開始遷居蒙古，在牧地上蓋起都城從事農耕，並建設名為「板升」的居住房舍。

蒙古的政治狀況亦是造成此一變化的推手。卜赤（博迪，尊號阿剌克汗）原本以大同宣府邊外為主根據地，他在據點遷至遼東後不久的一五四七年去世。隨著卜赤東遷，以西方鄂爾多斯為據點的俺答勢力開始向東邊擴張。卜赤為中興蒙古的達延汗直系子孫，然而不像曾經派遣朝貢使節前往明國的達延汗，卜赤多半專注於經營遼東，對與明建立關係一事相當消極。一五三四年大同兵變，叛亂軍積極勾結蒙古，亦有投降蒙古者卻在當地遭受虐待，最後又逃回明朝領地。當時在大同的禮部侍郎黃綰表示，「逃亡的叛兵，在蒙古只會淪為奴隸，或成為與遠夷馬匹互換的商品，不會成為中國之患」。從對待投降漢人的方式，也可看出卜赤對明朝消極的態度。

相對地，俺答則認為蒙古的游牧社會與中國的農耕社會可並立共存，積極想與明朝建立關係。當然俺答還是不時進攻明朝，但只是藉由掠奪補充經濟需求，同時施壓，以報復明朝不斷拒絕來往與互易。俺答的第一要務，是與明朝恢復正式關係，因此積極利用逃亡至蒙古的漢人。相反地，俺答與逃亡漢人交涉時，常以遣返明朝做為要脅，可見投奔俺答的漢人也不盡然是平穩無憂。

稍早投奔蒙古的蕭芹、丘富，以及之後的呂老祖、趙全、李自馨等白蓮教頭目，都曾成為俺答親信接受禮遇，在板升內亦擁有相當數量的部下。他們利用宗教幻術取得俺答信任，並提供蒙古人漢文、醫學等知識，或是宮殿建設、攻城等技術。俺答在發起軍事行動時，也會派遣他們做為間諜或前鋒，或是與明朝交涉的使者。

在蒙古的土地上推行農耕，是板升特別值得關注的一點。史料記載，早在一五四〇年代，右翼蒙古的部分土地就已開始生產穀物。這些穀物除了供給當地生活的漢人，此一時期的蒙古人也開始理解到以穀物為糧食可減少家畜數量，因而產生穀物需求。如同後述，一五五一年明蒙交易暫時解禁，俺答要求明朝提供米麥，用沒有馬匹的窮困蒙古人也能提供的牛羊交換，間接證明了右翼蒙古的確有著穀物需求。

此外，投身蒙古的白蓮教眾對商業活動的依賴，是另一個值得關注的特點。由前面敘述可以得知，加入白蓮教的教徒有許多都是負荷不了沉重負擔，因此捨棄土地逃亡的窮人。除非他們都能像在蒙古建設板升那樣取得新的土地，否則仍須尋求農耕以外的謀生方式。長城兩側高漲的交易需求，就是取代農耕的最佳謀生手段。隆慶和議成立後，俺答向明朝獻上了俘虜的白蓮教頭目趙宗山，他曾在俺答的安排下成為趙全的手下，祕密通過長城關口購買中國商品，再返回蒙古販售。

史料《萬曆武功錄》記載，隆慶和議簽署前，「蒙古有大大小小的板升，其中漢人約五萬名，包括白蓮教徒約一萬名，蒙古人約有二千餘名」。在嚴苛的軍務、稅務負擔，宗教迫害，抑或商業化的推動下，明帝國統治的許多「華人」都脫離了王朝統治，「進入外夷」。結果便如岩井茂樹所述，長城沿線形成了一個逐漸擴張、華夷混雜的獨特「邊境社會」。

2 祖制的枷鎖

朝貢一元體制

十六世紀以後，明朝南北邊境紛爭日趨激烈及長期化，在探討其主要原因時，除了考量當地狀況，也必須留意朝廷的處理方式。前一節已經提到，明朝在處理邊境地帶的各種變化時，不論是對外制度或實際政策施行，都顯得相當僵硬。然而，若要描繪中國社會處於歷史轉換期當下的面貌，該做的並非檢討明的失敗，而是關注其背後制度及具體運作方式。

近年，「朝貢一元體制」逐漸成為描述明代對外制度的固定用詞。與對內制度相似，太祖朱元璋在洪武年間建構的各種對外制度，都帶有強烈的統制色彩。該制度將國家之間外交的朝貢，與禁止民間出入邊境的海禁、邊禁等政策結合，所有的對外交流皆為朝貢一元化。簡言之，只要不屬於朝貢的任何出入國或對外交易，皆屬違法，予以嚴禁。

朝貢原本是受中華感化的外夷君主對中國皇帝表明臣屬之意的儀禮，也是具體展現中華王朝位於最高頂點的禮制秩序。外邦派遣朝貢使節前來，接受中國皇帝冊封王號，建立起擬似君臣關係。藉由履行定期朝貢的義務，來確認並維持彼此的君臣關係，皇帝贈予使節的賞賜亦展現出相應的恩惠。整個制度都是建立在儀禮之上，經濟利益不在考量範圍內。另一方面，與國家的禮儀制度在層級上完全不同，民間商人為了貿易紛紛跨越國界；事實上，洪武初年已設立市舶司，來控管這些民間交易。然而受到建國後的東亞國際環境影響，明朝亦不得不大幅強化這些制度的限制。

當時明所面臨的諸多問題中，首要之務便是治安。元末統治開始鬆動，沿海地區受倭寇影響，治安嚴重惡化；再加上明建國後，當初和朱元璋爭奪大位的方國珍與張士誠餘黨在海上展開反明活動，而北方殘餘的蒙古勢力也依然對明造成一定威脅。在這樣的局勢下，明朝實施了海禁和邊禁，希望藉由禁絕人民跨越國境往來，已削弱海上和邊外勢力。

此外，明是否能克服國內南北分裂問題，重新建構以自身為中心的國際秩序？這個問題和上述狀況息息相關。明不得不實施海禁和邊禁，理由是邊境和沿海地區的對外交流密切。十二世紀初期女真建立金國，以淮河為界與南宋對立，自此超過二百年間，中國處於實質上的南北分裂狀態。元代雖然再次將中國納入單一政權之下，但其統治基本上仍保留了各地區的獨立性和差異性，就連稅制也是南北相異，分裂形式依舊持續。喊出「驅逐胡虜，恢復中華」口號的朱元璋，自然是將終結南北分裂做為自身建立明朝的主要國策。至於具體政策，在北方邊境是修築從遼東至甘肅的長城，從物理上切斷境內境外往來，實行徹底的邊禁；在國內經濟上，則由江南配合因元末戰亂疲弊不已的華北經濟，希望藉此讓南北統一。檀上寬指出，朱元璋盡可能地在不運用貨幣的情況下經營並設計財政經濟制度，以及禁止當時江南有一定存量、促使當地人向海外發展的金銀幣流通，取而代之發行只能在國內流通的管制貨幣「大明寶鈔」，這些政策都反映出他企圖在經濟層面上達成南北統一。

除了切斷中國對外交流，朱元璋也積極催促各國向中國朝貢。對各國而言，最重要的目的就是與中國貿易，但在明朝實施邊禁海禁的情況下，只能透過朝貢來滿足自身貿易需求。明朝則以貿易利潤為誘餌要求各國朝貢，藉此實現以自身為頂點、基於禮制構築的國際秩序。中國歷史上相當獨特的明代「朝貢一元體制」，便是建立在這樣的理念上，成為朱元璋以降歷代皇帝必須遵守繼承的祖制。

嘉靖時代

朱元璋之後經過一百五十餘年，到了嘉靖年間，北虜南倭的問題愈加嚴重。特別是一五四〇年代俺答勢力興起，幾乎每年進犯掠奪北方邊境，並反覆要求明朝解禁貿易，要求朝貢。邊境紛爭的白熱化及背後的俺答「求貢」，主要出自於經濟需求，明代有識者也都相當明瞭這一點。然而，明卻堅決不接受俺答要求，嘉靖後期超過二十年間北邊皆為紛爭狀態。明朝維持如此處置的原因包含各種層面，不過在此將從政治角度來檢視此一問題，並聚焦在明世宗的即位及其後的嘉靖朝政治基調。

如一〇一頁的世系圖所示，武宗沒有留下繼承者便駕崩，因而由旁系第十二代皇帝世宗即位。中國史上這樣的皇帝嗣位常會面臨禮制問題。實際上，世宗和其母自王府所在的湖廣安陸（今湖北省鍾祥市）入京時，便已遇到禮儀問題，之後更發展成席捲全朝的政爭，也就是決定嘉靖朝施政方向的大禮之議。

政爭的爭論重點，是如何於禮制上認定世宗生父興獻王及其兄孝宗。世宗的帝位承自堂兄武宗，而武宗則承自其父孝宗，因此內閣首輔楊廷和主張世宗應認孝宗為父，認興獻王為叔父來祭祀；然而世宗卻認為應認生父興獻王為父，認孝宗為伯父，毫不退讓。此外，堅持己見的世宗未經審判，不惜動用皇帝私刑的廷杖懲罰官僚，強硬壓制反對聲浪，甚至更改禮制上從未當過皇帝的興獻王為皇考。

中國王朝的禮制，是確保王朝正統性理念的體制化，重視全體整合，因此牽一髮而動全身，單項的改變意味著必須進行全面性修改。因此，嘉靖初年除了上述的改訂外，世宗還推行了許多禮制上的變革。

小島毅從思想史的角度探討這一連串禮制改革，表示這些改革目標在於實現太祖建國之初制定的禮制及朱子學等基本理念，期望恢復原有秩序。改革當時，社會、經濟、文化、思想都正值轉換期，社會在追求嶄新方向之餘，也有一股期望回歸以往傳統優良精神的時代潮流。世宗為大禮之議不惜與臣下衝突，同時也是為了向天下展示自身做為皇帝的資格與能力，奠定皇位的正統性，這也是改革禮制恢復古禮的動機。此外，大石隆夫也指出，世宗整頓了具有高度機密性的上奏制度「密揭」，並在紫禁城的西側，也就是現在的中南海區域重建了西苑，整備為與特定親信大臣加深關係、決定主軸政策的場所。

不論是改革禮制，還是強化皇帝親自裁示的體制，共通點都是為了恢復理想與原則上應有的秩序。這也許是因為世宗曾以旁系臣子的角度，看著上一代武宗統治脫離了官僚與士大夫傳統價值觀的理念，即位後又面臨官僚們的挑戰，爭論自身皇位正統性，才會打造出如此的統治基調。

如此一來，被視為禮制「基本教義派」的世宗，對外關係上自然也展現出相同的意圖。不，應該說，華夷一視同仁施以恩惠感化，納入自身統治的「天朝」，才是中華的既有理念；對外採取與國內相似的政策，原是理所當然。

前面提過，一五五〇年八月俺答要求朝貢遭拒，派兵包圍北京城，史稱庚戌之變。此時被蒙古俘虜的宦官傳來俺答書信，世宗命內閣首輔嚴嵩及負責朝貢事宜的禮部尚書徐階等人商議對策，最後提出的對策如下：要求俺答先撤兵至長城以北，之後按應有程序遣使入奏，再次提出朝貢要求，明則趁此期間整頓邊境防衛體制。

君臣雙方對於是否允許朝貢在觀點上大相逕庭，這點值得特別關注。上述的對策是廷臣共議商討的結果，徐階在上奏中指出，雖然絕對無法接受蒙古以武力威脅要求朝貢的行為，但俺答在多次拒絕後依然持續提出朝貢要求，這次的事件也是出自於其歸順於明的企望，難以繼續拒絕。雖然徐階以未派遣使者並上奏，不符朝貢流程為由要求俺達撤兵，但其上奏內容可看出傾向應允俺答朝貢的要求。

然而世宗的回覆如下：

> 酋入犯悖逆天道，人神共憤，卻乃詐稱求貢，著集兵併力勦殺，不許輕縱。
>
> ——徐階，《世經堂集・卷七・會議北虜求貢》

多次侵擾邊境，最後包圍北京以武力要求開放朝貢，這完全違背對中國皇帝臣服的朝貢宗旨。從世宗的立場來看，這只能說是「詐稱」，不可能稱作是流程上的缺失，因此能採取的處理方式只有一種，就是「著集兵併力勦殺」。

因缺乏信任而拒絕朝貢要求的世宗態度始終如一，胡凡稱之為「絕貢政策」，背後帶著世宗執拗地以極端角度切入，從字面意義解釋朝貢制度意涵的意圖。這從世宗對俺答求貢一事的回覆可見一斑。

摸索全新的交易秩序

當俺答的軍隊朝北京南下之際，北邊防衛重鎮大同總兵仇鸞提出建言。此建議即為翌年一五五一年開始實施的馬市交易。仇鸞繼承祖父仇鉞爵位咸寧侯，庚戌之變時他率先趕赴北京，因此贏得世宗信任，掌握軍權，直到失勢前皆握有強力發言權。

仇鸞在建議開放馬市的上奏中指出，蒙古人口眾多，需仰賴中國供給物資，若遇缺用便向中國索討，索討不得必定搶掠。然而朝廷始終拒絕其要求。這導致不斷受蒙古掠奪侵攻的邊防將領趁機將中國產品走私至蒙古；雖然違法，但能藉此滿足蒙古需求，平息邊境紛爭。此外，仇鸞更舉出明朝建國初期，對歸附的蒙古兀良哈三衛及遼東女真人開放「互市」之例，建議允許右翼蒙古在長城外交易。

上奏的建言如下：

夫通貢之事固不可行，然與其使邊臣邊禁交通利歸於下，孰若朝廷大開賞格，恩出於上，即今遼東、甘肅、薊州、喜峰口俱有互市之利。若皇上霈然發詔，遣人至二邊外，諭虜遣塞許其市馬，如諸邊例仍嚴厲限制，量加賞給，則彼之感恩慕義，當世世為外臣，比於軍吏自相結納者，功相萬也。

白話文：

通貢絕非必然應當執行之要務，然而與其讓北方邊境的官僚、將兵違法與蒙古相通，將利益納為私有，還不如接受蒙古的歸順，並由朝廷施以恩惠做為回報，更為上策。

——《明世宗實錄》嘉靖二十九年八月丁丑（十六日），卷三六四

從仇鸞的意見可看出，他提出的「互市」與朝貢並不相同。朝貢一元體制下的對外交易，允許歸順明國的外夷在來朝時進行，做為附帶恩惠。然而前引奏文中雖亦提及「朝廷恩惠」，卻明顯地將之與朝貢切割，並與官僚將兵的走私利益相提並論，可見非朝貢制度首要追求的經濟利益，才是

該段建言的出發點。

仇鸞提議與朝貢禮制切割，並與蒙古交易，藉此避免軍事行動，這對當時的政治局勢具有一定的象徵意義。這也是因為俺答撤兵後世宗仍維持前述態度，讓俺答決定出兵懲戒，以施壓官僚。然而若明當時真有能力出兵抵禦，也不至於讓俺答包圍北京。對那些暫緩出兵，期盼事情不了了之的中央及地方當局而言，以交易暫時緩和蒙古威脅並趁機整頓軍備，藉此說服世宗，仇鸞的提議具有相當的說服力。然而，由於世宗的命令偏重原則論及理想論，與暫緩出兵並行的設立馬市建議遂遭到激烈反對，特別是部分官僚看不慣當時手握極大權勢的首輔嚴嵩，紛紛表示不滿，批判此舉違反皇上意旨。然而嚴嵩和仇鸞等中央官僚們不顧朝廷及世宗反對，強制推行馬市。一五五一年三月起，於宣府、大同與寧夏邊外設置交易所，依序推行馬市，以蒙古馬匹交換明國高級織品。

關於仇鸞

仇鸞在前引上奏中指出，北邊將兵與蒙古私下交易已成常態，但實際上，也不斷有傳言仇鸞本人與俺答私下來往。一五五二年八月，在人們對馬市的批判不斷增強的情勢下，仇鸞病倒。死後，他提供蒙古物資、而蒙古避開仇鸞所轄大同一帶的密約曝光，馬市也成為攻擊仇鸞的罪狀之一。然而，前節提過的《萬曆武功錄》提及，蒙古人曾代替明的士兵站上防衛設施巡視，明的士兵也曾幫忙照顧蒙古人的家畜，明蒙間的掠奪及戰鬥雖廣為所知，但實際上，生活在長城兩側的雙方長期往來頻繁，這樣的景象相當常見。對邊境將領而言，要能不觸犯國禁，不與蒙古私下來往和貿易，還要在不熟悉軍事、亦不了解第一線狀況的中央文官查核及彈劾下屈居守勢與劣勢，最後不出過錯平安卸任，根本是不可能的事。

為了實施馬市，明朝派出時義、侯榮等人出使當地進行交涉。他們都被載為仇鸞的「家丁」，仇鸞獲罪後，據說他們因擔心自身安危逃至蒙古。前節曾提及正規軍隊的空洞化及私兵增加的問題，將這些來往長城兩側、熟知蒙古狀況者納入旗下，有利於邊境的各項活動。這些私兵對各將領而言是相當珍貴的人才，由此例中也可窺見一二。

說到家丁，仇鸞的祖父仇鉞亦為家丁出身。依據《明史》記載，仇鉞原是侍奉寧夏總兵的「傭卒」，當時有一仇姓武官去世卻沒有留下子嗣，相當寵愛仇鉞的總兵便讓仇鉞繼承其武官職位。該武職原則上為父子世襲，由非後嗣的仇鉞繼承，屬於「冒繼」。不過當時私兵與將領結為義父子並取得相應待遇，甚至獲賜姓氏的例子相當常見，仇鉞應該也是如此。

《明史》亦記載，自此仇鉞便以養父仇氏的出生地揚州江都做為自身籍貫。江都仇氏被認為來自歙縣（今安徽省黃山市）的仇氏，這讓仇鉞及其子孫得以號稱與歙縣仇氏有所關聯。如同前述，徽州商人以運司納銀開中為契機參與食鹽專賣，江都仇氏也從原籍歙縣遷移至揚州，代代經商，不再回到祖籍地，家中子弟在揚州府取得生員資格參加科舉，考取進士甚至舉人者輩出。而仇鉞則創造出與這個典型徽州商人一族之間的「血緣」關係。

其孫仇鸞繼承了這些人脈。鄭曉在擔任鳳陽巡撫時撰寫的上奏中記載，仇氏一族利用爵位的免稅特權，將揚州句城塘的土地投獻至仇鸞名下。《舊印本王充仇氏家乘》匯集了歙縣仇氏相關史料，目前收藏於安徽省圖書館，裡面除記載仇鸞的罪是冤罪，希望挽回其名譽之外，收錄書信亦提及有族人曾與仇鸞直接交流，向子孫描述過其容貌。這些紀錄可看出主導馬市開設的仇鸞，確實握有這類商人階級的人脈。

如此看來，仇鸞這號人物可謂匯集嘉靖時代的種種特徵於一身，甚至連馬市的失敗及他悲慘的下場，也都帶有嘉靖朝的色彩。一五五一年馬市開市不久，俺答認為蒙古下級階層也應享有交易的恩惠，除了馬匹，也應開放牛羊交易，並要求明朝在交易項目中追加米、麥等穀物。然而明朝方面卻因物資調度的財源問題、朝廷根深蒂固的反對聲浪，以及世宗不信任蒙古、始終不曾放棄出征意圖等種種原因，難以擴大馬市。當馬市無法滿足蒙古的需求，掠奪勢必再次展開。仇鸞當然又提出了各種建議，然而隨著邊境再次遭受侵略，世宗對仇鸞的信賴也跌入谷底。被信任就能平步青雲，相反地一旦失敗就會受到嚴峻究責，甚至判處死刑，這就是世宗皇帝的作風。一五五二年八月，仇鸞一死，他與俺答私通的證據曝光，世宗震怒，命人破棺鞭屍。同年九月，朝廷下令全面禁止馬市，之後再有提議開設馬市者一律問斬。要到二十年後，世宗逝世後的一五七一年，與蒙古的交易才終於再次獲得官方許可。

3 隆慶和議帶來的影響

轉向和議

一五六六年十二月世宗逝世，明朝大幅調整對外政策方向。翌年改元隆慶，在短短四年後，一五七一年與蒙古簽達成和議。東南沿海一帶也隨著「隆慶改元」解除海禁，中國商人可由福建漳州出海交易。這些轉變都發生在一五六七年，也就是隆慶元年。換言之，先帝世宗為期三年的守喪期尚未結束，嘉靖朝堅守四十餘年的強硬對外方針就這樣南北同時轉向。這樣的轉變代表了什麼意義？又帶來了怎樣的結果？本節將以隆慶和議為主軸進行探討。

首先來看看和議前的事情經緯。明蒙議和的直接契機，其實來自於一偶發事件：俺答之孫把漢那吉投奔明朝。把漢那吉父親早逝，由祖父母也就是俺答夫妻撫養長大，不過據稱因為女性糾紛、堂兄弟出生等種種問題，和俺答感情破裂，並於一五七〇年九月一行十人在大同邊外投降明朝。當時由統領宣府、大同及山西三鎮的總督王崇古處理把漢那吉的歸降事宜。王崇古為山西蒲州（今山西省永濟市）人，出生山西商人世家。他認為俺答不可能拋棄心愛的孫子把漢那吉，相信俺答會懇求明朝交還把漢那吉，如此便可趁機要求俺答獻上板升的白蓮教頭目們，以示對明臣服之意。因此，王崇古不顧周遭反對留下投降者，並上奏請求為其冊封官職，以嘉獎歸順。

得知把漢那吉投降明朝，俺答立即揮兵南下。此舉可能多少出自愛孫之情，不過更值得注意的是，把漢那吉投降後，會有其他蒙古人跟著投降。根據王崇古在呈報此事件的上奏中引用的當地報告，某武官表示，俺答判斷「把漢那吉投奔南朝（即明），旗下的蒙古人恐怕也會一同投明」，遂為此出兵動員。另有其他武官報告，有「真夷」供述「南朝雖生活較易，但因俺答之孫投降，故也跟著逃脫來降」。當然，這些都是明朝方面的報告內容，在解讀字句意涵時需要特別謹慎，不過至少可從中確定長城兩側的明蒙人群流動。

俺答重用趙全等板升頭目以提供情報，或派任進攻明朝的嚮導。不過蒙古上層階級並不樂見漢人勢力擴大，加上聽從這群頭目的建言對明用兵被迫犧牲，使得右翼蒙古內部不滿聲浪日漸高漲。要奪回愛孫自然不在話下，但若能與明建立正式關係，對俺答而言，這些漢人頭目可隨時捨棄。於是前線交涉妥當，在歸降事件發生後約二個月的十一月，蒙古將趙全等人交給明朝，換回了把漢那吉。

用板升頭目交換把漢那吉的同時，包含俺答在內，右翼蒙古諸侯也在封貢與互市上不斷交涉。蒙古人為取得已成生活必需品的中國產品而進犯明朝邊境，若要根絕這些行為，就必須允許與明交易。王崇古一方面強調俺答姿態謙遜，發誓絕不再侵犯邊境並懇求封貢互市，一方面也表示若不能滿足那些無法進行朝貢、也無法接收明朝賞賜的一般蒙古人需求，略奪也不會停止。王崇古的目標與仇鸞建議的馬市相同，是以遼東互市的形式與蒙古交易。

把漢那吉事件發生後，王崇古便與中央的內閣大學士緊密合作。內閣大學士原本僅是皇帝的祕書與顧問，但正因其職位之便，可以直接說服皇帝，左右其決定。特別是當時身居內閣的高拱、張居正，皆與邊境當地官僚直接通信，頻繁交換情報，或直接提出指示。從拘留把漢那吉一行人到冊封官爵等一連串的處置，以及是否封貢、互市的問題，在明代朝廷引發大量反對聲浪，批判當地官員。即便如此，結果還是排除眾議，依王崇古的建言行事，這完全是靠內閣大力支持。在張居正的指示下，和議對象不僅止於俺答，更擴及其所率領，在對明議和上相對消極的鄂爾多斯、喀喇沁等部族，與右翼蒙古全體進行和議。

一五七一年二月王崇古上奏，就封貢與互市提出八大項實施意見，在朝臣廷議引起極大爭議。中央負責此事的兵部尚書郭乾無法統整官員意見，在最後好不容易回覆的奏文中表明反對王崇古的建議。

對此，皇帝在三月四日下旨表示兵部的答覆案不妥，命其再次上奏。當時高拱以吏部左侍郎兼吏部尚書，王崇古外甥張四維為其下屬，與內閣和王崇古皆有聯繫，他在書信中描述皇帝上諭如下：

（兵）部覆上時，令內使送至內閣，傳旨云：此事體重大，疏內語多不能詳覽，卿等可仔細區處，雖多費些賞賜也。

——《條麓堂集》卷十七，〈與鑑川王公論貢市書〉九

實際上，內閣的意見幾乎直接反映在上諭中。接著在四天後的三月八日，前來進講的大學士們建議皇帝接受封貢和互市，穆宗回答：

卿等既議允，當其即行之。

——《明穆宗實錄》卷五十五，隆慶五年三月己巳（八日）條

聖上旨意既已表明，朝廷的反對意見就此平息，三月九日正式決定封貢與互市。

穆宗的處理方式與前一節的世宗相比，明顯可看出兩者的差別。嘉靖時代是世宗執於理念與原則，態度始終強硬，採取兼顧實際性的對策；隆慶時代則是穆宗將實質判斷權委予內閣，內閣主導性增強，議和因此得以實現。皇帝的個性不只是在對蒙政策上，甚至對整體政策基調都有著重大影響，值得多加關注。

「封貢」的虛與實

如本章開頭所述，隆慶和議又稱「俺答封貢」。實際上明朝冊封俺答順義王號，賜封右翼蒙古諸侯武職，蒙古亦向明朝貢。就此而言，這確實是「封貢」，然而雙方真正重視的，是制度上附屬於朝貢的互市。

這點亦反映在朝貢使節入京上。起初王崇古建議，僅允許六十名蒙古派遣的朝貢使節前往北

京，其他需留在邊外不得入境，待入京的使節歸來，再於邊外進行交易。朝貢在理念上是確認與中國皇帝君臣關係的儀禮，理論上使節必須親自覲見皇帝。史料中可見，最接近的例子是一四九八年的達延汗來朝，當時跨越長城入境的使節團人數共有二千名，其中五百名進入北京。然而，此時對於王崇古上奏的建言，皇帝上諭指示所有蒙古朝貢使節皆不得入境，朝貢品的馬匹由總督、巡撫等人代替使節送至北京。對此，高拱在給王崇古的信中寫道：

若令之入，則或有渝盟之時必以為釁，由此起而追究始事者之失策，此可不豫為之計耶。故直厚賞，以遂其豔利之心，則不必令入，乃為穩妥。此非以處虜人，乃所以處中國之人也。

白話文：

若讓使節入京，和議發生問題，反對派必定會表示「問題皆因使節入京而起」追究當初提議者之責任。對此，必須事先擬定對策。賜予豐厚的賞賜，滿足其追求利益的貪慾，而非必得讓他們入京，方為上策。這不是針對蒙古人，而是針對中國人的措施。

——《高文襄公集》卷六，〈與宣大王總督〉三

雖說是為了別讓反對派有藉口興風作浪，但其中提到要滿足蒙古人的「豔利之心」，等於是由明

政權中樞，也是促成和議的高拱親口吐露，只要透過交易供應蒙古所需的中國產品，即便這些使節不完成朝貢最基本的禮節亦無妨。其後過程亦證實了高拱的判斷。事實上，俺答並未因此不滿而讓和議破局，這在在都反映出雙方真正看重的目的為何。當然，若就朝貢一元體制的理念而言，這次的和議確實是因有朝貢在先，才得以互市，然而實際上進行的卻是連使節都不用越過長城的「朝貢」。同樣地，冊封俺答王號一事，當時的內閣首輔李春芳曾上奏表示「賦予俺答虛名，可得避免邊境戰火之實利」。由此可清楚看到冊封及朝貢蘊含的禮制意義已被視為「虛」事，「實利」則在他處。

因和議而展開的互市，跟至今由政府主導的實物交易不同，即便仍有官府課稅，但主要仍是由市場決定價格、以民間交易為主的商業行為。基本上每年一次，在朝貢時舉行大市集，而初次互市結束後的一五七一年冬季，明接受俺答建議，效仿遼東，每月開放一次小市集。

互市的場所設於長城外側，明依然不允許蒙古人進入長城內側。蒙古各部族紛紛指定互市市場及日期，俺答之弟昆都力哈（巴雅斯哈勒，昆都楞汗）等人設於宣府張家口、俺答設在大同得勝堡、俺答之子黃台吉（僧格都古楞特穆爾）等人同樣設在大同新平堡，山西水泉營也設有市集，在首長監督下交易。明朝商人必須申告本名、本籍、販售的品項與價格等等，所有商品皆需課稅，做為維持互市市場治安的蒙古人獎賞（撫賞）。蒙古的交易物品以馬匹等家畜為主，明則販售布帛、穀物、皮革、二手衣及針線等日用雜貨。至於蒙古強烈希望購買的鐵鍋，最初因有改鑄武器之慮禁止交易，最後改以五百個為上限開放供給。

青木富太郎與小野和子統計出互市買賣的家畜交易額，如一三三頁的表格所示。由表中可得知一五七一年的互市，民間交易的家畜數足足為政府收購數的三倍。一五七二年因蒙古內部問題，新平堡與張家口的馬匹販售數大幅減少，也缺乏統計數字，但就表三所示互市起四年間的交易數字來看，官方市集的交易總數仍逐漸增加。一五七五年以過去四年的數字為基礎，交易數漸趨定量，根據小野計算，政府收購總額二十三萬兩再加上民間交易額，約占當時國家財政銀兩的五至一〇%。有如此規模，可知當時明朝商品生產已有固定的販售管道，而商人在政府的出資和保護下進行的交易，也確實可取得收益。雖然維持互市需要經費，但與至今所耗費的鉅額軍事費用相比，根本微不足道。於此，小野注意到主導和議的王崇古、張四維等人都是出自山西商人家族，指出正是由於國家與這些從中致富的特權商人利益一致，才促成了隆慶和議。

前面提到，謝肇淛曾描述大同因互市而繁榮的景象：

九邊如大同，其繁華富庶不下江南，而婦女之美麗，什物之精好，皆邊塞之所無者。市款既久，未經兵火故也。

——《五雜組・卷四・地部二》

如同謝肇淛所述，一五七一年開啟的互市平息了北邊紛爭，軍事支出減少、貿易獲利增加，這無庸置疑。不過，便如第一節所提及，當時北邊許多地方皆可看見嚴重的貧富差距現

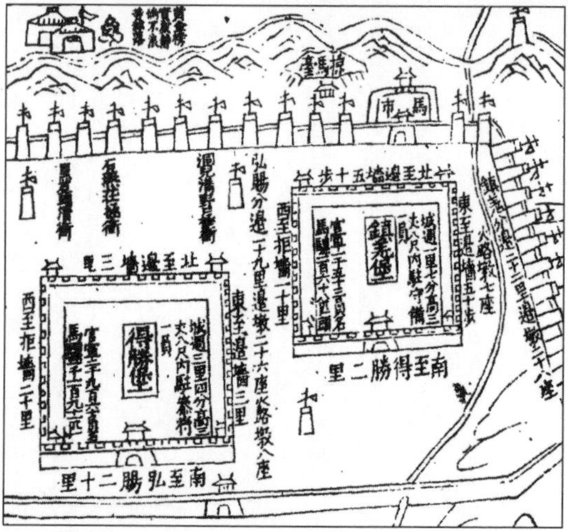

圖 2-1　得勝堡

上圖為得勝堡堡址城門。現為山西省大同市新榮區子灣鄉得勝堡村。

下圖為收錄於明王士琦《三雲籌俎考》（卷三）的險隘考圖。邊外設有「馬市」。

象。當互市帶來值得一提的繁榮時，自然也存在著相反的情況。從結論來說，互市帶來的負面影響，或說其結構所衍生的效應，破壞了明代邊境經營的根基，最後更助長了取代明朝的清勢力崛起。接下來就透過以下的事例來說明。

陝西的互市

俺答之兄吉囊（袞必里克墨爾根）所領鄂爾多斯萬戶，位於黃河的河套地區，此時由其子吉能（諾延達喇）掌管。王崇古受內閣指示，嘗試與包含鄂爾多斯在內的右翼蒙古全體議和，最後獲得吉能同意，於是王崇古在一五七一年二月上奏，建言與鄂爾多斯諸侯進行封貢與互市。然而，三月九日皇帝准許王崇古所轄宣府、大同與山西之互市，但陝西與鄂爾多斯之互市則交由當地地方官評估，沒有做出明確裁示。直到同年六月，才正式決定互市。

問題在於中間三個月的時間差。負責陝西互市的地方官為延綏、寧夏、陝西及甘肅等地巡撫，與統轄這幾個地方的陝西三邊總督。王崇古與內閣認為，若在宣府、大同、山西實施互市而陝西卻無，便給了蒙古人參加互市的同時在其他地區持續掠奪的理由，因此強烈主張陝西也要一同加入互市的行列。然而陝西的總督巡撫對互市疑慮重重，始終態度消極。最後還是由內閣直接說服皇帝，壓制了地方政府的擔憂與不安，陝西互市才正式定案。

客觀來看，為使和議確實發揮效果，的確如王崇古及內閣主張，陝西亦須實施互市。只是為什

場所·日期	官／民	品項·數量	售價(銀)
大同(得勝堡) 5月28日～6月14日	官市	馬1,370匹	10,545兩
	私市	馬騾驢牛羊6,748匹	
大同(新平堡) 7月初3日～14日	官市	馬726匹	4,253兩
	私市	馬騾驢牛羊3,233匹	
宣府(張家口) 6月13日～26日	官市	馬1,993匹	15,277兩
	私市	馬騾驢牛羊9,749匹	
山西(水泉營) 8月初4日～19日	官市	馬2,941匹	26,400兩
	私市	馬騾驢牛羊4,451匹	
合計	官市	馬7,030匹	56,475兩
	私市	馬騾驢牛羊24,217匹	

表 1　王崇古的互市完成報告書（1571 年 9 月）
（出處：小野和子《明季黨社考》同朋舍出版，1996）

場所·日期	官／民	品項·數量	售價(銀)
水泉營 4月29日～5月初9日	官市	馬2,378匹	18,617兩
	私市	馬騾驢牛羊2,209匹 皮襖114張 馬尾1,490斤	
得勝堡 8月29日～9月初9日	官市	馬3,562匹	26,821兩
	私市	馬牛驢羊1,197匹 馬尾591斤	

表 2　1572 年的互市交易額
（出處：青木富太郎《萬里長城》近藤出版社，1972）

	1571年	1572年	1573年	1574年	1575年(定額)	
宣府(張家口)	1,993	902	7,810	14,500余	18,000匹	銀120,000兩
大同(得勝堡·新平堡)	2,096	4,565	7,505	7670余	10,000匹	銀70,000兩
山西(水泉營)	2,941	2,378	3,988	5000余	6,000匹	銀40,000兩
合計	7,030	7,845	19,303	27,170余	34,000匹	銀230,000兩

表 3　方逢時報告的 1571 ～ 1574 年市馬數及 1575 年決議之市馬數
（出處：小野和子《明季黨社考》同朋舍出版，1996）

麼明知如此，陝西的地方官員仍採取反對態度？這也許正是一個絕佳切入點，可以幫助我們找出明蒙互市中的矛盾。因此，接下來就來檢視反對互市的陝西三邊總督戴才的主張。過往研究使用的史料僅能得知戴才奏文概要，但近年發現中國國家圖書館所藏，收錄眾多隆慶和議相關資料的《兵部奏疏》裡頭有戴才的奏疏，故可以詳細來探討其主張。

依據戴才上奏的內容，陝西總督和巡撫擔憂當地經濟無法維持能滿足蒙古需求的互市，如此一來，蒙古的進犯掠奪及走私貿易便無法杜絕。一旦互市，開市前必須準備好足夠商品，但陝西各鎮位置偏遠，無法吸引具備足夠財力、能調度與運輸充足商品的商人前來，須由官府出資準備，但陝西連支付士兵的俸給都有困難，並無餘力出資。

還有一點令當地政府擔憂，那就是守衛互市市場的蒙古人撫賞經費來源。依照王崇古的計畫，議和後雙方休戰，俺答必須負起責任禁止並防範蒙古進犯，如此一來，明朝便能削減自其他地區調來的部隊數量，省下的軍費就可用作撫賞。然而，戴才卻在上奏中指出，一五七一年開始正式交涉和議後，明朝邊防軍變得更難追緝蒙古人越過長城掠奪。掠奪行為是否真能就此根絕，是戴才等地方官員最深的疑慮；他們認為，削減增援兵力一事必須慎重考慮，而陝西本就因經濟拮据湊不出軍費，更不可能以此充當撫賞來源。

陝西各鎮財政無法維持互市，若就此貿然實行，相信在蒙古人蜂擁而至的狀況下，當販售商品無法滿足他們時，很可能又轉為掠奪。這樣不但無法根絕掠奪侵犯邊境之舉，包括違禁品在內的走私交易也將隨處可見。戴才的預期十分悲觀，他表示即使明朝將士流於因循，但若無法嚴加追緝蒙古人，陝西邊境將陷入無法收拾的局面。不過，陝西總督和巡撫也明白，如今王崇古所轄的各鎮已開始具體準備實施互市，鄂爾多斯的蒙古人勢必也會參加。進退兩難的總督及巡撫最後提出苦肉計，決定讓鄂爾多斯的蒙古人前往大同互市。

這當然不符合在中央推行議和的內閣期望。大學士們去信陝西各鎮總督巡撫，要求他們上奏表示同意內閣計畫。皇帝更駁斥戴才的上奏，言其態度曖昧，意圖推卸責任，非為國家利益效力之忠義大臣表現。這與兵部尚書郭乾回應王崇古上奏時穆宗與內閣的互動模式相似，穆宗的上諭，說是一種來自內閣的脅迫亦不為過。著急的戴才等人趕緊擬定了實施要點，上奏後經穆宗聖裁，陝西互市遂正式定案。

在國內外商業化與交易需求高漲的情況下，明朝順應潮流決定實施互市，陝西總督及巡撫們逆時勢而行的主張最終還是被洪流淹沒，無疾而終。然而岡野昌子指出，根據一五七〇年元月的史料記載北京發放的京運年例銀，其中支付給陝西延綏、寧夏、固原、甘肅四鎮的金額，總計僅有防衛北京東北方一帶的薊州的一半。雖皆屬九鎮，接近首都之處因備受重視，故投入高額軍費。此外，戴才指出陝西各鎮無法吸引有能力調度物資的商人，這個看法也值得關注。明蒙互市既有如謝肇淛筆下的大同那般條件優良，是連結蒙古的交通要衝，又是朝貢使節行經路線的例子，但亦有堪稱對照的貧困之地。隆慶和議實行後二十年，一五九〇年甘肅發生了史稱「洮河之變」的蒙古進犯事件；二年後的一五九二年，寧夏又發生士兵叛亂「哱拜之亂」(寧夏之役)。這些在陝西一帶發生的事件，小野和子及岡野昌子皆曾詳細討論，認為都是隆慶和議的矛盾爆發所引起。互市是順應商業化發展下緩和邊境紛爭的王牌，然而另一方面，互市卻擴大了地域之間的差距，使未受惠地區經濟更加窮困，治安惡化，反而侵蝕了明朝的邊境防衛體制。

遼東互市與「商業—軍事集團」

仇鸞、王崇古都在上奏中提及要仿效遼東互市，與右翼蒙古交易，可見遼東互市為其心目中的理想模式。然而正是遼東互市的模式崩解了明朝邊境經營，之後更讓取代明朝建立政權的邊境「商業—軍事集團」勢力成長茁壯。

遼東互市同樣屬於明朝貢一元體制，交易對象為兀哈良三衛的蒙古及女真諸部。他們很早就歸附於明，由明授予官職，與明朝皇帝為名義上的君臣關係，定期朝貢，明則允許互市做為恩惠。如同明蒙邊界建有長城，遼東邊界亦建有邊牆，並在開原、撫順、清河等關門設置交易所，明朝一樣會支付撫賞做為犒賞。

制度上既是附屬於朝貢的恩惠，能夠參與互市的當然只有接受明官職、身為皇帝臣下的首領。因此，自身受封武官的敕書，便是參加互市的許可書。

透過互市，人參、黑貂、毛皮、珍珠等物品輸入中國。對這些高價奢侈品的需求增加，意味著中國國內出現一批能購買這些商品、具有經濟能力的富裕階級。不用說，富裕階級的出現也會對商品生產的發達，與白銀大量流入所推動的國內經濟發展造成影響。

如同上述，女真人販售的商品多是來自遙遠的北疆內陸地區，儘管在中國大受歡迎，互市售價高昂，但生產者未能因此受惠。畢竟他們沒有受封明官職，不能親自參加互市，只能將商品批發給持有敕書的首領代為販售。這樣的結構讓居住在關門附近，掌握互市買賣的首領與內陸生產者之間產生權力關係。互市不但讓首領們中飽私囊，亦強化對內陸生產者的經濟統治。

為了擴張勢力，掌握大權的首領們彼此鬥爭越發激烈。由於權力源自明的互市，參加互市資格的敕書遂成為爭奪目標，甚至有首領握有數百份敕書，建立起莫大的財富與權力。對明朝當局而言，與這些有權勢的首領攜手，利用敕書加以控制，成為能否順利經營遼東的關鍵。前後擔任遼東總兵近三十年的李成梁與建州女真努爾哈赤，就是在這樣的狀況下建立起合作關係，具有極大的意義。

就明朝而言，首要之務在於抑止邊境騷亂，若能與強而有力的首領合作統整女真，對於軍事或經濟來說都是最理想的。另一方面，就女真首領而言，只要順服於明，並與控管敕書發給的遼東官員維持良好關係，就可壟斷互市的龐大利益。雙方在利害關係一致下維持和平，遼東互市自然熱絡非常，形成雙方均獲利的結構。明徵收白銀做為稅金，又於北邊投入大量白銀做為軍費，這些白銀除了購買軍糧外，也進入邊鎮將領或商人的口袋，成為購買絲織品、棉織品、日用雜貨、農產品等中國在互市所售商品的資金。其中也有不少被邊鎮官員用以賄賂，與北京朝廷高官建立和維持關係，又因此流回中國內陸。做為撫賞的白銀，亦流入掌握互市的女真首領手中，再透過購買中國商品流通。受到中國國內的商業力吸引而流入東南沿海一帶的白銀，也在邊境地方政府與外夷強大首領勾結下流通，促使遠離既有王權的新興勢力逐漸成長。岩井茂樹稱這批勢力為「商業—軍事集團」，其中崛起的梟雄，就是之後成為清太祖的努爾哈赤。正因其建立的政權剛好搭上十六世紀末至十七世紀這一波邊境經濟熱潮，才能取代相較之下人口與疆域面積壓倒性龐大的明帝國。

一五七一年的「轉換」

為何說一五七一年前後是歷史的轉換期？思考身處這個時點的人群活動，發生了怎樣的具體「轉換」及其意義，是筆者被賦予的任務。本章聚焦於一五七一年中國明朝與右翼蒙古間實行的隆慶和議，描述困擾明朝的北虜南倭問題之要因、長城沿線邊境社會的形成，以及對全新交易秩序的摸索及其結果。

隆慶和議常亦稱作「俺答封貢」。以明朝初期建構的朝貢一元體制理念來看，封貢原指外國君主為向中國皇帝表明恭順臣服而前來朝貢，並接受冊封為蕃王，將明視為「天朝」，是一種具體展現國際秩序的禮制程序，互市不過是附加的恩惠。然而隆慶和議在從交涉到實現的過程中，明與蒙古雙方都明顯將重點放在交易上。實際上是摸索對外貿易脫離禮制後的定位，進而賦予互市新的定義。此時的封貢與互市，在實質上已逆轉朝貢一元體制的祖制設定；互市成為主軸，冊封與朝貢只剩虛名，而朝廷亦認可了這樣的轉換。就此而言，一五七一年的和議確實是一個轉捩點。

此外，出現在邊境的「商業－軍事集團」不斷發展，最後更導致明清政權輪替，隆慶和議同樣可視為此過程中的轉捩點。就明朝角度而言，向國內徵稅，並向邊境投入龐大銀兩做為軍費，卻導致邊鎮將士與外夷首領勾結，最後竟促成了取代自己的勢力成長茁壯。而大同、遼東等地經濟因互市繁榮，也對此推波助瀾。不過，我們亦不能忽略在此過程中，還是有像陝西這樣無法維持互市、卻被迫開市的地方。從結果來看，以實物為主的財政經濟、華夷分隔、朝貢一元體制、長城沿線的九鎮防衛體系等等，這些各具特徵的理念與制度所撐起的明朝國家基礎要素，全都在互市過程中破壞。而在邊境經濟熱潮下崛起、成為中國新統治者的清，則透過與明朝迥異的理念與制度，重新建構內外秩序。

另一方面，觀察北部邊防軍將士、負擔累累的農民、白蓮教徒等被動受到上述轉換影響的邊境社會成員之行為，可以看到即便所處境遇、位置，抑或轉換前後的狀態各有不同，但共通點在於，他們都與王權漸行漸遠。至少從現象層面來看，在追求生存或期望獲得更大利益的他們面前，明這個王朝的存在已不再具有絕對性。當時的中國社會是否已普遍體認到這種離心力尚難定論，但若從邊境社會成員的行為切入，反而會對明朝統治理念的優先與限制色彩的強烈產生深刻印象。的確，明建國初期所制定、其後以祖制之名而保有一定作用的種種制度，多半統制色彩強烈，不符合宋元以降商業發展的制度。本章也探討造成嘉靖時代北虜南倭問題越趨嚴重的其中一項因素「絕貢」政策，藉此點出世宗直接套用儀禮秩序及祖制基本原則的政治態度。嘉靖時代的馬市也一樣，對首輔嚴嵩專權的不滿與批判雖是反對主因，但世宗的態度仍給了馬市反對派絕佳的施力點。這一連串的過程讓人不禁疑惑，為什麼這般明顯不符現實、充滿矛盾的制度與理念，卻在經過漫長的時間後仍能發揮影響力？當然，或許有其他不證自明的時代因素，讓這個問題顯得愚蠢，不過在此想特別再次提出，是因為這個問題或許能讓人進一步理解「中國」這個國家的理念與制度存在意義及影響力。特別是明朝制度，若要找出祖制以外的具體因素，便須往前追溯，再次檢討明代諸制度——這個具備與朱元璋身處的元末明初時期對立的性質，又與宋元或清形成對照的「僵硬」體制——的構築過程及理念。現今也正面臨全球化帶來的負面效應，從這點來看，我們同樣是身處歷史的轉捩點，這樣的思考與探討絕非毫無意義。

第三章　蒙兀兒帝國的形成與帝都法泰赫普爾時代

真下裕之

1　帝都法泰赫普爾

一五七一年・西克里

開車從亞格拉向西行駛約三十公里，便可看到大片農地，以及浮現在遠方隆起山丘邊緣的壯闊建築群輪廓。這是北印度特有的赤砂岩所打造的遺跡，一般稱之為「法泰赫普爾西克里」(Fatehpur Sikri)，是公認蒙兀兒帝國時代的代表性歷史建築。

一五七一年，第三代君主阿克巴（Akbar，一五五六～一六〇五年在位）下令於西克里建造新都。西克里位於帝國首都亞格拉（Agra）通向當時拉賈斯坦（Rajasthan）地區中心阿傑梅爾城的道路上。目前在亞格拉與西克里兩地間留下的里程塔，均建於蒙兀兒帝國時期，訴說了這條道路是當時帝國整頓的重要幹道。

遺跡中聳立著莊嚴大門的大型清真寺，以及帶有獨特藝匠風情的宮殿建築，毫不保留地展現了帝國與帝王之力。不過，在下令建設新都後僅十四年，一五八五年阿克巴就離開此地，將據點移到拉合爾（Lahore），專心治理西北一帶。自此，不論是阿克巴本人或是之後的君王，再也無人將此處定為居所。一六一〇年，正值下一任君主賈漢吉爾（Jahangir）在位，英格蘭人芬奇曾造訪西克里，並在《早年印度遊記》（*Early Travels in India, 1583-1619*）記下山丘上偌大的無人廢都（不過，賈漢吉爾為躲避首都亞格拉的嚴重瘟疫，曾於一六一九年一月至四月居住在法泰赫普爾）。

當然後世也並非全然不曾加以改造，但也正因為在完成後不久就遭棄置，反而讓建築群完整保留了建造當時的樣貌，直至今日。一六〇一年八月，阿克巴結束德干遠征凱旋歸來，大清真寺的迴廊上留下了祝賀碑文；今日，這座大清真寺的中庭仍能看到伊斯蘭汗（Islam Khan Chisti，一六一三年逝世）之墓，當然這是之後增建的建築。此外有研究者指出，由於十九世紀以降的「修復」工程，部分建築樣貌已與落成時有所不同。不過即便如此，這座遺跡做為阿克巴時代的建築群遺跡，仍具有極高的學術價值。

阿克巴將這座新都命名為「法泰赫普爾」，一般通稱的「法泰赫普爾西克里」是其發音轉化。*「法泰赫」為「勝利」之意，「普爾」則為「城鎮」。這座都城名為「勝利之都」，十分符合他想藉由不斷「勝利」擴大疆土，達成帝王偉業的想望。

換言之，建造法泰赫普爾，是阿克巴打造帝國的代表事蹟。實際上，他也在這座新都發布了許多王令，以此地為核心，打造新的國家制度。從這個角度來看，下令建造新都的一五七一年，不僅是蒙兀兒帝國成形的開始，也堪稱是南亞史的重要轉捩點。接下來，本章就要從不同的觀點來探討其意涵。

地理位置

在法泰赫普爾建造前，西克里不過是首都亞格拉近郊的小城，一座依偎在山丘下的古早聚落，有好幾座十三世紀末或十四世紀初期樣式的清真寺散落其中。

法泰赫普爾位於自西南向東北隆起，形狀細長，高約三十公尺的山丘頂端，建於寬約一百五十公尺的台地上。西南側的大清真寺與東北側的王宮建築群為主要建築。城中劃為數區，皆不以台地方位，而是沿城內的南北軸線井然有序地建設，顯示出一連串的建築工程都經過了縝密計畫。

位於山丘西北麓的湖水水源，應是支撐此地聚落與後來帝都的自然條件之一。這片湖泊如今在乾季為農地，雨季則汪洋一片，但據說在蒙兀兒帝國時代，湖泊全年有水。帝國首任君主巴布爾（Babur，一五二六～一五三〇年在位）在回憶錄《巴布爾傳》（*Babur Nama*）中記載，一五二七年二月（即乾季）與拉傑普特人首領拉納．桑加（Rana Sanga）對決在即，他看出了西克里的優勢：「這片土地水源充沛，能滿足軍營所需用水。」巴布爾戰勝後，便於該地庭園（名為「勝利之庭」，Buland Bagh）內建造了一個「八角形台座」†，即便在十二月（乾季）造訪，該台座仍位於需乘

* 兩者日文片假名拼音稍有不同。前者發音直譯為「法吐夫普爾」（ファトゥフブル），現今一般都稱作法泰赫普爾（ファテープル・シークリー）。本文統一用後者譯詞稱呼。

† 譯自原文「八角形の台座」，當地稱之為 Battis Khamba，直譯是三十二根柱子。

圖 3-1　遠眺法泰赫普爾

圖 3-2　大清真寺的大門，通稱勝利之門（Buland Darwaza）

船才能渡過的湖中央。另外有研究指稱，這座「勝利之庭」的遺跡就位於山丘的西北麓。

即便如此，阿克巴在打造新都時，還是特別注意水源調配，在湖中設置了堰堤。一五八〇年造訪法泰赫普爾的耶穌會傳教士蒙塞拉特（Antohnio Monserrate）發現，當地為預防缺水，建有「長二萬、寬半萬的人工池」。*此一水利設施位在「湖泊」北側，現今的拉斯魯普爾村留有遺跡，推測即為該人工池。研究發現，類似的水利設施還有許多疑似人工挖鑿的井、提供山丘宮殿用水的抽水設施，以及收集雨水的管線、蓄水槽等等。印度學者雷札維（Syed Ali Nadeem Rezavi）曾指出，考慮到阿克巴的精心規畫，將水源不足視為放棄新都的理由似乎有些站不住腳。他之所以在一五八五年捨棄這座新都不再使用，也許有其他的原因。

名稱

法泰赫普爾最早被稱為「法吐哈巴得」，意思亦為「勝利之都」。撰於一五八〇年代的史書多次提到它是「西克里的勝利之都」，但也有人稱之為法泰赫普爾，可知當時該城名稱尚未固定。直到成書於阿克巴統治晚期的官方史書《阿克巴傳》（*Akbar Nama*）才終於確定名稱，並清楚解釋由來：「陛下原欲名為法吐哈巴得，然考量世人皆稱其為法泰赫普爾，故改以此名。」先不論此說法真偽，一五七九年九月五日，神父佩雷拉從這座帝都寄信至果亞，寄件地便寫上了法泰赫普爾

* 萬為 myria，過往使用的長度單位。

（Factepur），可知這個晚期才確立的名稱已迅速融入人們生活。

然而，新都的「勝利之都」美名，並非是建設當初就決定要給它的稱呼。前面那段《阿克巴傳》的文字，正好位在新都開始建設的描述文字之後，給予讀者該城早已決定要命名為「勝利之都」的印象。但另一本史書《千年史》（*Tarikh-i Alfi*）則記載，「在新都建設過程中成功征服了古吉拉特（Gujarat），因此將該城命名為法泰赫普爾」——為了紀念蒙兀兒帝國在一五七二年底至七三年初的古吉拉特戰役獲勝而命名。一五八〇年來到法泰赫普爾的蒙塞拉特，也在《蒙兀兒帝國誌》（Mongolicae Legationis Commentarius）中寫下「法堤赫普爾（Fattepurum，勝利之都尼科波利斯之意）是王結束格德羅西亞（Gedrosia，即古吉拉特）戰役後，為了將首都從亞格拉搬遷至此而建設」，暗示戰役的勝利與新都命名有所關聯。此外，阿克巴之子賈漢吉爾（一六〇五～一六二七年在位）也在日後的《賈漢吉爾傳》（*Jahangir Nama*）中回顧了父王的事蹟，表示新都的命名是在戰役之後。也就是說，即便阿克巴在帝國形成的過程中有過無數勝利，但他本人也認為遠征古吉拉特所取得的勝利，是一件值得用來為帝都命名的壯舉。如同接下來的章節所述，這座新都與這場戰役就各方面而言，的確都在帝國歷史上有著劃時代的重大意義。

2 走向全新秩序

圖 3-3　局部王宮建築，通稱潘契宮（Panch Mahal，五層宮殿之意）

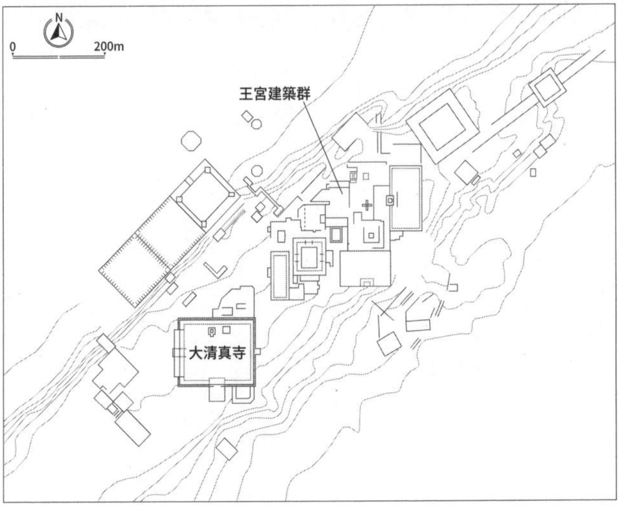

法泰赫普爾

以 Attilio Petruccioli & Thomans Dix, *Fatehpur Sikri (Opus., Vol. 5)*. Berlin, 1992 刊載之地圖為藍本繪製。

圖 3-4　薩里姆大師墓

大清真寺中庭為大理石打造的薩里姆大師墓（請參照 169 頁）。

對外擴張的起始

本節敘述自阿克巴登上王位直到建造法泰赫普爾前的過程，並探討種種法泰赫普爾時代發布制度的劃時代意義，藉此展現蒙兀兒帝國形成過程中經歷的各種排除與整合性嘗試與努力。

一五五六年，阿克巴父王胡馬雍（Humayun）意外身亡，年僅十四歲的阿克巴即位，由原本輔佐先王的重臣們主導政事。他先是在帕尼帕特之役（一五五六年十一月）打敗從孟加拉地區一路破關斬將的武將荷姆（Hemu），接著又一一討伐持續抵抗的蘇爾朝（Suri）殘黨。在阿克巴統治早期立下這些重大功勞的攝政王白拉姆汗（Bairam Khan），他在胡馬雍在世時就是王子阿克巴之師（ataliq），阿克巴稱他為「汗叔叔」，二人相當親密。

然而，白拉姆汗陸續打壓其他足以與自己抗衡的舊臣（一五五六年二月沙布魯・瑪阿里、同年十月達魯堤・貝庫汗、一五五九年納斯魯・阿魯姆魯克等人一一失勢），並和君主的養兄弟與養母一族產生嫌隙，這樣的攝政王自然會和日後的青年帝王有所衝突。＊一五六〇年三月，阿克巴假裝進行平時喜愛的巡獵，離開了首都亞格拉，抵達德里後便向各地發令「展現朕永恆王朝的時刻自此開始」，宣告白拉姆汗自此失勢。白拉姆汗一度出兵抵抗，卻遭阿克巴告誡「你效忠王朝四十年，如今到了晚年，何需蒙受反叛之罪玷汙名聲」，最後他以朝聖麥加之由離開首都，是為實質流放。白拉姆汗在朝聖途中遇上過去征討的阿富汗武將之子奇襲報復，就此喪命（一五六一年一月）。

此後，阿克巴的養母，也就是之前與白拉姆汗對立的瑪哈姆・阿那卡（Maham Anga）成為實質上的攝政者。但她的兒子，也就是阿克巴的養兄弟亞德哈姆汗，卻砍死了阿克巴另一名養母之子——同樣是阿克巴的養兄弟且十分親密的阿塔卡汗。這讓阿克巴勃然大怒，養母一族因此失勢（一五六二年五月）。

阿克巴自此親政，並開始加速出兵周邊地區，擴大帝國統治範圍。早在一五五九年攻克亞

＊ 這裡的養母日文為乳母，英文為 foster mother，為君主哺乳的奶娘，通常擁有一定地位。養兄弟即與君主喝同一位母親奶水的人。

格拉東南方要衝瓜廖爾後，阿克巴便遣軍遠征以恆河中游城市喬恩普爾為中心的「東國」地區。一五六一年阿克巴派兵摩臘婆，一五六三年介入旁遮普地區穆斯林部族的卡克魯族內爭，將其納入統治。一五六四年進攻印度中部岡瓦納地區，擊敗該地女王杜爾伽瓦蒂（Rani Durgavati），另一方面又壓制了比哈爾地區南側的羅浮塔斯城。一五六八年，阿克巴花了四個月攻打拉賈斯坦地區斯索第亞家族統治的南部奇陶爾加爾城（Chittorgarh），最後得勝。依當時的紀錄來看，攻下被譽為堅不可摧之城的奇陶爾加爾城，是蒙兀兒帝國之名威震全印度的重大事件。隔年一五六九年，又再攻下同地區西部的倫塔波爾城，同時也成功壓制了「東國」南部的卡林伽爾城。

考量以上一五六〇年代發生的事件和征戰，一五七二年至七三年進攻古吉拉特地區，可說是阿克巴統治初期領土擴張的里程碑。該戰役的勝利，確實是一件值得將興建中的新都命名為「勝利之都」以茲紀念的偉績。

排除內患

在如上述般對外擴張領土的同時，阿克巴亦著手排除內患。

（1）烏茲別克人貴族

一五五九年起，阿克巴派至「東國」地區的帝國遠征軍皆由阿里克里汗管理。坐擁「昔班尼（Nisba）之名*的阿里克里汗和兄弟巴哈杜爾汗，以及一五六二年之後統治摩臘婆地區的「叔輩親戚」阿布多阿拉汗，都是出身中亞有權有勢的烏茲別克人貴族，三人也都是先王胡馬雍時代的老臣。一五六四年，阿布多阿拉在駐地舉兵叛亂，隨即被鎮壓。接著一五六五年阿里克里又偕同巴哈杜爾一同起兵，阿克巴立即親征，直到一五六六年初都在喬恩普爾等「東國」各地持續征戰。最後在一五六七年九月，阿里克里兄弟不敵再次進攻的阿克巴軍，雙雙判處死刑。殘存的烏茲別克叛軍部分逃至東方的孟加拉政權尋求庇護，不過原先在帝國權力中樞的烏茲別克人貴族，可說是自此消滅殆盡。

印度歷史學者伊克蒂達爾．阿拉姆．漢恩（Iqtidar Alam Khan）的經典論文指出，一五六〇年代之後，阿克巴統治下的貴族階級組成產生了變化：中亞出身者減少，取而代之的是伊朗裔、印度穆斯林、拉傑普特人等新面孔。先不論在無法明確劃分中亞裔、伊朗裔所涵蓋族群的情況下，這樣的研究概念本身是否妥當（在此概念下，伊朗出生的土耳其人白拉姆汗便無法歸類），中亞出身的貴族有一大部分確實都是烏茲別克人。漢恩將這波貴族人口組成變化，視為是來自中亞的帖木兒家族建立起蒙兀兒政權，逐漸發展成帶有全新性質帝國之過程。

然而，上述的三位貢獻者皆是自先王胡馬雍時代起的老臣，特別是阿里克里在年少時便受重用，曾任負責伺候君主用膳的宮內近臣；阿克巴即位後，阿里克里兄弟也曾受白拉姆汗的庇護。由此來看，排除烏茲別克人貴族，應該與統治階級的世代交替有關。換言之，這一連串的過程並非漢

* 穆罕默德．昔班尼為布哈拉汗國的開國君主，Nisba 為阿拉伯命名系統中放於名字後方，表明所屬家族、部族之名稱。

恩所言「中亞裔」集團勢力的衰退，而是如同白拉姆汗的失勢那樣，是阿克巴排除舊臣的一環。

（2）異母兄弟哈基姆

對阿克巴而言，還有一個內部的威脅，那就是以喀布爾為據點的異母弟弟米爾札．哈基姆（Mirza Muhammad Hakim）。一五五六年阿克巴即位時，一五五四年剛出生的哈基姆還是個稚嫩小兒，對王座並不構成威脅，反倒是哈基姆生母馬楚恰克．貝義姆（Mah Chuchak Begum），喀布爾總督穆易姆汗（Munim Khan）一族，以及北側巴達赫尚地區的帖木兒家族米爾扎．蘇萊曼（Mirza Sulaiman）三者間的爭鬥，成為威脅帝國西北邊疆的內患（哈基姆之母、巴達赫尚家族世系及蒙兀兒帝國世系請見「蒙兀兒帝國相關世系圖」）。

始於一五六二年的總督一族內部紛爭，最後發展成爭奪喀布爾統治權的黨爭，哈基姆之母亦捲入其中。一五六四年哈基姆之母遭人暗殺，巴達赫尚軍趁機介入，進而留駐當地。接著一五六六年巴達赫尚軍再次進攻，哈基姆旗下軍團無法保住喀布爾，只好南下退至旁遮普地區避難，同時在當地引發騷亂。另一方面，翌年一五六七年，前述在「東國」起兵叛變的烏茲別克人貴族阿里克里與哈基姆陣營串通，宣誓效忠哈基姆。至此，這位喀布爾的異母弟弟成為阿克巴的一大威脅。

阿克巴立即揮兵親征旁遮普的哈基姆，在鎮壓並處刑了阿里克里後，哈基姆的行動暫時平息。不過一直要到一五八〇年之後，阿克巴才徹底消滅這位異母弟弟，鎮壓巴達赫尚地區的王族叛亂。

（3）帖木兒家族

一五六六年至六七年間，蒙兀兒帝國東西兩側都爆發了重大叛亂，可謂阿克巴登基後遇上的第

巴達赫尚地區
喀布爾
旁遮普地區
拉合爾
木爾坦
帕可巴丹
帕尼帕特
德里
恒
河
法泰赫普爾
阿傑梅爾
亞格拉
喬恩普爾
拉賈斯坦地區
瓜廖爾
比哈爾地區
卡林伽爾
羅浮塔斯
摩臘婆地區
古吉拉特地區
岡瓦納地區
孟加拉地區
迪烏
德干地區
錫蘭
馬爾地夫
N
0
1000km

阿克巴時代的南亞

一個危機。就在一五六六年阿克巴親征旁遮普的同時，又爆發了另一個危機——另一支帖木兒家系的王族叛亂。這個被稱作「米爾扎們」的家族是帖木兒政權赫拉特地區統治者忽辛（Sultan Husayn Mirza，一四七〇～一五〇六年在位）的姪子拜斯．米爾扎．蘇丹與忽辛之女生下的穆罕默德．蘇丹．米爾扎（Muhammad Sultan Mirza）及其子孫組成（請參考「蒙兀兒帝國相關世系圖」）。

穆罕默德．蘇丹．米爾扎跟隨帝國首任君主巴布爾來到印度，巴布爾逝世後雖多次與新君主胡馬雍敵對，但他仍以老臣身分安然存活至阿克巴時代。其家族當時掌管恆河東側的桑巴爾地區（亞格拉以北約一五十公里，德里以東約一百公里處）。米爾扎們的叛亂威脅到德里，卻始終無法完全殲滅，因此阿克巴先是逮捕首領穆罕默德．蘇丹．米爾扎，其餘的米爾扎們逃至摩臘婆地區，等到一五六七年阿克巴鎮壓「東國」叛亂後，便對米爾扎們的殘黨展開討伐，最後戰敗的米爾扎們敗逃至古吉拉特地區。

實際上，一五七二年底至七三年初阿克巴遠征古吉拉特，主要的目標就是這些米爾扎們。庇護這群帝國叛亂者的古吉拉特蘇丹政權也在阿克巴的進攻下崩解，被納入蒙兀兒帝國疆域。

漢恩認為，這個米爾扎家族即是深具代表性的「中亞裔貴族」，然而阿克巴消滅了帝國三朝舊臣的貴族首領及其一族，應與消除烏茲別克人貴族的理由相同，是要排除前朝世代的勢力。

不過，他們對阿克巴而言，還有另一層面的威脅，是烏茲別克人貴族所沒有的，亦即米爾扎們在帖木兒世系中的地位。如同「蒙兀兒帝國相關世系圖」所示，米爾扎們在帖木兒系譜中的血統，與阿克巴隸屬的家系可謂是並駕齊驅，毫不遜色。

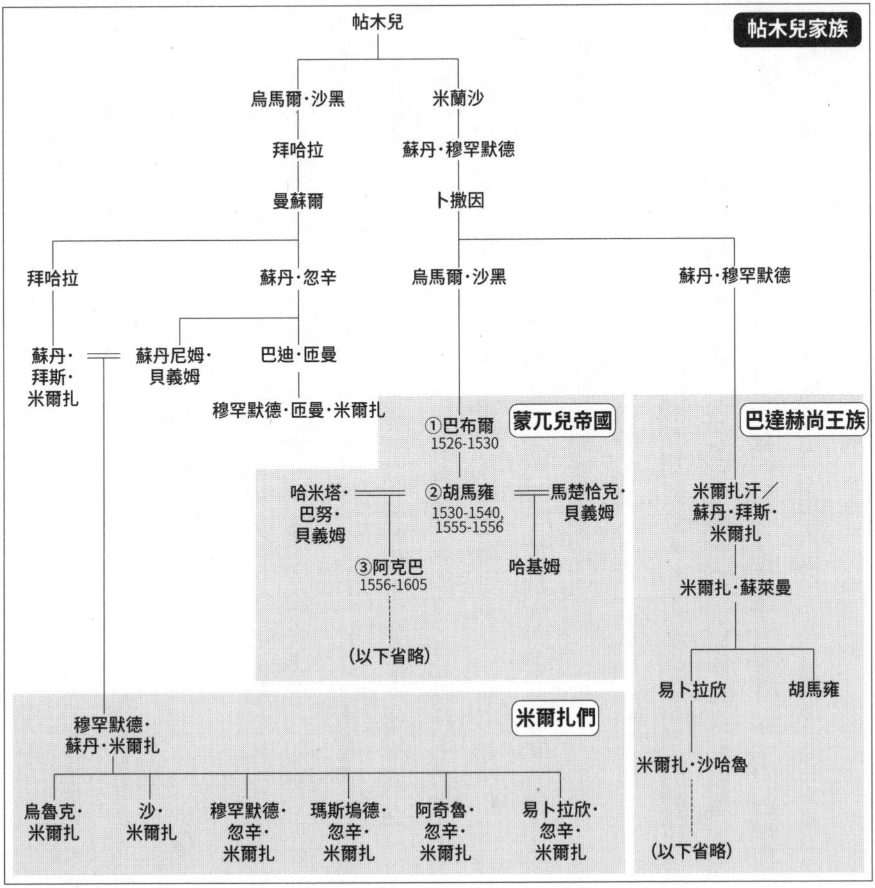

帖木兒家族
帖木兒
烏馬爾·沙黑
米蘭沙
拜哈拉
蘇丹·穆罕默德
曼蘇爾
卜撒因
拜哈拉
蘇丹·忽辛
烏馬爾·沙黑
蘇丹·穆罕默德
蘇丹·拜斯·米爾扎
蘇丹尼姆·貝義姆
巴迪·匝曼
穆罕默德·匝曼·米爾扎
蒙兀兒帝國
①巴布爾 1526-1530
哈米塔·巴努·貝義姆
②胡馬雍 1530-1540, 1555-1556
馬楚恰克·貝義姆
③阿克巴 1556-1605
哈基姆
(以下省略)
巴達赫尚王族
米爾扎汗／蘇丹·拜斯·米爾扎
米爾扎·蘇萊曼
易卜拉欣
胡馬雍
米爾扎·沙哈魯
(以下省略)
米爾扎們
穆罕默德·蘇丹·米爾扎
烏魯克·米爾扎
沙·米爾扎
穆罕默德·忽辛·米爾扎
瑪斯塢德·忽辛·米爾扎
阿奇魯·忽辛·米爾扎
易卜拉欣·忽辛·米爾扎

蒙兀兒帝國相關世系圖

此外，「蒙兀兒帝國相關世系圖」右側，由帖木兒政權君主蘇丹・穆罕默德經米爾扎汗延伸出來的家系，便是前述存於巴達赫尚地區的帖木兒家族，此家系在系譜上的地位也與米爾扎們同等。前節提到巴達赫尚王族威脅喀布爾地區，他們挑戰阿克巴的危機嚴重程度，必須與世系圖上的家系位置與地位相互參照，才更能理解其意義。

對蒙兀兒帝國王族而言，身為帖木兒家族支系，面臨帖木兒家族挑戰而造成實際威脅的情況，亦有前例可循。帖木兒政權君主巴迪・匝曼之子穆罕默德・匝曼・米爾扎（請參考「蒙兀兒帝國相關世系圖」）於一五三七年在古吉拉特地區稱王，並從背後夾擊正在應付北印度蘇爾朝攻勢的胡馬雍。這位米爾扎曾加入蒙兀兒帝國一五三五年至一五三六年間的古吉拉特遠征，於胡馬雍回國後留駐該地。一五三七年，該地古吉拉特蘇丹政權的君主巴哈杜爾於港都迪烏外海與葡屬印度總督交戰時溺水身亡，穆罕默德・薩滿・米爾扎趁亂篡奪王位，並與葡屬印度總督締結和平條約，以當地君主自居。實際上，另一邊的當事者葡萄牙人詳細記錄了米爾扎一連串的行動，記述內容與僅將這位米爾扎視為短期叛亂者的波斯語史料完全不同。

考量到這些來自同等地位血統的威脅，便可理解阿克巴在位時期，為何要特別強調蒙兀兒帝國家系源自於帖木兒政權。該世系圖便是阿克巴統治初期對付這些政敵的理念依據。

帝國歷代君主都會透過各式各樣的宣傳媒介，彰顯自身的帖木兒家系血統。其中帖木兒坐在主座，當代君主到歷代帖木兒政權、蒙兀兒帝國王族首領齊聚一堂的群像畫，便是展示血統的宣傳媒介之一。賈漢吉爾時代改製而成的〈胡馬雍園遊會〉（藏於大英博物館）畫作，便是這類視覺化帖木兒家族系譜的首例，其後亦有眾多類似作品問世。而其他的圖像資料還有〈賈漢吉爾射馬里克·安巴爾圖〉中王冠台座上描繪的帖木兒世系圖（藏於切斯特·比替圖書館）、〈站在地球儀上的沙賈漢〉畫作中天使舉起的天蓋上描繪的帖木兒家族世系圖（藏於弗利爾美術館）等等。

這樣的系譜意識，最遲在阿克巴統治晚期已然確立。一五九一年下令編撰的官修王朝史《阿克巴傳》便自帖木兒家族起源開始，記敘歷代帖木兒家族當主事蹟，經蒙兀兒帝國建國始祖巴布爾，一直記錄到當代君主阿克巴統治時期，堪稱帖木兒家族通史。這樣的敘述時軸成為「帖木兒政權史」的固定形式，蒙兀兒帝國持續編撰這種形式的史書，也顯示其王家對此系譜抱持了明確且持續的認同。

另一方面，還有一項能確認蒙兀兒帝國自何時開始強調帖木兒血統的重要資料，就是出現時間比前述繪畫及史書還早的「玉璽」。最早將帖木兒家族系譜刻於帝國君王專用的玉璽，起自希吉拉曆（Hegira，伊斯蘭曆）九二八年（一五二一／二二年），也就是蒙兀兒帝國成立前所製的巴布爾玉璽。在帝國成立後的伊斯蘭曆九三三年（一五二七年）的文書上亦可見此玉璽印文。從這裡亦可窺見系譜玉璽追溯至帖木兒家族的傳統。

不過，繼承此傳統並定下傳承後世的系譜玉璽形式，應仍確立於阿克巴統治時期。確立的玉璽樣式如右圖，方形外框相交的雙層同心圓中心為當代君主之名，外側以順時針方向往前追溯歷代世系，始祖帖木兒之名剛好位在十二點鐘的位置。

圖 3-5　沙賈漢的玉璽

然而遺憾的是，縱使英國研究者蓋洛普（Annabel Teh Gallop）進行了地毯式調查，阿克巴統治早期的系譜玉璽仍然相當有限；在蓋洛普提出的資料中，印有該玉璽的文件日期為「即位第五年伊拉希曆*伊斯法達穆茲（Isfanda'rmuz）月五日」，然而伊拉希曆是在阿克巴即位第二十九年才開始使用，與史實不符，因此該敕令與玉璽可能皆是偽造。不過在其他為數不多的資料中，可以看到伊斯蘭曆九六三年，即阿克巴即位的一五五六年所刻的玉璽，用印於伊斯蘭曆九六四年（一五五六／五七年）的君王諭書；伊斯蘭曆九八二年（一五七四年）的君王諭書上，亦蓋有伊斯蘭曆九七八年（一五七〇／七一年）的系譜玉璽。由此可推測，在帖木兒家族對阿克巴造成實際威脅的一五六〇年代，帝國就已經開始利用系譜玉璽做為宣傳媒介，來主張自身血統可追溯至帖木兒家族。

如本節所述，一五七一年法泰赫普爾的興建，正始於帝國完成領土擴張、成功掃蕩統治階級內部敵人之際，因此可視為開啟帝國全新階段的重大轉捩點。

3 法泰赫普爾時代

整合性創新

在經歷了上述種種後，帝國打造了帝都法泰赫普爾。在法泰赫普爾時代，眾多整合帝國的新政策發布，範圍涵蓋了國家制度、文化、宗教等各個層面。

一五七三／七四年導入的曼薩布（mansabdar）職級制度，目前的研究認為應是於一五七四／七五年開始實行。曼薩布是表示蒙兀兒帝國位階的數值，君主將曼薩布授予任職帝國者，並視狀況增減。制度導入當初，曼薩布原則上分為十以上、五千以下，共六十六個職級，擁有曼薩布的人稱作曼薩布達爾（mansabdar），五百以上的曼薩布達爾無論其肩負何種社會功能，皆稱作埃米爾（amir，總督、官僚之意），並被視為貴族。曼薩布不但是將人們序列化的貴族制度，同時也是計算薪俸數字的基準，因此亦屬俸給制度的一環。俸給包括現金或田賦的分配，主要以後者居多，也就是受封土地賈吉爾（jagir），領有賈吉爾的人稱作賈吉爾達爾（jagirdar）。同時，曼薩布達爾必須提供的騎兵軍團規模，也是按照其曼薩布級別決定，因此曼薩布制度亦具有軍事性功能。但從社會功

* Tarikh-ilahi，意思為神之曆，阿克巴即位中後期創立的官方曆法。以自身即位之年訂為元年，但在他死後即被棄用。該曆法部分精神延續至後世孟加拉一帶使用的傳統孟加拉曆。

能來看，有許多與軍事毫無關聯的人也被賦予曼薩布，因此要求曼薩布達爾維持兵力的義務究竟有多嚴格，尚不得而知。

無論如何，曼薩布除了有擬似軍事制度的功能外，實際上也吸納了具有各式各樣社會功能的人士。在曼薩布達爾之中，拉傑普特人等非穆斯林約占二成，可知這是一套藉由均一化數值統整各種出身背景人士的機制。

此外，阿克巴也透過聯姻方式，整合割據拉賈斯坦地區的拉傑普特人。現存記錄最早的例子是一五六二年，齋浦爾近郊阿瑪爾的卡鳩瓦哈家族的畢哈里馬爾，將自己的女兒嫁給阿克巴。依據塔夫脫（Francis H. Taft）的研究，光是年代確定的例子，直到一五七七年為止，阿克巴就迎接了以比卡內爾為據點的拉索爾家族、賈沙梅爾的巴迪家族等子女共六人進入皇室。如同泰波姿（Cynthia Talbot）所指出的，我們必須謹記，這些聯姻政策背後也同樣包含了拉傑普特人的打算。拉賈斯坦地區的拉傑普特人彼此紛爭不斷，對部分拉傑普特人而言，和帝國建立關係是維持自身領土與地位的有效方式。

至於賈吉爾制度下的稅收制，則是由經查定後評估的田賦徵收額來分配，因此曼薩布與蒙兀兒帝國的課稅制度密不可分。

一五七九／八〇年，阿克巴下令將帝國劃分為數「省」（suba）並設立總督，同時採用十年一期的測量估稅法，做為查定田賦的新制度。在《阿克巴傳》的最後一章《阿克巴治則》（*Ain-i Akbari*）中，便收錄包含一五七九／八〇年在內，過去十九年（即一五六一／六二年之後）各種農產品在各省的販售價格一覽表。此外，裡面也收錄了一五七〇／七一年度至一五七九／八〇年度，各農產品的十年平均價格做為標準價格，以省的下級「縣」（sarkar）為單位整理成一覽表。同時在描述各省地域特色的部分，其後亦收有縣的下級單位「郡」（pargana）徵收田賦的評估總額表，並以銅幣達姆（dam）為單位。此評估總額是依各農產品的標準價格、農作物耕種面積、農地等級等要素綜合計算而來。

這些長期的年度資料，當然不可能是在一五七九／八〇年突然取得的。依據《阿克巴治則》記載，一五七五／七六年度到一五七九／八〇年度的各年度農產品售價是透過實地調查統計，在此之前的數字則是來自「公正人士的申報」。換言之，帝國在一五七五／七六年起展開了由國家主導的組織性租稅調查。實際上，前一年度的一五七四／七五年，帝國全區已設置稅務官，並制定好測量用的度量衡工具，這些都和新稅制的實施有關。此外，同年實施的曼薩布制度，以及為管理曼薩布達爾軍馬而實施的烙印制度，應也與課稅制度息息相關。

銀幣盧比的普及

由上述課稅方式可知，蒙兀兒帝國是以現金徵收田賦。既有研究皆認為，北印度課徵現金是在蘇爾朝君主舍爾沙（Sher Shah Suri，一五四〇～一五四五年在位）統治期間推行，後為蒙兀兒帝國的田賦制度承襲。蒙兀兒帝國也沿襲了舍爾沙發行的銀幣盧比及銅幣達姆，並發行了金幣，不過與南印度不同的是發行量相當少。

不過，從現存的古錢幣資料可知，自十四世紀後半到十六世紀初期，德里蘇丹政權的銀幣發行量逐步減少，流通的錢幣轉以銀銅合金及銅幣為大宗。在這樣的時代背景下登場的蘇爾朝及蒙兀兒帝國，並沒有明確的白銀供給來源，得以建構出以銀幣盧比為中心的貨幣制度。此外，有多少新大陸的白銀，以及從何時開始經由一五七三年蒙兀兒帝國併吞的古吉拉特地區流入帝國經濟體內，也成為重要問題。

無論如何，研究者一致認為，十四世紀後期以降銀幣發行量減少的現象僅限於北印度。從文獻資料及現存古錢幣資料都可明顯看出，同一時代的古吉拉特地區（印度西部）及孟加拉地區（印度東部），其發行的銀幣依舊維持相當數量。

十六世紀初期來到古吉拉特地區的葡萄牙人發現，當地流通的銀幣有馬哈茂迪及莫扎法爾里兩種：前者為該地區古吉拉特蘇丹政權的馬哈茂迪（Mahmud Shah I，一四五八～一五一一年在位）所發行；後者則是由同政權君主莫扎法爾（Muzaffar Shah II，一五一一～一五二六年在位）發行。特別是馬哈茂迪銀幣，是古吉拉特地區特有的貨幣，已澈底進入當地人們的生活；即便之後蒙兀兒帝國的盧比進入該地區，直至十七世紀後半馬哈茂迪銀幣仍持續鑄造並廣泛流通。

然而，依然沒有確切證據指出古吉拉特地區的白銀源自何方。印度研究者海德里（Najaf Haider）推測古吉拉特地區的白銀為該地既有存量，透過印度洋貿易流入，但皆無史料能夠佐證其說法。確實，在蒙兀兒帝國建立前，白銀成為印度洋貿易商品，由伊朗流向印度。出現在十六世紀初期葡萄牙人紀錄中的銀幣拉林（Larin）即是來自伊朗南部城市拉爾的貨幣，形狀細長且造型獨特，直至十七世紀仍在德干地區的阿迪勒沙朝（Adil Shahi）、馬爾地夫、錫蘭等地持續發行，於印度洋沿岸廣為流通。葡萄牙經濟史學者戈迪尼奧（Vitorino Magalhães Godinho）口中那條來自波斯灣的「白銀大河」，沒有實際證據顯示這條大河也流到了古吉拉特地區。此外必須特別留意，十六世紀前半的印度洋西部貿易中，金幣的重要性更勝於銀幣，葡萄牙語史料記載的金幣單位什拉斐（xerafim），應指埃及馬木路克朝君主阿什拉夫（Al-Malik al-Ashraf Barsbay，一四二二～一四三八年在位）所鑄之金幣阿什拉斐葉。在該政權統治下，印度洋貿易從埃及經紅海流出的金幣，套句戈迪尼奧的話，也是一條頗具規模的「黃金大河」。十六世紀初期，在紅海追捕航向印度船隻的葡萄牙艦隊，不時會在船上發現大量金幣，諸如此類的紀錄散布在史料內。根據戈迪尼奧的研究，一直要到十六世紀後期，印度洋海域裡白銀的地位才終於凌駕在黃金之上。

另一方面，一連串在孟加拉地區崛起消亡的諸政權，即便在德里蘇丹政權「白銀枯竭」的時代，也持續大量發行銀幣。經濟史學者約翰・迪耶爾（John S. Deyell）的研究指出，該地區本身不生產白銀，此時期的白銀來自緬甸北部至雲南一帶，藉由陸路運至該地。十五世紀初期，隨鄭和遠征的馬歡撰寫的見聞錄《瀛涯勝覽》即記載，有種名叫「倘伽」的銀幣於該地區流通。

一五三八年，蘇爾朝的創建者舍爾沙將部分孟加拉地區納入版圖，這也是值得注意的一個轉折。當時他仍自稱舍爾汗，並在一五三〇年代中期確立對恆河中游比哈爾地區的統治。迪耶爾亦於其他研究中指出，以舍爾汗之名發行的銀幣盧比首先在孟加拉地區顯著增加；當蘇爾朝擊敗蒙兀兒帝國，在亞格拉及德里的北印度一帶樹立霸權（一五四〇年）後，便在各地的造幣局發行盧比。這個基於調查古錢幣資料所得出的發現，似乎能用來解釋蒙兀兒帝國打敗蘇爾朝再興後，採用銀幣盧比做為主要貨幣的部分緣由。

不過，蒙兀兒帝國的盧比普及過程可說是相當緩慢。如同前述，一五六〇年代後期直到一五七九／八〇年的田賦評估總額，皆以銅幣達姆為單位表示，而非盧比。根據迪耶爾的研究，發行二分之一盧比、四分之一盧比等小額銀幣取代達姆，是在一五八〇年代後才開始（這個貨幣轉換的過程，直到十七世紀才有進一步發展）。由此可知，從銀銅合金貨幣及銅幣轉換到銀幣，一直要到阿克巴統治中期才終於起步。而古吉拉特地區的既有銀幣馬哈茂迪，在盧比發行後依然持續流通了相當長的時期；同樣地，摩臘婆地區的銀幣莫扎法爾里（與前述古吉拉特地區的銀幣莫扎法爾里不同）也是如此。新啟用的銀幣盧比經過非常長的時間，才終於凌駕於當地既有銀幣之上。至於南印度則是金幣占據優勢，直到十七世紀後期奧朗則布（Aurangzeb）征服德干後，才引進了以盧比為主要貨幣的體系。

從印度學者姆斯比（Shireen Moosvi）分析北印度同時期遺物的研究中，可以概略了解蒙兀兒帝國時代的銀幣發行量變遷情況。阿克巴統治期間盧比的發行量自然是明顯增加，特別是在初期至一五八〇年代間急速成長。但若按遺物上所印鑄造地統計古錢幣的數量，則會發現一五八五年之前，古吉拉特地區發行的盧比僅占整體發行量的二成左右，反倒是德里、亞格拉或喬恩普爾等內陸地區造幣局鑄造的盧比占比較高。此一時期的盧比白銀來源，大多是來自因領土擴張而新納入帝國版圖的各地區白銀存量。不過若依循此說法，同樣在此時期併入帝國的古吉拉特地區白銀存量，以及透過該地區流入的新大陸白銀，並未對盧比發行量的增加造成影響。

根據姆斯比的研究顯示，透過古吉拉特地區流入蒙兀兒帝國的白銀，直到一五八〇年代中期後才開始明顯反應在盧比發行量上，並在一五九〇年代中期至一六〇〇年代中期達到巔峰。戈迪尼奧指出，同一時期為了取得出口馬來地區的綿布，大量白銀流入綿布產地古吉拉特地區等印度內陸，讓果亞的葡萄牙政府相當苦惱。這個時期的古吉拉特地區確實吸收了大量流通於印度洋海域的白銀。研究者一致認為，在十七世紀透過好望角路線進入印度洋海域的白銀量，與經由黎凡特從波斯灣及紅海進入印度洋的白銀量相比，規模相當小。此外，約瑟夫．布雷尼希（Joseph J. Brennig）的研究顯示，一六四三至一六四四年由荷蘭東印度公司帶進蘇拉特的白銀中，有一九%是從臺灣海運而來的日本白銀，由此可知日本白銀占印度整體白銀數量並不多。

不過，流入印度的白銀並非全都來自於海路。依據姆斯比的計算，之後的一六三〇年代左右，盧比的鑄造量以印度西北部的拉合爾、木爾坦、喀布爾等地造幣局最多。姆斯比指出這些白銀是從陸路，由黎凡特經伊朗進入印度西北部；至於德弗里則推測，這些白銀是從波羅的海經由俄羅斯及中亞的陸路進入。不過兩條路線的重要性孰高孰低，則無足夠史料可供判斷。

無論如何，蒙兀兒帝國時期的白銀是透過海陸兩方面大量流入。根據姆斯比的推算，自十六世紀末蒙兀兒帝國併吞印度各地，掌握帝國所有白銀存量以來，直至十八世紀初期這一百年間，帝國整體的白銀存量約增加了二至三倍。也無怪乎十七世紀中期造訪蒙兀兒帝國的法國旅人弗朗索瓦·貝尼爾（François Bernier），會在《蒙兀兒帝國遊記》（*Voyages dans les États du Grand Mogol*）中留下「印度斯坦宛如深淵般吸收了世界上絕大多數的金銀」的描述。

印度歷史學家伊爾凡·哈比卜（Irfan Habib）曾指出，蒙兀兒帝國因大量白銀流入造成銀價下跌，引發顯著的通貨膨脹。他提出的「物價革命」論認為，農產品價格上漲引發的「農業危機」是造成帝國崩壞的原因之一。然而該論點使用的價格指標，僅限於亞格拉周邊地區的農產品物價，而學者普拉卡什（Om Prakash）對孟加拉區域，以及蘇伯曼亞姆（Sanjay Subrahmanyam）對南印度的研究，反而顯示了各地農產品價格相對穩定。此外，姆斯比將銀本位制下的黃金價格及銅價格變化，加上貨幣耗損、再鑄造及人口增加等要素加以推算，發現在十七世紀的一百年間，銀本位制的黃金價格上升約三〇％，漲幅堪稱緩和，此結果可說徹底推翻了白銀價格下跌引發「物價革命」的假設。捷克學者雅羅斯拉夫·施翠德（Jaroslav Strnad）亦提出反證，他運用其他方式計算蒙兀兒帝國的白銀存量，顯示在十七世紀中期，帝國內部的白銀其實正逐漸減少。

文化政策的整合性創新

將古今典籍翻譯成波斯文，是法泰赫普爾時代極具代表性的蒙兀兒帝國文化政策之一。阿克巴下令王宮書院（kitab-khanah）翻譯的典籍，包含了梵文故事集《獅子座三十二話》（*Simhasanadvatrimsika*，一五七四年下令）、阿拉伯文的動物學著作《動物們的生命》（一五七五／七六年下令）、《阿闥婆吠陀》（*Atharva-Veda*，一五七五／七六年下令）、福音書（一五七八年下令，原作語言不詳）、梵文敘事詩《摩訶婆羅多》（*Mahabharata*，一五八三年下令）及《羅摩衍那》（*Ramayana*，一五八四年下令）等等。

必須注意的是，這項翻譯事業的對象不限於印度古典著作。上述典籍不但有阿拉伯文書籍，還包括福音書。阿克巴移居拉合爾後，書籍翻譯工作依然持續，譯成波斯文的著作從印度各語言的書籍到阿拉伯文、土耳其文，甚至包含耶穌會傳教士帶來的各種歐語著作，如同帝都法泰赫普爾時期一樣豐富多元。因此，若將這一連串翻譯事業詮釋成穆斯林君主對印度文化展現出自由的多元文化主義，不免流於片面。考量到這些翻譯皆是將其他語言作品譯為波斯文，應當解釋為阿克巴意圖將與帝國相關的古今諸文化，重整吸納至以波斯語為象徵的帝國秩序之中。

從各項有關宮廷禮儀的制度，也能看出類似傾向。一五八二年起舉辦的諾魯茲節（Nowruz）祝賀宴會，以及一五八四年採用伊朗式太陽曆「伊拉希曆」，都顯示了帝國欲將伊朗文化元素融入宮廷禮儀中。另一方面自一五八二年起，君主的誕辰（每年有兩次生日，陰曆的伊斯蘭曆和太陽曆的伊拉希曆）賀典上導入了賜予與君主體重相當的金、銀之「秤重」儀式。這是源自施主將同等自身體重的物品布施給婆羅門的儀式，之後變成印度君王布施禮「圖拉巴拉」（Tulabhara）的原型。阿克巴也將這個起源於古印度的君主捐贈儀式納入自身宮廷儀典內。

綜觀以上各點，穆斯林宮廷人士在源自印度的「秤重」的捐贈儀式中獲贈物品，或是非穆斯林在齋戒結束的開齋節收受君主賞賜，並不代表穆斯林君主對異教抱持寬容之心。就整體脈絡而言，應將阿克巴視為一位全面性的統治者，帶著伊斯蘭教、印度教等宗教的象徵，施予人民恩惠。耶穌會傳教士哈維爾造訪位於拉合爾的阿克巴宮廷，於一五九八年的信中解釋何為印度教神明毗濕奴的化身，並記下當時一般人認為阿克巴就是毗濕奴的第十化身，救世主伽爾基（Kalki）。此外，諾曼・齊格勒（Norman P. Ziegler）的研究指出，在十七世紀初期拉賈斯坦的民間故事裡，阿克巴的地位已等同於剎帝利英雄羅摩。

一五七五年興建於法泰赫普爾王宮內的「信仰之家」（Ibadat Khana），完全展現出阿克巴包容各宗教的態度。這座原本讓穆斯林知識分子在阿克巴面前討論教義主張的設施，如同後述，在一五七八年之後轉變成非穆斯林皆可加入討論的場所。而主導此種多元宗教議論場域的君主形象，對帝國而言，正是一種能包容統治各方人士的至高君主形象。

4 契斯特道團與法泰赫普爾建城的淵源

聖人靈力、王子誕生、新都建設的歷史論述

為何阿克巴選擇在西克里建設新都法泰赫普爾？一五九一／九二年完成的帝國官方編年史《千年史》曾提到，這與王子的誕生有關。也就是說，西克里是「王子們喜慶誕生」的福地，阿克巴認為此地吉祥，遂下令於西克里建造新都。

阿克巴所生的三名王子中，確實有兩名生於西克里。一五六九年八月長子薩利姆（之後的君主賈漢吉爾），以及一五七〇年六月次子穆拉德，都在這裡誕生。根據《阿克巴傳》記載，阿克巴為求子嗣，向在此居住修行的蘇非導師薩里姆大師（Shaikh Salim Chisti）祈求祝福（baraka），並建設離宮，讓王妃等後宮「夫人」們住在西克里。

蒙兀兒帝國的歷史論述將後嗣誕生的吉兆，以及聖人祝福的靈驗與新都連結，藉此說明建設緣由。這種帝國和聖人間的密切關係，也顯現在位於首都新建的大清真寺中庭；那座以大理石精心建造的聖人薩里姆大師陵墓上。一五八〇年來到新都的耶穌會傳教士蒙賽拉特表示，正是這位聖人向君主建言，將首都從亞格拉遷至此地，而這位在一五七二年逝世的聖人和他的陵墓，在當時已然受到宮廷的一致尊崇。

然而，若考量薩里姆大師隸屬勢力已擴張至北印度的蘇非主義契斯特道團（Chishti Order/ Tariqa），那麼這層君主與聖人的關係，就應該視為帝國與道團這層更加龐大的背景脈絡下產生的結果。

根據史料記載，位於現今阿傑梅爾的契斯特道團聖人慕因丁（Mu'in al-Din Chishti）陵墓，大部分建築皆是在阿克巴時代建造整頓。此外，阿克巴不時拜謁阿傑梅爾這座聖人陵墓，以及德里的同道團知名聖人尼扎穆丁．奧利亞（Nizamuddin Aulia）之墓，這些都說明了帝國與道團的密切關係，在之後的整個蒙兀兒帝國時代，契斯特道團的蘇非聖人們也始終活躍於各地。然而，若要將帝國與道團在阿克巴統治時期的關係視為道團興盛的開端，筆者則持保留意見。

這是因為，在蒙兀兒帝國與薩里姆大師相關的紀錄中，有著許多難以理解的疑點。例如在《阿克巴傳》等官修史書中完全沒有提及薩里姆大師逝於一五七二年。從新都大清真寺中的陵墓來看，此聖人的逝世及遺體安置對帝國來說應該相當重要，史書卻毫無記錄，讓人相當不解。按陵墓碑文記載，這位聖人在伊斯蘭曆九七九年（一五七一／七二年）逝世，然而直到一五九〇／九一年，完成於阿克巴統治後期的聖人列傳《善行者列傳》（*Akbar al-Akyar*）中才第一次詳細記載了聖人逝世的年月日。

賈漢吉爾（王子薩利姆）之後也在親筆撰寫的紀錄中提及聖人的逝世。其中寫到隨著自己的成長，年邁的聖人死期來臨，而聖人臨終前將他的特本（turban，男性用頭巾）放到仍年幼的自己頭上，稱他為「我的後繼者」，這件逸事充分展現出帝國與聖人間的深刻牽絆。然而這類值得讚嘆的故事，卻從未出現在阿克巴時代後期的史料中。

此外，編年史《阿克巴諸章》（*Ṭabaqat-i Akbari*, 1594）中，也描述了君主與聖人的密切關係。每當阿克巴來到西克里，便會前往拜訪居住在當地的薩里姆大師，聖人也告知了王子將誕生於世的預言。然而在官修史書《阿克巴傳》中，卻不見阿克巴造訪西克里的紀錄。如同後述，同一時期阿克巴頻繁參拜阿傑梅爾的慕因丁墓，且依序被載於《阿克巴傳》中；兩相比較之下，差異一目瞭然。雖然上述史料仍不足以分析阿克巴拜訪薩里姆大師一事是否屬實，但至少可以確認的是，就阿克巴統治後期一五九〇年代完成的官修史書角度，也就是王朝意識的形態而言，君王造訪西克里與聖人相遇，並不是什麼值得記錄的事件。

若檢閱一五八〇年左右完成的《阿克巴史》（*Tarikh-i Akbari*），這份疑慮會更加強烈。這本史書將王子薩利姆的誕生歸功於阿克巴拜謁阿傑梅爾的慕因丁墓，隻字未提西克里聖人薩里姆大師。該書作者穆罕默德·阿利夫（Muhammad 'Arif Qandahari）曾擔任阿克巴統治初期掌權者白拉姆汗的財務官，因此也不能以作者不熟悉宮廷的外部人士為由，而忽略其記敘。前面曾提過，一五八〇年造訪阿克巴宮廷的耶穌會傳教士在書信中寫下新都建設與薩里姆大師有關，因此至少在那個時間點，王子的誕生、聖人的靈力和建造新都的緣由，或許分屬於不同的脈絡。無論如何可以確定的是，在聖人逝世、而阿克巴將宮廷設於新都的一五八〇年代初期，用來表現建造新都與子嗣誕生等帝國慶典的聖人故事尚未定形。

如此一來，薩里姆大師粗糙的傳記紀錄背後便帶有重大意涵。雖然薩里姆大師是蒙兀兒帝國相當重要的人物，但資料中關於其來歷的可靠紀錄卻相當有限。現存史料中最接近該時代的，是前面提過的《善行者列傳》，不過其中對於這位蘇非聖人的傳承，僅提到薩里姆大師為契斯特道團德高望重的導師法里丁・沙卡爾（Fariduddin Ganjshakar, c. 1179-1266）的「後裔」，說法曖昧。此外，列傳也寫到薩里姆大師在前往兩聖地朝聖、旅行各地後，於伊斯蘭曆九三一年（一五二四／二五年）回到印度，隱居西克里的山間修行，卻完全沒有提到他與契斯特道團其他導師*的關係，或門下有多少弟子。之後，伊斯蘭曆九六二年（一五五四／五五年），也就是胡馬雍再次成功征服印度前，這位聖人「因荷姆（Hemu）所生種種苦難」再次前往兩聖地，於伊斯蘭曆九七六年（一五六八／六九年）才再次返回印度。若真是如此，那麼薩里姆大師在蒙兀兒帝國時代的活動期間，只有短短的兩三年而已。再將傳記內容與史料中附會在這位聖人身上的王子薩利姆誕生（一五六九年八月）記事對照，則會發現薩里姆大師在帝國時代的事蹟，皆與王子的誕生有關。

另一方面，一五九六年完成的《諸史精選》（*Muntakhab al-Tawarikh*）記載薩里姆大師在伊斯蘭曆九七一年（一五六三／六四年）回到印度，與《善行者列傳》的記載有所出入，而這絕非只是一般的誤植。《諸史精選》書末收錄的薩里姆大師傳記中，聖人二度造訪兩聖地的事蹟與《善行者列傳》一致，並具體記錄了滯留聖地的時間一共二十二年。更重要的是，《諸史精選》作者曾直接與聖人薩里姆大師交流，作者回國之際更曾親自寫書給聖人，這是比他撰寫內容可信度更高的紀錄。

不過，本文的討論重點並非史料的正確性，而是想藉此強調，即便在阿克巴的時代，對於薩里姆大師的經歷也僅有一些模糊不明的認識。如此一來，這樣一位來歷不明的男性卻在死後不久便於首都的大清真寺建置陵寢，並以契斯特道團蘇非聖人身分編入列傳。為何會散發出如此巨大的存在感，這點值得關注。

據推測，這位聖人後裔在帝國扮演的角色，應該是原因之一。如同一七五頁「薩里姆大師相關世系圖」所示，薩里姆大師眾多子孫之名，皆出現在帝國的紀錄中。綜觀蒙兀兒帝國歷史，能夠追溯到如此長期淵源的家族十分少有。此外還有一點需特別留意，這些家族成員並非皆因身為契斯特道團聖人而在帝國史上留名。

例如薩里姆大師之外孫庫特布丁・艾伊拜克，是君主賈漢吉爾的義兄弟，與賈漢吉爾十分親近因而留下紀錄，賈漢吉爾亦視其母，也就是自己的義母「比生母還來得親暱」。此外，依據帝國的習慣，義母的兄弟也通稱為義父，因此薩里姆大師之子阿合馬便被記載為王子薩利姆（日後的賈漢吉爾）的義父（艾德坎）。賈漢吉爾還將庫特布丁・艾伊拜克的表兄弟、小自己一歲的伊斯拉姆汗稱為「兒子」並給予特別待遇，此亦反映出這種關係。換言之，薩里姆大師一族對君主阿克巴而言，是第一王子的義母與義父，更因義兄弟這層擬似親屬關係，而擁有特別的地位。

賈漢吉爾即位後，此家族成員與其說是身為蘇非主義者，不如說是身為曼薩布達爾，因而才能嶄露頭角。庫特布丁・艾伊拜克（一六〇七年逝世）在去世前共取得了五千薩特（dhat）／五千薩瓦爾（Sawar）的曼薩布；其表兄弟伊斯拉姆汗（一六一三年逝世）則獲賜六千薩特／六千薩瓦爾的

* Shaykh，阿拉伯語及波斯語的尊稱，意指長老、教長、智者。

曼薩布，並擔任孟加拉省總督。此一時期超過五千曼薩布的人相當稀少，他們二位的政治升遷可說是超出常例。到了庫特布丁・艾伊拜克之子奇沙巴魯汗的世代，其成員依然活躍於賈漢吉爾及沙賈漢統治時期，不僅在史書留下紀錄，也名列於當代及後世的名士列傳內。

總結來說，從帝國重大喜事「子嗣誕生」與重要事業「新都建設」中展現出薩里姆大師與君主阿克巴的關係，其性質迅速地從對蘇非聖人的尊崇，轉變為對王子義兄弟家族的破格任用。這樣的轉變在阿克巴統治後期已展現端倪。撰寫於十七世紀初期契斯特道團聖人列傳《神聖果實》（*Thamarat al-Quds min Shajarat al-Uns*），對薩里姆大師有相當詳細的描述，但有關他與阿克巴的對話記載裡頭，卻完全沒有提到王子薩利姆的誕生。對十七世紀初期蒙兀兒帝國的契斯特道團主事者而言，薩里姆大師大師與王子的誕生之間宛如毫無關聯，抑或是沒有任何值得記錄的亮點。

契斯特道團與阿克巴的阿傑梅爾參拜

薩里姆大師與阿克巴間關係的轉變，極有可能與阿克巴對契斯特道團態度的轉變有著密切關聯。而此變化又與阿克巴前往阿傑梅爾，拜謁契斯特道團導師慕因丁的陵墓有關。

阿克巴前往阿傑梅爾參拜，可說是間接佐證了君主與道團的親密關係。根據該時代的紀錄，前往阿傑梅爾參拜的阿克巴習慣在抵達的前一晚下馬，徒步走向目的地。一七七頁表格為阿克巴歷年按此慣例參拜的一覽表。

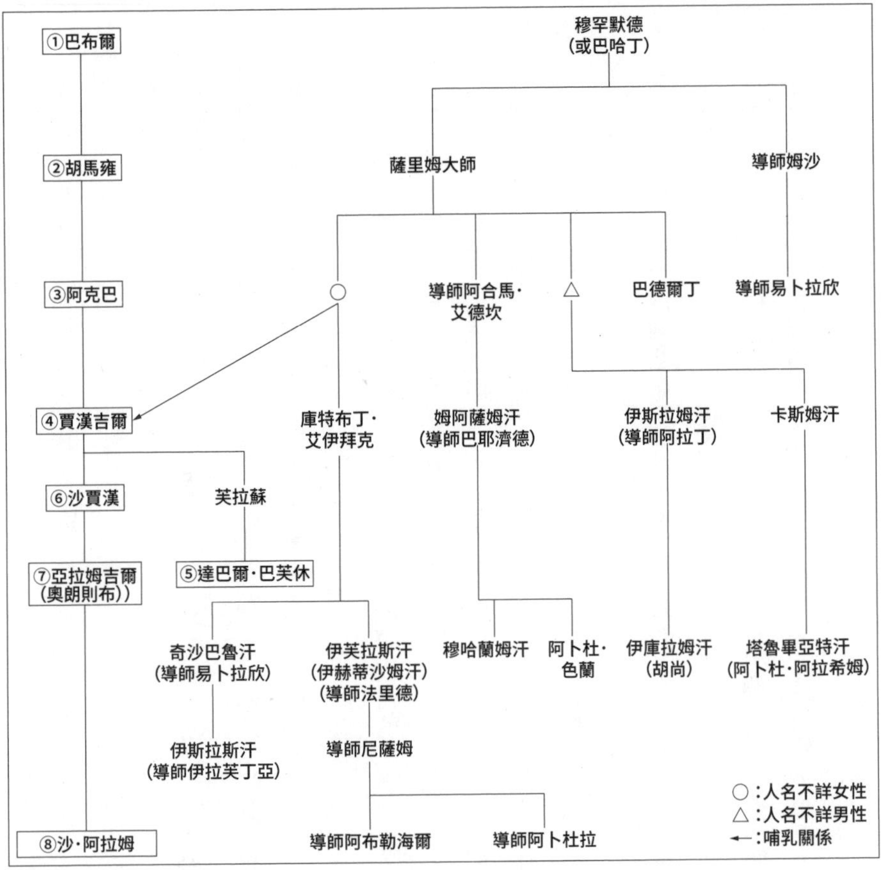

薩里姆大師相關世系圖

(將阿合馬・艾德坎視為伊斯拉姆汗(Islam Khan)之父，此僅為過去研究的推論，並無實際證據。)

該表依序列出阿克巴前往阿傑梅爾的時間，並加入了王子誕生、下令建造法泰赫普爾等和本章有關的事件，同時也列出阿克巴拜謁位在阿傑梅爾之外的契斯特聖人陵墓紀錄，並在這些紀錄前方加上●標記。

由此表可得知以下幾個事實。第一，阿克巴幾乎是在王子誕生及建造法泰赫普爾的相同時期，開始前往阿傑梅爾參拜。史書中刻意將王妃受孕與一五六八年拜謁阿傑梅爾相互連結，因此可以想見，新都的建設與阿傑梅爾參拜之間一定也有相當密切的關係。

第二個值得關注的點在於，對照契斯特道團各聖人陵墓的拜謁次數，可發現阿克巴與阿傑梅爾的聖人陵墓關係最為密切。阿克巴僅二次拜謁帕可巴丹的法里丁墓；另外包括一五六四年在內，阿克巴在一五七〇年之前共三度前往拜謁德里的尼扎穆丁．奧利亞墓，之後的一五八五年是最後一次參拜，自此不曾再次前往，而一五八五年的參拜是因阿克巴當時放棄法泰赫普爾，為處理西北邊疆事宜前往拉合爾途中時順道參拜，可視為例外。也就是說，在德里蘇丹政權時代聲名遠播的聖人陵墓，阿克巴卻僅參拜寥寥數次，他的重心都放在阿傑梅爾的聖人陵墓上。宗教學者卡爾．恩斯特（Carl W. Ernst）和布魯斯．勞倫斯（Bruce B. Lawrence）認為，阿克巴對阿傑梅爾的特別關注，顯現出其欲與舊都德里訣別的心意。阿克巴在一五六四年首次前往尼扎穆丁．奧利亞墓時，在德里市遭弓箭狙擊而負傷，這座舊都的局勢對於才剛掌握實權的新君主而言並不穩定，阿克巴確實可能刻意避開這座舊都。然而，目前沒有確切證據能證明這個假設。無論如何，阿克巴極度重視阿傑梅爾，這成為他在法泰赫普爾時代與該地聖人陵墓之間關係特殊的證明。

年代	於逝世紀念日參拜	事項（●為前往阿傑梅爾以外的契斯特道團聖人陵墓參拜）
1562年2月		參拜阿傑梅爾的慕因丁墓
1564年1月		●參拜德里的尼扎穆丁·奧利亞墓
1567年4月		●參拜德里的尼扎穆丁·奧利亞墓
1568年3月		參拜阿傑梅爾的慕因丁墓
1569年8月		王子薩利姆（賈漢吉爾）誕生
1570年1月	○	參拜阿傑梅爾的慕因丁墓
2月		●參拜德里的尼扎穆丁·奧利亞墓
6月		王子穆拉德誕生
9月		參拜阿傑梅爾的慕因丁墓
1571年3月		●參拜帕可巴丹的法里丁墓
4月		參拜阿傑梅爾的慕因丁墓
8月		下令建造法泰赫普爾
1572年4月		薩里姆大師去世
7月		發動遠征古吉拉特
7月		參拜阿傑梅爾的慕因丁墓
9月		王子丹尼亞誕生
1573年4月		古吉拉特遠征成功。踏上歸途
5月		參拜阿傑梅爾的慕因丁墓
8月		再次發動遠征古吉拉特
8月		參拜阿傑梅爾的慕因丁墓
9月		古吉拉特遠征再度成功。踏上歸途
9月		參拜阿傑梅爾的慕因丁墓
1574年3月		參拜阿傑梅爾的慕因丁墓
12月		參拜阿傑梅爾的慕因丁墓
1575年2月/3月		下令建造法泰赫普爾的「信仰之家」
1576年3月		參拜阿傑梅爾的慕因丁墓
9月	○	參拜阿傑梅爾的慕因丁墓
1577年9月	○	參拜阿傑梅爾的慕因丁墓
1578年2月		●參拜帕可巴丹的法里丁墓
9月	○	參拜阿傑梅爾的慕因丁墓
9月		「信仰之家」宗教談論會擴大至其他宗教
1579年1月		參拜阿傑梅爾的慕因丁墓
1585年9月		●參拜德里的尼扎穆丁·奧利亞墓

阿克巴參拜阿傑梅爾年表

第三，阿克巴前往阿傑梅爾參拜，以及此行動所顯現出阿克巴與契斯特道團的良好關係，僅限於一五六二年至一五七九年之間，相當短暫。換言之，阿克巴在掌握實權後不久便與這座聖人陵墓建立起密切關係，但在之後的統治，具體來說是持續到一五八五年的法泰赫普爾首都時代期間，阿克巴改變了態度。

王朝史《阿克巴傳》說明了這層變化。一五七八年九月，阿克巴對至今視為慣例的阿傑梅爾參拜一事表示：「不該因為對神的崇拜而關注**特定**的場所，也不該將恩澤投注在特定的地方，因此應切斷習慣的義務，對神的敬意該在更寬敞、眾人皆可瞻仰之處實行。由於君主的明察，本年度前往**阿傑梅爾**的行程尚未實行。」（粗體字為筆者加註）換言之，阿克巴了解到君主關注宗教時不應該有特定對象。在阿克巴深思熟慮後，依然還是決定前往該陵墓參拜；但這次參拜，也就是四個月後的一五七九年一月，即是君主阿克巴最後一次拜謁這座聖人陵墓。

這很可能是「信仰之家」的宗教談論會帶來的改變。一五七五年，阿克巴下令在法泰赫普爾王宮建造此一設施，招集各教派的知識分子每週五聚集於此，在阿克巴面前討論。根據同時代歷史學家拜達歐尼（'Abd al-Qadir Bada'uni）的記述，一開始僅限穆斯林的宗教學者參與，直到一五七八年九月，阿克巴表明了上述想法，談論會也出現了變化。該月月底舉行的宗教談論會除了穆斯林學者及宗教學者外，還邀請了婆羅門、耆那教徒、印度教徒、基督徒、猶太教徒、拜星教徒、瑣羅亞斯德教徒等一同參加。一五八〇年，如同上述，耶穌會的傳道團來到法泰赫普爾，甚至在阿克巴的邀請下參加了「信仰之館」的談論會，這些都展現出上述阿克巴態度的轉變。換言之，帝國君主所涵蓋的宗教權威，不再僅限於契斯特道團代表的伊斯蘭信仰。原先明顯獨厚阿傑梅爾宗教聖地的態度，已不再符合如今阿克巴的地位。

然而，從接下來的第四點來看，阿克巴對這座陵墓的態度，並非僅出於宗教因素。一般而言，通常都是在蘇非聖人的忌日拜謁陵墓，而聖人慕因丁的忌日為伊斯蘭曆賴哲卜月六日，王朝史也主張阿克巴主要都是在其忌日前往參拜。然而從前面的年表就可發現，在他十六次的參拜中，僅有四次與聖人忌日相符，與王朝史作者的主張有所出入。這也意味著阿克巴的參拜除了宗教層面外，還有其他的因素。

此外，從阿克巴在參拜時一併處理的事宜，也能看出不同的意涵。一五七〇年一月參拜時，阿克巴介入了慕因丁墓與其下捐贈財產管理權的紛爭。至今擁有管理權的導師胡賽因主張自己是慕因丁的子孫，而反對派提出質疑，最後阿克巴聽取反對派的主張，指派了導師穆罕默德·布哈里擔任新的管理者。而這位導師穆罕默德·布哈里，便是先前在一五六〇年代晚期王子哈薩姆誕生前，向阿克巴引介了西克里聖人薩里姆大師的近臣，這層背景當然也是阿克巴介入此紛爭的原因之一。拜達歐尼便表明此項裁定背後有「許多法泰赫普爾的導師們」暗中干預。當然，法泰赫普爾是在一五七一年才開始興建，相關人士自然無法干涉一五七〇年發生的事件，對於這樣的說法無需全盤接收。然而，對在阿克巴統治晚期，在自己撰寫的史書記下此事的拜達歐尼眼中，這個撤換管理者的事件，是因薩里姆大師——這位住在西克里，也是首都法泰赫普爾的聖人——相關人士而起。無論如何，阿克巴多次參拜、表達崇敬之意的阿傑梅爾聖人墓因丁墓，在另一個層面上，也不過是個必須服從帝王裁定的宗教權威。

了解這一點後，再來檢視阿克巴參拜途中曾暫時停留的阿傑梅爾周邊所發生的事件，就可清楚看出這些事件都與帝國對阿傑梅爾所在地，拉賈斯坦地區（蒙兀兒帝國稱為阿傑梅爾省）的統治息息相關。例如，一五六二年阿克巴首次參拜時，拉傑普特人的卡休瓦家族歸順，其子女就此進入他的後宮。與拉傑普特豪族政治聯姻這項重要的帝國整合政策，和阿克巴前往阿傑梅爾參拜成為例行事項的時間一致。此外，一五六八年的參拜，則是在壓制該地區南部堅不可摧的要塞奇陶爾加爾城後舉行的「感恩參拜」。一五七四年三月在參拜時一併鎮壓了西瓦那（拉賈斯坦地區西南部）的叛亂，而同年十二月參拜時派兵前往處理久德浦（同地區西部）的叛亂事件；一五七六年三月的參拜則同時出兵西羅希即阿布卡爾（皆位於拉賈斯坦地區南部），阿克巴更親征格根達（同前），最後甚至進入摩臘婆地區，直到一五七七年五月返回法泰赫普爾為止，一共花了一年以上的時間征討拉賈斯坦地區南部各地。

因此，該省首府的阿傑梅爾城，正是帝國治理拉賈斯坦地區的最佳據點。一五七〇年九月阿克巴參拜之際，下令建造圍繞阿傑梅爾市區的城牆與「宏偉的宮殿」，亦表明該地的戰略重要性。

以上拉賈斯坦地區的叛亂和鎮壓，皆與帝都法泰赫普爾之名由來的古吉拉特地區遠征有關。不論是一五七二年至隔年一五七三年的遠征，還是之後因叛亂分子起兵突擊而發動的二次遠征，皆以阿傑梅爾為起點。帝國遠征古吉拉特地區與其後的統治，皆與帝國在拉賈斯坦地區的統治擴張同

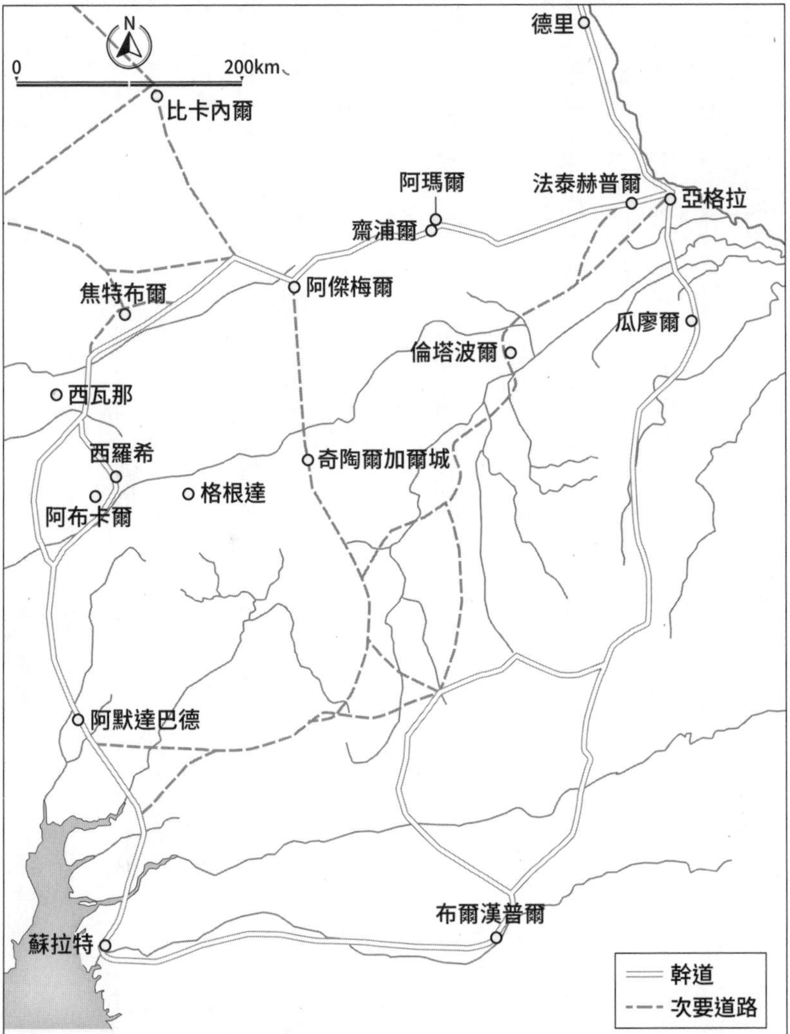

出處：以 Jean Deloche, *La circulation en Inde avant la revolution des transports*, Paris 1980, vol.2, fig viii 為藍本繪製

拉賈斯坦地區與蒙兀兒帝國時代的主要交通路線

步；考量到拉賈斯坦地區位在前往古吉拉特地區的必經路線，這樣的現象相當合理。實際上，阿克巴對該地區的多次遠征，都是以阿傑梅爾南部各地為目標。

蒙兀兒帝國時代主要有二條路線可連結古吉拉特與首都亞格拉。第一條是經拉賈斯坦地區，從北側進入古吉拉特地區；第二條則是從亞格拉直接向南，縱貫摩臘婆地區，經坎德什（Khandesh）地區沿達布蒂河進入古吉拉特地區。十七世紀之後主要使用第二條路線，但在蒙兀兒帝國時代，一直要到阿克巴統治晚期的一六〇〇年併吞坎德什地區後，這條路線才完全為帝國掌控。另一方面在法泰赫普爾時代，因帝國成功擴張的「勝利」而納入疆域的古吉拉特地區，便位在帝都經阿傑梅爾的北進路線前方。

廢都法泰赫普爾——帝國演進的斷層

一五七一年開始建造的帝都法泰赫普爾，既是阿克巴打造帝國過程的里程碑，同時也是發布帝國各項整合政策的舞台。僅僅十四年的法泰赫普爾時代，是帝國形成過程中的急速發展期。

法泰赫普爾的大清真寺裡，薩里姆大師的陵墓仍留存至今。一五七一年，在這位蘇非聖人帶來的機緣下，帝國新都建設工事就此展開。然而，在進入全新的整合階段後，阿克巴的政策反映出他已超越了過去僅崇敬特定蘇非聖人或特定蘇非主義道團的穆斯林君主典型形象。也許受政策的極速推行影響，帝國首都與象徵其地位的聖人陵墓，以及該聖人隸屬的蘇非道團，對阿克巴而言都不再別具意義。阿克巴統治晚期各類史料對聖人事蹟的紀錄粗略，即反映出阿克巴這位君主態度的轉變。

一五八五年，阿克巴將據點移至拉合爾，之後再也不曾返回法泰赫普爾。一五九八年，阿克巴計劃自拉合爾親征出兵德干，並自亞格拉向南進軍。當時前往德干的行經路線，如今已成為帝國最重大的懸案，但無論如何，阿克巴都無需將居所設置在完全不在行經路線上的法泰赫普爾。此外，位於大清真寺內的聖人陵墓，對阿克巴而言雖然不需消除，但也僅是個不再重要的記憶標誌。

沒有被拆除，也不再因君主落腳而備受注目。就上述各方面來說，成為廢都的法泰赫普爾留存至今的遺跡，堪稱是阿克巴的帝國在急速發展過程中的一個斷層。

第四章　東地中海的鄂圖曼帝國與威尼斯人

堀井　優

1　廣域統治與國際商業

賽普勒斯戰爭與鄂圖曼・歐洲的關係

鄂圖曼帝國（Ottoman Empire，一二九九～一九二二年）和威尼斯共和國（Republic of Venice/La Serenissima）因賽普勒斯島所有權引發了多起戰爭（一五七〇～一五七三年），一五七一年的勒班陀戰役也是其中之一。雖然勒班陀一役鄂圖曼戰敗，但賽普勒斯島最後還是納入了帝國版圖，因此這仍是一場擴張鄂圖曼帝國勢力的戰爭。十三世紀末出現在安納托利亞的穆斯林政權鄂圖曼帝國，陸續在十四及十五世紀將安納托利亞、巴爾幹半島及黑海沿岸納入領土，一五一六和一五一七年又併吞了原本由馬木路克朝（The Mamluk Sultanate of Egypt，一二五〇～一五一七年）統治的敘利亞、埃及、希賈茲等地，接著又在十六世紀前半將領土擴張至伊拉克、葉門、匈牙利及阿爾及利亞。就這樣，鄂圖曼帝國對歐洲基督教世界展開猛攻，並將大部分阿拉伯地區納入版圖，統治東地中海（黎凡特）及周邊的偌大範圍，在地中海、紅海、波斯灣等海域建立強大的海權。鄂圖曼帝國對外的優越地位雖自十六世紀中葉後逐漸轉弱，但還是在一五七三年取得了賽普勒斯島、一六六九年取得了威尼斯屬克里特島，直至十七世紀仍持續擴大版圖，在整個近世（近代早期，十六至十八世紀）基本上都維持了廣域的整合性與對外的獨立性。

若從另一個角度來看賽普勒斯戰爭，便會發現，伴隨著鄂圖曼帝國的勢力擴張，威尼斯共和國從十三世紀起建立的領地與據點——包含東方*的達爾馬提亞、阿爾巴尼亞及摩里亞沿岸地區、愛琴海諸島、克里特島、賽普勒斯島等，都在十五世紀中葉至十七世紀中葉的數次戰爭（一四六三～一四七九年、一四九九～一五〇二年、一五三七～一五四〇年、一五七〇～一五七三年、一六四五～一六六九年）中喪失大半，賽普勒斯戰爭也是此過程中的一環。不過，威尼斯與鄂圖曼帝國的關係，於戰於和都是密不可分。威尼斯在中世紀建立起黎凡特貿易傳統，即便伊斯坦堡（拜占庭帝國稱君士坦丁堡）、敘利亞的大馬士革、埃及的亞歷山卓港等城市紛紛納入鄂圖曼版圖，它們依然維持著這些地區所組織的威尼斯商人集團，又在十六世紀後接納了隸屬鄂圖曼的猶太教徒臣民及突厥裔的穆斯林商人。換言之，威尼斯是歐洲的獨立政體，同時也與傳統東方世界深度交流，受鄂圖曼帝國及其社會影響極大。

此外，複雜的賽普勒斯島歸屬問題，說明了威尼斯共和國與東方密不可分的關係。一四二六年馬木路克朝攻陷該島，十二世紀末起統治賽普勒斯的法蘭克人呂西尼昂王朝（House of Lusignan）向其納貢，一四八九年向王朝購得塞普勒斯的威尼斯也繼承了納貢義務。接著在一五一七年，鄂圖曼帝國消滅了馬木路克朝，承接了貢品領收權，接受金錢納貢。因此，在一五七〇年賽普勒斯戰爭開始前，賽普勒斯實質上雖隸屬於威尼斯，名義上卻是鄂圖曼領土，地位曖昧。島上大部分的居民都是東正教徒，而該教派在鄂圖曼帝國與威尼斯境內皆有教徒；對這些居民而言，成為哪一邊的臣民，與各國勢力間的角逐是完全不同層次的問題。

賽普勒斯戰爭的時空背景不只突顯威尼斯的特殊性，也體現了鄂圖曼帝國與歐洲的整體關係。一五七〇至一五七一年，鄂圖曼艦隊從海上支援進攻賽普勒斯，並與對抗西班牙王國的鄂圖曼阿爾及爾省（The Regency of Algiers）總督艦隊聯手，在勒班陀外海與教宗國、威尼斯共和國和西班牙等國組成的「神聖同盟」（Holy League/ Liga Sancta）艦隊對戰，說明這場戰爭是十六世紀後半鄂圖曼與西班牙衝突的一環。鄂圖曼帝國一五六五年遠征馬爾他以失敗告終，之後在一五七三年取得賽普勒斯，一五七四年與西班牙相爭並成功取得突尼斯，持續向西地中海擴張勢力。這與鄂圖曼在一五六六年談和後又於一五九三至一六〇六年間向哈布斯堡王朝發動的戰爭、一五六九年對抗新興俄羅斯發起的阿斯特拉罕遠征，以及一五五三至一五五五年、一五七八至一五九〇年與東方薩法維帝國的戰爭，都是鄂圖曼帝國向周邊世界所發動的攻勢。不過另一方面，鄂圖曼帝國依舊和歐洲維

* 本章所稱的東方為 Orient，近代歐洲人使用的地理詞彙，泛指相對於西、中歐的廣大東部地區。在大航海時代，該詞大多指稱鄂圖曼帝國，有時也指稱更東方的中國等地。

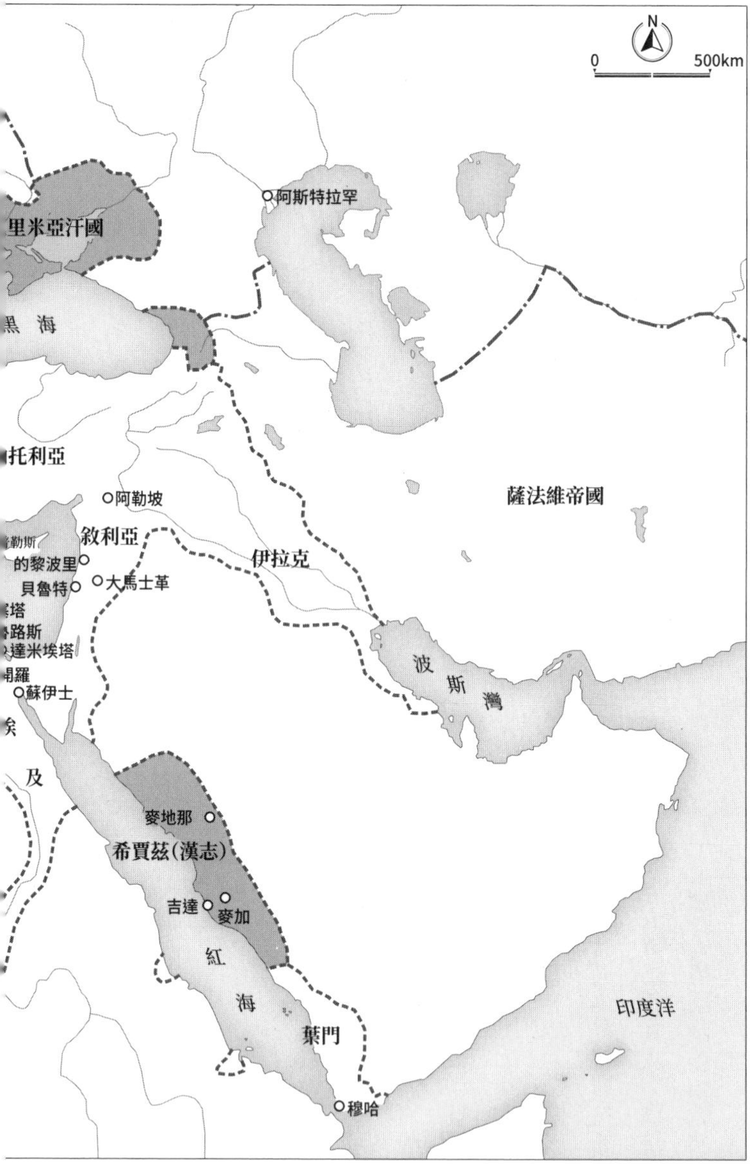
0
500km
里米亞汗國
阿斯特拉罕
黑 海
托利亞
阿勒坡
薩法維帝國
敘利亞
的黎波里
伊拉克
貝魯特
大馬士革
達米埃塔
蘇伊士
波
斯
灣
及
麥地那
希賈茲(漢志)
吉達
麥加
紅
海
葉門
印度洋
穆哈

1550 年左右的鄂圖曼帝國版圖

持平時的關係。義大利戰爭（一四九四～一五五九年）中與哈布斯堡王朝敵對的法國便在一五三〇年代跟鄂圖曼帝國協商締結軍事同盟，雖然這個同盟幾乎沒有發揮預期作用，但兩者的友好關係也成為十六世紀中葉以降法國得以加入黎凡特貿易的前提。此外，英格蘭在十六世紀後半、荷蘭在十七世紀初期亦與鄂圖曼帝國展開外交交涉，加入黎凡特貿易。在鄂圖曼帝國境內，歐洲商業活動的主導國及交易商品隨著時代變化，持續了整個近代早期。

簡言之，十六世紀中葉以降，鄂圖曼帝國以維持十六世紀前半確立的廣闊疆域為前提，持續進攻周邊世界，這時的鄂圖曼面對歐洲擁有相對優勢，時戰時和。鄂圖曼與歐洲間展現出的友好與貿易關係，堪稱近代早期雙方關係的基本特徵。本章將以歐洲各國之中受鄂圖曼帝國影響甚鉅的威尼斯為例，來闡明兩者間持續性聯合關係的形成過程。第二節將檢視形成於東地中海的鄂圖曼與威尼斯條約體制和行政網；第三節則聚焦在一五一七年成為鄂圖曼領土的埃及省，討論當地社會如何接納威尼斯人。而在本節，接下來先概述此時期東地中海的政治與商業結構。

異文化世界間的空間結構

東地中海地區位於亞歐非三大陸，以及印度洋與地中海兩片海域的交會地帶，連結東亞與地中海的草原與綠洲路線，海上路線也在此交集，是重要的東西交通要衝。自七世紀之後，該地區便被持續擴張的伊斯蘭勢力圈所控制。在所謂的「阿拉伯大征服」初期，來自阿拉伯半島的阿拉伯穆斯林征服了原本隸屬拜占庭帝國的敘利亞及埃及。敘利亞沿海雖在十一世紀被歐洲十字軍勢力占領，但在穆斯林的反擊下，十三世紀末又再度併入伊斯蘭勢力版圖。至於長期為拜占庭帝國統治的安納托利亞，隨著十一世紀末以降突厥穆斯林自伊朗一帶移入與定居，該地亦逐漸伊斯蘭化。依循此一延長線，鄂圖曼帝國從十四世紀中葉起進軍拜占庭等基督教勢力割據的巴爾幹半島。從原本就已伊斯蘭化的安納托利亞開始，鄂圖曼勢力逐漸延伸至敘利亞、埃及等地；到了十六世紀，東地中海大半區域皆已成為鄂圖曼帝國的領土。

伊斯蘭勢力範圍內的社會，依循著在八至十世紀系統化、穆斯林遵循的伊斯蘭教法「沙里亞」(Sharia) 規範，維持多宗教共存形式。依照伊斯蘭教法涉及伊斯蘭圈內外與非穆斯林關係的各項原則，人們居住的世界被二分為穆斯林統治區「伊斯蘭境域」(Dar al-Islam) 與異教徒統治區「戰爭境域」(Dar al-Harb)，前者透過不斷地實行吉哈德 (Jihad，聖戰之意)，最終將後者納入圈內。在此過程中，穆斯林集團在滿足一定條件下，可與異教徒訂立契約 (Ahd，亦有盟約、條約之意)，其中之一為保護契約 (Dhimma)：長期居留在「伊斯蘭境域」、服從穆斯林統治的「經書之民」(Dhimmi/ Zimmi，非穆斯林的一神教徒)，只要繳納人頭稅 (Jizya) 並遵服一定的行動限制，就可獲得保護並維持原有信仰。另外，還有以「戰爭境域」異教徒為對象的安全保障條款 (Aman)：當穆斯林為自身利益中斷吉哈德、締結暫時和平協定時，在相互保障彼此安全的條件下，雙方可進行往來，同時被授予安全保障的被保護外僑 (Musta'min) 可於一定期間內在「伊斯蘭境域」居留活動。＊這些原則實際上亦適用於東地中海地區的各穆斯林政權。因此，在以穆斯林為優先的前提下，這些政權統治下的伊斯蘭社會，皆允許內部有猶太教及基督教徒共存。此外，中世紀後期為追求亞洲商品而加入黎凡特貿易的義大利海洋城市國家等歐洲商人，也都獲准在「伊斯蘭境域」內居留和活動。

鄂圖曼帝國統治階層將鄂圖曼王族統治的區域視為「受神守護的國土」，對內統治與對外政策皆反映出伊斯蘭教法原則。最顯著的特徵，便是積極進攻異教徒世界，不斷擴大勢力範圍，到十六世紀時已可與整個歐洲對峙。在此過程中，鄂圖曼將征服地的猶太教與基督教徒居民視為被保護民，大部分在征服巴爾幹半島過程中成立的基督徒屬國居民，也視為被保護民。此外，因貿易來訪的歐洲人則視為被保護外僑，依舊予以接納。因此直至十六世紀，鄂圖曼帝國與基督教世界形成的空間結構至少具有以下二點特徵：第一，是在鄂圖曼優越地位下的多重性。這由鄂圖曼帝國對巴爾幹征服地的統治、對基督徒屬國（杜布洛尼、瓦拉幾亞、摩爾多瓦、外西凡尼亞）及從屬集團的保護與管理、與鄰近國家（威尼斯、波蘭、神聖羅馬帝國）及遠方國家（法國、西班牙、英國等）的外交、貿易以及戰爭組成。第二，則是鄂圖曼帝國領土與歐洲商業圈的重疊。早已有歐洲商人進出並組成各國居留集團的君士坦丁堡、大馬士革、亞歷山卓港等黎凡特各城市，全都被納入鄂圖曼帝國的一元統治之下。

鄂圖曼帝國與基督教世界的關係，一定程度是依循鄂圖曼的權力，賦予基督徒各國或各集團的條約（Ahidnâme）或協定（Capitulation）中記載的條款，來建構體制秩序。臣服於鄂圖曼的杜布洛尼、伊斯坦堡對岸城牆環繞的城市加拉塔、愛琴海的愛琴群島公國等地，都被賜予了載明保護條款的條約。而鄰近的外部勢力如威尼斯、波蘭等地，則是被授予談和、友好及貿易條約。隨著馬木路克朝併入鄂圖曼帝國，威尼斯商人的活動範圍也擴展至敘利亞和埃及。就這樣，鄂圖曼將東地中海地區納入一元性條約體制內。十六世紀之後，位處遠方的歐洲各國也被賜予了這樣的協定。例如法國，其於一五三五年或三六年與鄂圖曼帝國締結協定是否為事實尚無定論，但該國確實在一五六九年首次獲得了鄂圖曼的條約書。接著英格蘭在一五八〇年、荷蘭在一六一二年都收到了條約書。就這樣，鄂圖曼帝國建立起一個「從屬國、鄰國到遠方國家」的多重契約（Ahd）空間結構，藉由賦予各國家集團條約文件，在廣域空間內建立政治外交及國際商業秩序。本章稱這樣的秩序為鄂圖曼條約體制。

統治圈與商業圈

鄂圖曼帝國領土涵蓋了部分的歐洲商業圈，區域內部的社會秩序也與鄂圖曼和歐洲的關係息息

* 來自「戰爭境域」的非穆斯林（harbi）可透過授予短期的 Aman 而成為 Musta'min，並被允許暫時居留在「伊斯蘭境域」；他們可獲得長期居留的在地非穆斯林 Dhimmis 的保護，也不用支付人頭稅。需取得 Musta'min 身分的多半為外地商人、使節、郵差、學生等等。）

相關。中世紀後期生活在歐洲商業最前線東地中海區域的歐洲人漸趨多樣化，在近代早期鄂圖曼統治時期除了既有的威尼斯等義大利各城市國家外，又加上了來自法國、英格蘭、荷蘭等地的商人。在鄂圖曼賦予這些歐洲國家的條約書中，有相當篇幅是關於該國商人在鄂圖曼領地內的居留與活動條件，也就是所謂的商業特權規範。透過條約書的規定，以國為單位、在首都伊斯坦堡及各地商業港口組成的居留集團，被納入鄂圖曼帝國統治下的社會。這些集團身為被保護外僑，按法律可免除繳納人頭稅，並由母國派遣的集團代表大使或領事依排他性裁判（領事裁判權）管理。這是為了避免集團商人和集團外部人士發生利害調解問題時在伊斯蘭法庭受到不公對待，才賦予的條件。

此外，鄂圖曼賦予部分臣服於帝國的穆斯林和非穆斯林發展經濟的機會，要從事連結鄂圖曼帝國境內外的商業活動並不困難，因此鄂圖曼臣民中的商業人士也相當多元。譬如伊斯坦堡周邊的東正教徒及猶太教徒，他們自十五世紀後半便藉由承包城市關稅或造幣局納稅累積資本，之後前者主導了黑海與愛琴海貿易，後者則成為地中海歐洲塞法迪猶太人（Sephardi Jews，伊比利半島的猶太教徒）事業網絡的一部分。杜布洛尼人（拉古薩人）則在巴爾幹內陸商業嶄露頭角，並以對岸的安科納為窗口擴大對歐商業規模。至於稍晚出現的突厥裔伊斯蘭商人，也在十六世紀後期進入了威尼斯市場。

就這樣，歐洲人及鄂圖曼臣民各集團的商業圈彼此重疊，形成一種相互競爭、依存的交錯關係。例如對威尼斯人而言，猶太教徒掌握了鄂圖曼境內各商業港口的關稅業務，並經營獨立貿易活動，是競爭對手；但另一方面，威尼斯共和國在十六世紀初期便已接納猶太教徒進入本國，十六世紀末更在亞得里亞海東岸的斯普利特設置專屬市場招募猶太商人，維持鄂圖曼－歐洲間的轉口商業。美國的威尼斯史學者艾瑞克・達史提勒（Eric R. Dursteler）表示，十六世紀末之後，伊斯坦堡的威尼斯商人集團結構發生變化，出身威尼斯之外的市民權所有者及非市民權所有者、威尼斯屬地出身的非市民權所有者，以及鄂圖曼帝國的基督教徒紛紛加入，取代了原本的威尼斯商人貴族。對鄂圖曼政權及威尼斯政府而言，要如何管理如此多樣化的商業，調停各集團與個人之間複雜的利害關係，成為重要的課題。

鄂圖曼帝國維持著領地內外商業的多樣性，並賦予一定程度的秩序，這為歐洲商業帶來了延續性，同時也帶來了變化。通常鄂圖曼政權在態度上重視對內物資的供給，振興農業與手工業生產，對外則屢屢促進多種日用品進口並抑制輸出。研究鄂圖曼社會經濟史的代表學者蘇萊雅・法羅基（Suraiya Faroqhi）指出，與伊朗、印度、葉門一帶的交易雖然讓大量貴金屬流出鄂圖曼，但以國內需求為優先的鄂圖曼帝國在允許大量白銀自歐洲流入的同時，也試圖限制金屬出口至東方。這讓近代早期的鄂圖曼帝國及部分周邊區域，形成一個內部緊密結合的經濟交流圈。在這個經濟圈內，隸屬鄂圖曼臣民的商人享有相對有利的活動條件，而歐洲商人持續被接納，並適應鄂圖曼的社會經濟。除了亞洲商品外，他們也經銷各式各樣鄂圖曼境內生產的物品。前述伊斯坦堡威尼斯人集團的多樣化，以及威尼斯對猶太教徒的接納等等，都是此適應過程的其中一環。

2　條約體制與領事制度

條約規範與威尼斯行政

鄂圖曼帝國為建立談和、友好及貿易秩序而給予威尼斯的一連串條約中，反映出雙方地理位置接近且時戰時和的關係，內容則包括眾多涵蓋陸地領土、海上秩序、跨越雙方疆界的人口移動等條款。至於各項有關威尼斯人在鄂圖曼領地的待遇規定，則展示了勢力關係及空間架構。整體內容可說是雙方為了維持關係不可或缺的種種條件。

每一次發布條約時，大部分都會沿襲既有內容，並追加或變更少數規定。若分析這些異動內容，可以發現有關鄂圖曼與威尼斯關係的各項原則，在十六世紀中葉時幾乎都已確立。首先是兩者間的勢力關係。十六世紀前期，鄂圖曼帝國強化了海上主導權及對威尼斯的限制，而在一五四〇年及一五七三年的戰後處理事宜，則載明新納入鄂圖曼的領土範圍、威尼斯需負擔的納貢義務、和約的確立等等，可看出鄂圖曼帝國的地位確實已凌駕威尼斯。至於威尼斯人在帝國境內的待遇，在十六世紀前半，威尼斯人已具備與非穆斯林鄂圖曼臣民發生爭端時，在伊斯蘭法庭內不會處於不利地位的條件等等，也可看出其權利的擴大。在鄂圖曼優越地位下的威尼斯人保護原則一直持續到十六世紀後期，且還有部分被強化並一直延續到十七世紀前期。換言之，鄂圖曼—威尼斯間的條約規範，基本上是穩定且持續的。

值得特別關注的是，條約適用的空間範圍會隨著帝國版圖擴張而延伸，維持廣域條約規範的行政組織架構也在十六世紀逐漸形成。有關鄂圖曼疆域內的威尼斯行政細節將於後段詳述，這裡先點出重點：自威尼斯本國遴選出「拜羅」(Bailo)，派遣至帝國首都伊斯坦堡，管理居留當地的威尼斯人集團，同時負責與帝國政府交涉。十六世紀中葉，條約已完整規範此職務權責，對就任者並無限制，派任期間以三年為限。拜羅可依威尼斯的慣例裁決（領事裁判權）威尼斯人間的紛爭，在不受鄂圖曼干涉下處理鄂圖曼境內的威尼斯商人遺產，並可在鄂圖曼警察的協助下，要求未獲發行許可證的威尼斯商人離開伊斯坦堡。拜羅本身不須負擔他人債務的連帶責任，與自己有關的紛爭則由鄂圖曼宮廷舉行的御前會議來裁判。簡言之，拜羅是在鄂圖曼政權的支援與保護下，自行管理所屬集團。

至於伊斯坦堡以外的鄂圖曼帝國商業港口，居留當地的威尼斯人集團則由派駐於此的領事負責管理。條約中並無關於此職務的權責規定，推測應同樣適用於拜羅的相關規範。條約中首次提及威尼斯領事或行政關係者，是一五九五年條約的其中二項。第一項是對一五二一年條約追加條文的修正。一五二一年條約中描述當時「盜賊」等襲擊威尼斯領有島嶼，並在巴爾幹及安納托利亞販售俘虜的狀形，規定將調查淪為俘虜和奴隸者，嚴懲違反規定的鄂圖曼非正規士兵，而這些俘虜與奴隸若願意成為穆斯林則可獲釋，非穆斯林則交給威尼斯人。修訂後的一五九五年條款則認為，當時該情形的範圍涵蓋了巴爾幹與安納托利亞到馬格里布，為鄂圖曼帝國全境的問題，並應將奴隸本人移交給派駐伊斯坦堡的拜羅，或是各地的威尼斯人代表或代理人。

第二項為一五四〇年條約追加條文的修正。一五四〇年的追加條文內容為移除前猶太教徒穆斯林亞伯拉罕．卡斯特羅違反「自古的習慣與法律」，在敘利亞貝魯特與的黎波里採用的「（惡之）革新」。修訂後的一五九五年條款則認為，鄂圖曼境內各商業港口必須剔除違反「自古的法律」的行事；至於徵收較「自古的習慣」更高額關稅的問題，則應依照「自古的法律」發布敕令處理。伊斯坦堡、的黎波里、亞歷山卓港及其他各地派駐的拜羅及領事需持續遵守敕令。在此顯示，帝國境內發生與威尼斯人相關的利害問題時，將透過鄂圖曼君主發布命令給相關官吏來解決，而威尼斯的拜羅及領事也須將此敕令視為維持自身權利的根據。

簡言之，從條約內容中威尼斯人待遇的相關規定可推測，透過鄂圖曼與威尼斯雙方行政機構的合作，威尼斯人的保護架構得以實踐。接下來，我們就從鄂圖曼帝國境內威尼斯人的角度，來探討該架構下的行政制度及其運用。

拜羅與領事網絡

近代早期威尼斯在東方的行政制度，基本上仍是延續自中世紀。一四五三年鄂圖曼帝國征服了拜占庭的君士坦丁堡，隔年威尼斯便恢復派遣拜羅駐伊斯坦堡，而在一五一六和一五一七年鄂圖曼併吞馬木路克朝後，亦持續派任領事駐大馬士革及亞歷山卓港等地。不過位於敘利亞的領事在一五四五年從大馬士革移至的黎波里，一五四八年又從的黎波里遷往阿勒坡。埃及的領事派駐地

圖 4-1　伊斯坦堡的「威尼斯宮」（義大利大使官邸，邸內設有義大利大使館）
過去威尼斯的拜羅館。

也在一五五三年從亞歷山卓港移至開羅。至於前往伊斯坦堡、敘利亞、埃及的任職者，皆與過去規定相同，是由威尼斯共和國的大議會選出並派至各地。至於在派駐地的拜羅與領事，則是根據威尼斯政府具備決議對外政策功能的元老院所發布之命令，以及負責管理當地居留集團的十二人委員會之決議，來執行行政和裁判事務，並與當地政權交涉。

十六世紀威尼斯東方行政的主要轉變之一，是開始受政府一元化貿易管理的影響。一五〇七年，元老院設立的「五人通商委員會」擴張權限，有權管理領土內外的商業事項。例如，一四九九年元老院對大馬士革及亞歷山卓港各居留集團全體支出所需之居留地基金設置了監督官，此職務即於一五一七年劃歸五人通商委員會管轄。其後，五人通商委員及此二地區的居留地基金監督官，便對元老院在敘利亞和埃及的政策具有一定影響力。此外，一五八六年三月七日的元老院決議規定，五人通商委員應收集所有領事職位候補的相關情報，同時應對所有被任命者有所了解。

另一項在十六世紀產生的主要變化，是派駐伊斯坦堡的拜羅中心性機能增強。首先來確認威尼斯元老院決議紀錄上，拜羅接受任命時訓令所記載的職務內容。十六世紀中葉的訓令內容主要分為以下五項：第一為就任前的手續與流程，包含前往伊斯坦堡、拜見鄂圖曼帝國顯要及贈送的禮品、與前任者交接事宜等等。第二為拜羅職務及拜羅館相關事項，包括拜羅及其幫傭、書記、車伕、口譯等隨身人員薪資、拜羅的任期、拜羅館的財務等事項。第三是與鄂圖曼之間的領土劃分事宜。在一五四〇年代，達爾馬提亞及威尼斯在阿爾巴尼亞各領土的疆界，以及愛琴海諸島歸屬，都是威尼斯和鄂圖曼交涉的問題。第四為歐洲外交相關事項。拜羅須在不受鄂圖曼帝國質疑的情況下，與法國國王及神聖羅馬帝國皇帝的代理人們維持關係。第五則是關於鄂圖曼境內威尼斯人的保護問題。若有威尼斯人的訴訟案件，拜羅必須和帝國政府交涉以補償威尼斯人遭受的損害，也必須協助解放在當地淪為奴隸的威尼斯人。

由此可見，拜羅一方面得兼顧鄂圖曼和歐洲兩方面的外交，另一方面也得處理鄂圖曼領土內威尼斯人的相關問題。拜羅得就疆界劃定或保護威尼斯人等問題與鄂圖曼政府進行交涉，同時也必須接觸與鄂圖曼帝國建立關係的歐洲諸國所派遣的外交負責人。這正好反映出威尼斯共和國身處東西夾縫之間，努力維持其獨立性的立場。

拜羅與威尼斯人的利害息息相關，其權限涵蓋鄂圖曼境內各地，派駐在伊斯坦堡周邊商業港口的領事也都由拜羅掌管。例如在一五八六這一年，拜羅一共掌管了馬摩拉海的西利夫里及班德馬、達達尼爾海峽的格里波魯、愛琴海的伊茲密爾及希俄斯島，還有羅德島的領事們。而駐伊茲密爾、格里波魯、西利夫里、班德爾馬的領事，更是由拜羅直接任命。

另一個例子是拜羅訓令中有關一五一六／一七年納入鄂圖曼版圖的敘利亞和埃及部分敘述。一五四一年十一月十二日發給吉勒摩．扎內的訓令中首次出現相關內容，並於一五四五年九月二日給亞歷山德羅．康達里尼的訓令裡做出修正，一五六六年三月十九日給賈柯莫．索蘭佐的訓令又追加了若干文句，之後的版本皆維持相同。內容規定：「若吾等在敘利亞與埃及的領事需要汝的配合及援助，汝必須為了吾等的貿易及商人利益，傾盡全力，遵循吾等期待，立即執行。對派駐大君陛下（鄂圖曼君主）國土各地的領事亦同。」拜羅必須為了威尼斯人的利益，支援各地的領事。

此外在一五八八年六月三日的元老院決議，決定新增賽普勒斯、波士尼亞和阿爾及爾領事，前二者以保護威尼斯商人及其商品為主，由五人通商委員會任命，阿爾及爾領事的主要任務則是盡力救援淪為奴隸的威尼斯人，故自管轄俘虜解放事宜的「醫院監督官」中選派。而為確保這三名領事與其他領事享有相同待遇，拜羅須向鄂圖曼政府取得命令許可。

也就是說，派駐於伊斯坦堡的拜羅，是鄂圖曼帝國內的威尼斯行政網中心，負責管理或協助各地領事，並與鄂圖曼政府交涉。拜羅對領事的管理範圍在近代早期進一步擴大。研究鄂圖曼帝國及中東史的義大利學者瑪莉亞・皮亞・佩達尼（Maria Pia Pedani）指出，直至十七世紀前除了拜羅之外，駐阿勒坡及開羅領事亦由大議會選出的貴族擔任；他們雖被賦予本國集團的裁判權，但到了十八世紀，此二職位已改自非貴族中選出。因此，持續由貴族擔任的拜羅，便成為鄂圖曼全帝國境內威尼斯人共同體的領袖，領事則僅被視為官吏。十六世紀拜羅中心性功能的提升，或可視為其集權化的開端。

行政網中的埃及

在埃及納入鄂圖曼帝國版圖後不久的一五二〇年代，便可看到當地威尼斯人試圖與伊斯坦堡的鄂圖曼宮廷交涉，來解決問題的事例。一五二五年開始，威尼斯人主要居留地亞歷山卓港的關稅課徵業務便由猶太教換匯商承辦，他們倚仗埃及行省總督支持，向威尼斯人徵收高額關稅加以打壓，威尼斯人則與伊斯坦堡交涉來對抗。一五二八年二月十二日的元老院決議，命令身在伊斯坦堡的使節與副拜羅應讓鄂圖曼君主和大宰相、宰相們了解威尼斯商人在埃及蒙受的損害情形，並強烈要求鄂圖曼方面敕令將換匯商送至伊斯坦堡，懲罰違法打壓威尼斯人的業者。接收到此命令的使節告知大宰相易卜拉欣・帕夏（Pargali Ibrahim Pasha），成功讓鄂圖曼方面發布敕令，在同年八月前罷免此換匯商。但由於之後亞歷山卓港仍是由猶太教徒擔任關稅徵收人，他們與威尼斯人的紛爭以及因此向伊斯坦堡交涉的事例依舊反覆出現。

在這樣的狀況下，威尼斯人透過串聯伊斯坦堡與埃及的鄂圖曼行政機關，確保自身在埃及的權益。一五四九年七月二十三日的元老院決議，命令拜羅於新任亞歷山卓港領事出發就職時，要求鄂圖曼宮廷發給埃及總督敕令，內容表示總督應告知亞歷山卓港、達米埃塔、布魯路斯、羅塞塔及其他埃及各地官吏，尊重亞歷山卓港領事的任何要求；除此之外，總督也應要求達米埃塔、羅塞塔、布魯路斯及其他地方的財務監督官（emin）等行政官員，協助亞歷山卓港領事向威尼斯臣民徵收稅金（推測應是居留地基金），且不得拉攏與領事對立的威尼斯人。敕令內容反映出總督不僅得尊重領事的要求，還必須協助領事統治自國集團，這與前述條約中明訂拜羅受鄂圖曼協助的條款相符。

威尼斯人向鄂圖曼交涉埃及相關問題時，大多是根據條約中規定的居留和活動條件來闡述自身主張。領事達尼埃萊．巴巴里戈卸任後於一五五四年發布的報告，與繼任者洛倫佐．提埃坡羅於一五五六年提出的報告，都可看到許多與條約內容有關的問題，例如威尼斯人遭遇海盜、基督徒對穆斯林的海上劫掠，或是威尼斯人集團內部個人債務相關紛爭等等；當這些問題無法透過埃及領事與行省總督交涉解決時，拜羅就會與伊斯坦堡宮廷協商。

在此以領事巴巴里戈的報告中提到的海盜做為例子。威尼斯的商船在亞歷山卓港遭海盜掠奪，巴巴里戈為了取回損失，請總督寫了一封「周到得體」的信給伊斯坦堡宮廷，自己同時派遣使者向駐伊斯坦堡的拜羅詳細報告事件經過。但此事件並未在巴巴里戈任期內解決，他主張威尼斯應派遣使節造訪鄂圖曼大宰相及埃及總督。另外一個例子是隸屬聖約翰騎士團（醫院騎士團）的卡普阿修道會長的槳帆船劫掠了埃及總督的商船。猶太教徒向總督報告，該槳帆船艦隊是在威尼斯所管轄的賽普勒斯島進行補給，總督便將此這條情報上呈給伊斯坦堡宮廷。但巴巴里戈主張威尼斯與此事無關，於是將總督報告書副本連同說明一起寄給拜羅。收到報告的拜羅便向宮廷交涉，最後總督判定是猶太教徒做了偽證。

自十六世紀末留存至今的鄂圖曼─威尼斯相關文件史料中，皆能看到許多串連伊斯坦堡與埃及的行政機構，並運用條約條款處理事件的案例。例如收藏在伊斯坦堡拜羅館、被稱為「突厥相關文件」的鄂圖曼文書檔案，有一則伊斯蘭曆穆哈蘭姆月中旬（一五八九年十一月下旬）發給所有威尼斯商人居留地的地方首長（Sanjaq-bey，又譯桑賈克）及伊斯蘭教法官（Qadi，又譯卡迪）的敕令，主旨為收到拜羅根據一五四〇年條約中追加「（惡之）革新」排除條款所提出的陳情請願，因而重新規定威尼斯商人進口商品的公定價格，並將其所購入的商品列為管制品，此外又下令改善市場監督官及其他官吏不當徵收高額金錢的惡劣情形，要求尊重「自古的習慣與法律」。此外，開羅威尼斯領事館所收藏的伊斯蘭曆一〇〇七年賴比爾．阿色尼月二十七日（西元一五九八年十一月二十七日）敕令中，也有相同的內容。此敕令發布對象為埃及總督及財務長，內容是回應拜羅的陳情，威尼斯人不可自訂商品公定價格，並命令埃及總督及財務長不得干涉市場監督官。

簡言之，鄂圖曼帝國境內的威尼斯人透過以伊斯坦堡為中心的鄂圖曼行政機構，以及因應鄂圖曼行政機構而成形、以拜羅為中心的威尼斯領事網絡，獲得了一定程度的保護。各地的威尼斯人及所處的鄂圖曼社會，皆處於此種廣域的行政影響下。不過，各地區的環境背景也會影響威尼斯人的活動條件。下一節將探討埃及的威尼斯人是如何被鄂圖曼王權及當地社會接納。

3 商業港口與利害集團

埃及的鄂圖曼統治體制

埃及不但位處中東稀少的農業生產區尼羅河流域，更是連繫地中海與紅海和印度洋交易網的要衝。鄂圖曼帝國將埃及納入版圖的主要原因，一是希望藉由農業與交易稅收充實國庫，二則是以埃及為據點，保護伊斯蘭教二大聖地麥加與麥地那，同時派遣遠征艦隊對抗進軍印度洋的葡萄牙，擴大統治版圖至紅海沿岸的葉門及阿比西尼亞（衣索比亞）。

自塞利姆一世（Selim I，一五一二～一五二〇年在位）一五一七年一月和二月攻陷開羅起，鄂圖曼帝國耗費了約十年的過渡期，透過自伊斯坦堡派遣的行省總督等官員確立了埃及的統治體制。鄂圖曼設置了突厥步兵及騎兵、馬木路克騎兵，以及當地士兵所組成的七個軍團，以防衛首府開羅。被任命為地方首長的有力人士輔佐並牽制總督施政，擔任行省要職，負責開羅及幾個重要地方城市的防衛工作。財政方面，全埃及的稅收大部分屬於君主，總督的主要職務之一便是確保埃及每年確實向中央繳納稅金。至於徵收工作，則由伊斯坦堡派來的行省財務長官負責統籌，由財務監督官（emin，或稱 kashif）管理城市與農村的各項國庫收入來源，再由下屬的徵稅官徵收。司法方面，則由伊斯坦堡派來的伊斯蘭法庭首席法官管理開羅各法院。負責主要地方城市伊斯蘭法庭的法官亦皆由伊斯坦堡任命。

這套鄂圖曼的統治體制持續運作至一五八〇年左右，總督能夠掌握各步兵和騎兵團，並控管行政和財政。然而十六世紀末發生了多起騎兵叛亂事件，一六〇四年總督遭到殺害，讓這波叛亂到達頂點，直到一六〇九年才被新任總督鎮壓。但從此之後，掌握政治與經濟大權及利益的首長或步兵軍團衍生黨派鬥爭，一直持續到十八世紀。

和帝國其他區域一樣，在鄂圖曼統治下的埃及，從事國際商業的人們也相當多元。特別是猶太教商人勢力的崛起，是鄂圖曼統治體制確立後帶來的直接結果。鄂圖曼在一五一七年征服埃及後，立即將包稅制導入城市區域，身為徵稅承包商的猶太教徒隨即出現在亞歷山卓港、蘇伊士、羅塞塔等海港，以及尼羅河畔的布拉克（Boulaq）、開羅河港等地，與利用這些港口的商人利害息息相關。此外，十六世紀中葉開始，猶太教徒的商業活動更為活躍，不但在開羅或亞歷山卓港與穆斯林及歐洲商人交易，同時也串連埃及、鄂圖曼及歐洲各地的同胞經營長程貿易，與在相同範圍內經營貿易的歐洲商人相互競爭。

不只是猶太教徒，歷史悠久的穆斯林商人也在鄂圖曼所屬的埃及持續活動發展。穆斯林商人原本經營聯繫印度洋紅海及歐洲商人造訪的地中海沿岸的辛香料貿易，後因葡萄牙人進入印度洋，東地中海的商品供給量減少，十六世紀初期一度陷入停滯；之後在十六世紀中葉，鄂圖曼帝國統治下的紅海情勢穩定，才又恢復原本的商業活動。威尼斯領事達尼埃萊．巴巴里戈在一五五四年的報告中提到「隨著辛香料及其他商品，穆斯林、努比亞人、黑人商人都來到了開羅」；文森佐．丹多洛領事也在一五九一年的報告中提到穆斯林商人在開羅與威尼斯人交易辛香料。不過，辛香料的供應並不穩定，對歐洲的辛香料轉口貿易也在十七世紀前期荷蘭東印度公司進軍亞洲後失去了實質意義。

不過辛香料仍持續供給埃及與鄂圖曼領地，且自十六世紀後半起，飲用咖啡的習慣席捲了整個鄂圖曼帝國，埃及的葉門咖啡消費及轉口貿易繁盛起來，穆斯林商人透過連結埃及與紅海沿岸的緊密網絡從事咖啡貿易。埃及的鄂圖曼史學者納利．漢納（Nelly Hanna）根據一六〇〇年前後開羅伊斯蘭法庭的紀錄，詳細闡明了一名穆斯林商人伊斯瑪伊路．塔奇亞的活動情況。此商人和其他同伴建立合作關係，從吉達進貨胡椒、葉門摩卡購入咖啡，並在埃及投資砂糖製作，再將生產的砂糖出口至埃及周邊各地，同時也通過猶太教徒加入歐洲市場，將商品出口至威尼斯。除此之外，他還透過和掌權軍人、伊斯蘭法庭首席法官及包稅商等人的合夥事業或放貸，與統治階層建立關係。整體而言，近代早期埃及穆斯林商人是透過來自紅海一帶的咖啡或辛香料，利用埃及生產的砂糖及亞麻布，以及來自撒哈拉的奴隸、象牙等商品交易而蓬勃興盛。

埃及社會的威尼斯人

威尼斯人開始造訪埃及，最早約可追溯至九世紀的亞歷山卓港。不過直到十三世紀初期，埃宥比朝（Ayyubids，一一六九～一二五〇年）蘇丹阿迪爾一世（Al-Adil I，一二〇〇～一二一八年在位）保障了威尼斯人安全，並准許他們在亞歷山卓港設置商館，威尼斯人才開始正式移居。此後經歷了馬木路克朝，直到鄂圖曼統治初期，亞歷山卓港始終是威尼斯領事的派駐地，直到一五五三年領事館遷移開羅前，亞歷山卓港是威尼斯人在埃及最主要的據點。一五一七年初塞利姆一世成功征服開羅，隨即在伊斯蘭曆九二三年穆哈蘭姆月二十二日（西元一五一七年二月十四日）確認了威尼斯領事與商人既有的各項權利，並以馬木路克朝的形式發布敕令。此外，塞利姆一世回應了來自威尼斯的使節要求，於伊斯蘭曆九二三年舍爾邦月（西元一五一七年八月十九日至九月十六日）發布條約，當中除了追加條款，明定鄂圖曼帝國繼承馬木路克朝向威尼斯屬賽普勒斯收取納貢的權利，其他皆沿襲一五一三年向威尼斯發布的條約內容。其中關於鄂圖曼境內威尼斯人待遇的各項規定，如領事裁判權、禁止同集團內的個人債務連帶責任等，許多原則都和馬木路克朝承認的威尼斯人權利相同。因此，埃及的威尼斯人被順利地納入了鄂圖曼的條約體制。

派駐於亞歷山卓港抑或開羅的威尼斯領事，是鄂圖曼與威尼斯行政網的一部分，為了埃及威尼斯人的利益與鄂圖曼政權交涉。文森佐．丹多洛領事在一五九一年的報告中提到，剛來到亞歷山卓港就任時，他依照慣例贈禮給當地首長、伊斯蘭法官及其他官員，在開羅時同樣致贈行省總督、財務長官和伊斯蘭首席法官等高官禮品，前往拜訪並接受款待。當他卸任時，接任的領事亦一一造訪總督、財務長官與首席法官。這裡提到的官員，應該都是與領事工作相關的政府職務。允許透過領事與埃及統治者交涉，是馬木路克朝賦予威尼斯人的權利；不過，交涉的對象從馬木路克朝蘇丹轉換成鄂圖曼帝國總督，這對威尼斯人維持當地活動來說具有重大意義。雖然領事和總督交涉之成

圖 4-2　開羅慕斯奇地區的方濟會修道院（教堂入口）
往昔為威尼斯領事館所在地。

敗，會受到總督個人的政策或是性格影響，但即便協商失敗，威尼斯亦可如前述那般，透過廣域行政網來處理埃及問題。在前述例子中，威尼斯人與主導亞歷山卓港貿易的猶太商人對立，當領事無法藉由與總督交涉解決問題時，威尼斯便會透過派駐伊斯坦堡的拜羅或使節直接向鄂圖曼宮廷提出交涉，並成功要求宮廷發布符合自身利益的敕令。十六世紀中葉，猶太商人掌握了開羅與亞歷山卓港間的商品流通，威尼斯也在伊斯坦堡及開羅進行交涉以對抗，最後達尼埃萊·巴巴里戈領事成功從總督阿里帕夏（一五四九～一五五三年在任）處取得了威尼斯人的開羅居留許可，並在一五五三年將領事館遷至開羅。此後直到十八世紀後期，除了曾因克里特戰爭（一六四五～一六六九年）一度中斷外，威尼斯派駐埃及的領事都以開羅為據點。此外，十六、十七世紀加入黎凡特貿易的法國、英國及荷蘭人，也都在十七世紀於開羅設置領事館。

埃及的威尼斯人透過鄂圖曼條約體制及鄂圖曼—威尼斯行政網獲得一定程度的保護，維持在地集團。至於亞歷山卓港的威尼斯人，至少在十六世紀中期前皆能持續運用自己的商館。另一方面，埃及行省首府開羅在十六世紀中葉首次接納的歐洲人就是威尼斯人，而推測於十六世紀末形成的歐洲人區，則是開羅的歐洲人在條約保障外來異教徒的法律地位下，逐漸成形的居住型態。原本開羅的基督教被保護外僑大多住在市中心向周邊散布的基督教區，到了鄂圖曼統治時期，隨著市中心西側新街區阿斯巴奇亞的發展，位於此地的二個基督教區也跟著擴大。爾後，位於運河西岸的基督教區南側被稱為慕斯奇的地區，應是由於基督教人口相對眾多，因此歐洲人以國家為單位組織集團，紛紛聚居於該地。但如同基督教區中也有科普特（Copts）等各基督教派信徒及穆斯林居民，歐洲人區亦有當地的基督教徒或穆斯林混居其間，而呈現多樣的宗教和教派。開羅的歐洲人隨著市區擴大，在社會上與空間上都被周邊地區接納；雖然集中居住在特定區域，但該地區並未形成排他的空間，而是形成一個各式各樣的居民彼此重疊的生活空間。

雖然威尼斯人的日常生活與商業活動細節仍有許多未明之處，不過他們透過當地伊斯蘭法庭規範權利義務，與集團外的人們協調利害關係，同時經商交易。至於威尼斯人在埃及經銷的商品，透過威尼斯貴族阿里諾・薩奴特《日記》（一四九六～一五三三年）中的資料記載，可知他們主要進口至埃及販售的商品為銅、毛織品與絲綢；在埃及購入販售至外地的商品則是印度洋的辛香料（胡椒、薑、丁香、肉荳蔻、荳蔻皮、肉桂、桂皮）及埃及產穀物（小麥、蠶豆）等。威尼斯最重視的商品，始終是因價格高昂、重量輕盈而有極高利潤的辛香料，特別是胡椒；然而進入鄂圖曼統治時期後，為了供應母國糧食，穀物也逐漸成為重要商品。一五五〇年代威尼斯領事達尼埃萊・巴巴里戈及洛倫佐・提埃坡羅報告中出現的商品，基本上仍無太大的變化。若僅檢視十六世紀後期的領事報告，會發現威尼斯人仍試圖維持傳統辛香料貿易，但當時的交易卻不穩定。穆斯林商人仍與猶太教徒維持商業交易，雖然威尼斯人自十六世紀中葉起移居開羅，但猶太教徒仍對威尼斯的商業握有影響力。文森佐・丹多洛領事在一五九一年的報告中提到，開羅的穆斯林商人任意操縱交易，總是讓辛香料的價格居高不下，並賤價購入威尼斯人的商品。不過塔德奧．莫羅西尼領事一五九七年的報告則描述在他任期中的一五九六年，來自印度的商船並未抵達「西方」（歐洲），辛香料價格因而暴漲，此事實有利於埃及的商業。當時埃及轉口貿易的主要商品正逐漸從辛香料轉為咖啡，然而卻看不到威尼斯人順應變化的跡象。

威尼斯商人在十六世紀面臨的貿易活動瓶頸，成為十七世紀威尼斯人商業與集團轉變的契機。安東尼奧．卡佩羅領事一六二三年的報告中提到，因為荷蘭人的「新航行」造成辛香料短缺，威尼斯人與來自威尼斯本土者人數減少；另一方面，經營威尼斯屬克里特島與埃及間日用品交易的希臘人數目則增加。此外，喬凡尼．多納德領事在一六三五年的報告中指出，猶太教徒在埃及享有最高規格的自由，脫離猶太教徒便無法做生意，賣出與買入皆掌握在他們手中，顯示出威尼斯商業對猶太教徒的依賴。和前述伊斯坦堡威尼斯人集團的多元化，以及威尼斯領土內對猶太教徒的接納不同；從這些報告書中可發現，埃及當地呈現出與二者迥異的平行現象。

鄂圖曼世界的多樣性與秩序

十六世紀後半及其前後威尼斯人在埃及的種種事例，皆展現出鄂圖曼帝國與歐洲之間有著持續性的聯合關係。在鄂圖曼統治下，穆斯林、猶太教徒、歐洲人等多樣性商人集團在當地社會共存並彼此競爭。其中威尼斯人受到一定程度的保護，卻也讓自身的商業及集團性質發生變化。此現象在歐洲人及鄂圖曼臣民各集團商業圈中都能看到，彼此的競爭與依存關係交互堆疊，成為鄂圖曼帝國及其周邊的一環。在這種水平擴展的多樣性上，鄂圖曼帝國施加了垂直的縱向秩序。鄂圖曼政權與歐洲之間建立起條約體制，透過疆域內建構的行政機構，來協調集團與個人間的利害關係。威尼斯為了對應此廣域統治系統而形成拜羅與領事網絡，透過與鄂圖曼帝國的行政體系合作，以維持自身的黎凡特貿易。換言之，鄂圖曼帝國的對外關係與國內整合彼此連動，鄂圖曼—威尼斯的行政聯合也為各集團交互重疊的網絡帶來了一定影響。這套建立於東地中海地區、涵蓋了鄂圖曼帝國至威尼斯的整合秩序，以及威尼斯對鄂圖曼世界的適應模式，在十六世紀前期鄂圖曼勢力不斷擴大的背景下，成為十六世紀後半歐洲各國加入黎凡特貿易的基礎，可說是邁向近世的轉換期之一大特徵。

第五章　宗教戰爭與國家整合

和田光司

1　從宗教戰爭爆發到聖巴瑟米節大屠殺

法國王權與西班牙的合作關係

一五四五年，西班牙在美洲大陸發現了波托西銀礦；同樣在一五四五年，羅馬天主教會召開了帶領天主教改革的特利騰大公會議。西班牙結合了美洲銀礦和天主教改革，兩者關係在菲利普二世統治時期更趨緊密。身為天主教世界的世俗政治代表，菲利普二世具有強烈的彌賽亞救世主意識，熱衷於十字軍式理念，矢志對外擴張，在歐洲則以政治和軍事手段撲滅西班牙內外的新教勢力。一五七一年，波托西銀礦導入汞齊法開採，白銀得以大量流入歐洲，也讓美洲白銀在歐洲有了直接的政治意涵。

對新教各國而言，西班牙是個得以「教派對教派」方式來迎擊的對手。然而同樣受到西班牙介入的天主教國家法國，卻經歷了長達三十八年複雜的宗教內戰，最後擊退同樣信仰天主教的西班牙，走向多教派共存的整合道路。從此角度來看，法國在當時的歐洲是相當特異獨行的存在。接下來就來看看詳細經過。

菲利普和法國的關係可追溯至義大利戰爭。＊一四九四年法國進攻拿坡里，引發義大利戰爭，之後在西班牙國王暨神聖羅馬皇帝查理五世（Charles V）的介入下，哈布斯堡（Habsburg）王朝與法國瓦盧瓦（Valois）王朝（法蘭索瓦一世、亨利二世）之間的對立趨緩。一五五六年查理五世退位，西班牙的作戰由其子菲利普二世負責。一五五九年法國和西班牙簽訂卡托—康布雷齊和約（Peace of Cateau-Cambrésis），自此兩國的關係轉向互助合作。法國之所以求和，是因為一五五五年之後喀爾文教派急速擴張，處理該問題成為當務之急。西班牙也在和平協商時要求鄰國嚴格處理異端，因此談和後兩國便成為撲滅異端的合作夥伴。

然而，這個合作關係卻在一五七〇年法國單方面解除下告終。過程經緯如下。和約簽署後亨利二世驟逝，繼任的王儲們（法蘭索瓦二世、查理九世）年幼，法國王權式微，西班牙在兩國關係上取得了決定性優勢。法國與西班牙維持友好關係之際，還得戮力維持自身的獨立。至於教派對立上，亦發展成波旁家族（Maison de Bourbon）、夏蒂隆家族（Châtillon）為主的胡格諾教派（Huguenot），與吉斯家族（Maison de Guise）為主的天主教勢力，成為大貴族之間的政治派系鬥爭。胡格諾教派有德意志喀爾文教派諸侯們與英格蘭的支持，天主教勢力則獲得西班牙及羅馬奧援，國內鬥爭遂演變為國際角力。

「胡格諾教派」為法國新教的別名之一，為求便利，在這裡用以代稱新教派系。掌握實權的亨利二世之妻、王后凱薩琳・德・麥地奇（Catherine de Médicis）曾對新教採取寬容政策，做出些許讓步，例如承認新教的部分儀式，然而她的努力還是失敗了。一五六二年爆發了被稱為「胡格諾戰爭」的「法國宗教戰爭」（Guerres de religion），王權進而向天主教勢力靠攏，並獲得西班牙及羅馬的援助。天主教王權與胡格諾教派的內戰對立，即為法國宗教戰爭的「第一期」。

開戰後，沉重的戰爭費用加上他國援助胡格諾教派，使戰事遲遲難分勝敗，法國王權不得不尋求和平並暫時恢復寬容政策。直到一五七〇年為止，這個消滅異端與維持和平的循環總共反覆了三次。菲利普二世不信任反覆實行寬容政策的凱薩琳，不斷要求嚴格處置異端，同時承諾將會盡可能提供軍事援助。菲利普二世甚至威脅法國若無法全力消滅異端，只要他收到法國天主教勢力的請求，即便沒有法國國王同意，也會派兵介入法國內戰。凱薩琳在戰爭期間要求西班牙軍事支援，然而在實施寬容政策期間，又需煞費苦心說服菲利普同意轉換方針。來自西班牙的壓力成為法國王權的沉重負擔，而西班牙實際提供的援助，無論在質還是量上也都讓法國心生不滿。三次戰爭之中，西班牙總共支援法國一萬三千一百至一萬三千五百名兵力，與二十萬以上的金幣埃居（écu），但這些援軍不但難以統率，數量也比不上各國支援胡格諾教派的四萬大軍。基於以上種種理由，一五七〇年法國王權解除了與西班牙的合作關係，之後與西班牙保持距離，在外交上也更加自由。

* Italian Wars（1494-1559），又稱哈布斯堡—瓦盧瓦戰爭（Habsburg-Valois Wars），義大利諸邦的一系列軍事衝突，歐洲各國也介入爭權奪利及擴張版圖。

新教寬容政策

和西班牙決裂，代表法國正式對國內新教採取寬容政策，瓦盧瓦公主瑪格麗特（Marguerite de Valois，日後的瑪戈王后）與波旁家族亨利（Henri de Bourbon，日後的亨利四世）的聯姻即為象徵。成婚時公主十九歲，亨利十八歲。亨利為瓦盧瓦王朝「第一順位繼承人」，也是胡格諾教派名義上的領袖，實際領導者則是夏蒂隆家族的海軍上將加斯帕爾・德・科利尼（Gaspard de Coligny）。這場婚禮為了說服新教勢力費盡苦心，要取得國內外天主教勢力的同意更是困難重重。西班牙的反對自然不在話下，更大的問題在於取得羅馬教宗的認可；教宗不承認未經改宗的婚姻，但法國王權卻打算堅持到底。

王權周邊的組成也出現變化。至今坐鎮政權中樞的吉斯家族逐漸遠離權力核心；相對地，科利尼進入國務會議，並影響了希望脫離凱薩琳太后自立的查理九世。

外交方面，法國也受寬容政策影響，向德國新教諸侯及英格蘭靠攏。西班牙在一五七一年五月和教宗及威尼斯等國組成神聖同盟對抗鄂圖曼帝國，十月在勒班陀外海取得勝利，成為天主教世界的守護者，聲名大噪。但教宗邀請法國加入同盟時，卻被法國拒絕。據說年輕的查理九世聽到教宗陣營勝利時不自覺地歡呼了起來，卻立即被周邊大臣斥責，告誡他法國身為鄂圖曼帝國同盟國，此結果有害無利。西班牙威勢持續高漲，提升了法國及新教勢力的警戒心，也讓雙方走得更近。法國於一五七二年四月十四日與英格蘭簽署防禦條約，並於條約簽訂前三天決定上段提及的聯姻計畫；

圖 5-1　聖巴瑟米節大屠殺（Massacre de la Saint-Barthélemy）
左側為塞納河，中央為羅浮宮，前方的黑衣女性（◯圈起的人物）為凱薩琳。自右方建築推落的人物，以及地上被斬斷的遺體，都是海軍上將科利尼。

	期間
第 1 次	1562年春　～1563年 3月
第 2 次	1567年 9月 ～1568年 3月
第 3 次	1568年 8月 ～1570年 8月
第 4 次	1572年 8月 ～1573年 7月
第 5 次	1575年 9月 ～1576年 5月
第 6 次	1577年春　～1577年10月
第 7 次	1579年 11月～1580年11月
第 8 次	1585年春　～1598年 5月

法國宗教戰爭

透過婚姻及外交，國內外的新教勢力將更加緊密結合。另外，雖然最後沒有談成，但法國國王查理九世之弟安茹公爵（Ducs d'Anjou，之後的亨利三世）和英格蘭伊莉莎白女王（Elizabeth I）的聯姻協商也是在此時進行。

對法國而言，相鄰的西班牙所轄低地國的丐軍（Geuzen; The Beggars）叛亂，是更重要的問題。在與西班牙合作撲滅異端直到一五七〇年為止，這段期間法國雖然也曾協助鎮壓丐軍，但實際上的付出並不多；西班牙總督阿爾瓦公爵（Duque de Alba）僅靠自己的力量便幾乎完全鎮壓，胡格諾教派和丐軍勢力也只有零星幾次聯手。然而一五七〇年起，這二個叛亂集團開始密切合作，當時胡格諾教派的據點拉羅歇爾（La Rochelle），也成為因陸戰苦無斬獲而轉為海上私掠的海上丐軍（Watergeuzen）據點。胡格諾教派和丐軍向查理九世請願，期待國王向西班牙正式宣戰，國王則給予金援等等，並命令國境周邊軍隊進入備戰狀態，以吸引部分西班牙軍隊的注意。然而國王的態度始終曖昧。他牽制西班牙，卻不敢正面對決，僅在私下支援丐軍；他期盼維持和平，卻又無法捨棄戰勝的美名。

一五七二年四月一日，正值簽訂防衛條約及決定聯姻之際，丐軍成功占領布里勒後展開攻勢，科利尼更加積極說服國王，國王本身也開始動搖，四月底時鬆口提出曖昧條件「等待合適時機」，承諾將正式介入戰事。胡格諾教派立即擴大解釋國王的承諾，搶先採取行動，擅自派遣部分胡格諾教派援軍前往低地國。他們的行動超出了國王控制。援軍起初成功占領了瓦朗謝訥與蒙斯，國王也暗自欣喜。然而隨著阿爾瓦公爵展開反擊，奪回土地並俘虜胡格諾教派，兩國的關係頓時陷入緊

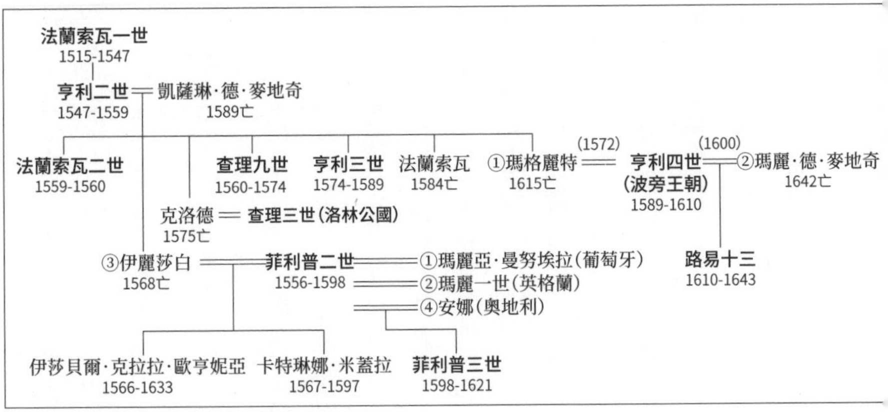

瓦盧瓦王朝世系圖

圖 5-2　凱薩琳・德・麥地奇
弗朗索瓦・克盧埃（François Clouet）繪，約 1560 年

張，查理九世擔心西班牙趁勢進攻法國。另一方面，科利尼則承諾在八月九日派遣一萬五千人援軍協助丐軍，並獨自著手準備。

聖巴瑟米節大屠殺

隨著八月十八日的婚禮即將到來，胡格諾教派首領們為了參加婚禮紛紛來到巴黎，讓巴黎進入一觸即發的緊張狀態。婚禮在巴黎聖母院舉行，隨後於羅浮宮舉行一連數日的賀宴。就在賀宴期間，大屠殺突然發生了。二十二日科利尼暗殺未遂事件成為直接導火線，國王立即下令逮捕逃犯，胡格諾教派則透過間接證據認定吉斯家族的亨利公爵為幕後黑手，不斷施壓要求國王逮捕亨利公爵，否則將自行復仇。法國國內的胡格諾教派本就因低地國西班牙的反擊行為而情緒激動，此時不僅可能演變為向西班牙開戰，甚至恐將再次爆發內戰，宮廷的緊張情緒達到極限。

國務會議隨即召開，會議從二十三日晚間持續到二十四日聖巴瑟米節清晨，最後內部決議發動屠殺。究竟是誰在這場會議中提案並主導大屠殺，自當時起便眾說紛紜，直到現在研究者間也是意見不一，唯一可以確定的就是沒有留下任何關鍵史料。現存的史料中許多內容相互矛盾，連屠殺前的國務會議舉行次數及參加者名單也無法正確掌握。除了國王查理九世和凱薩琳太后之外，國王之弟安茹公爵、納韋爾公爵、掌璽大臣比拉格、塔瓦納元帥、奧爾良主教莫爾維利耶爾應該也都出席了會議。會議上除了莫爾維利耶爾外都贊成屠殺，因此眾人皆難排除主謀的可能性。無論如何，國務會議的決議只限於暗殺包含科利尼在內，位於羅浮宮及附近區域的幾位新教領袖——但亨利公爵和孔代（Prince de Condé）二位親王除外。國務會議認為，內亂是由胡格諾派的貴族首腦引起，只要消滅他們就能終結戰事。這是當時貴族們的共識。

至於這場大屠殺與西班牙的關係，受到新教觀點的史料影響，法國國王迫於西班牙的壓力下以屠殺為目的舉辦婚禮，這樣的陰謀論一直以來都深植人心。事實上，一五六五年夏季第一次宗教戰爭結束後，凱薩琳便在西班牙邊境的巴約納與阿爾瓦公爵會談，並答應阿爾瓦公爵的請求，承諾暗殺包含科利尼在內四至六名胡格諾教派領袖，之後西班牙也曾四度催促法國履行承諾。但今日的研究幾乎已確定這場屠殺和西班牙無直接關聯，凱薩琳的承諾只是客套的場面話，也難以找出國王準備暗殺的證據。

大屠殺以羅浮宮旁的聖日耳曼奧塞教堂鐘聲為暗號，約兩點半左右開始。羅浮宮的新教貴族被追趕至中庭，以長矛刺死，科利尼則在附近的宅邸遭吉斯公爵（Henri Ier de Guise）率領的小隊殺害。

依據國務會議的計畫，屠殺行動應該就此結束。然而，啟動的暴力宛如星火燎原，從巴黎市中心一路向周邊地區延燒。嚇壞了的國王立即在二十四日發出命令中止迫害，但在傳達各地及執行過程中遇到了種種阻礙。二十四日，和巴黎同一天，屠殺從羅亞爾河畔的拉沙里泰開始一直延續到十月底的波爾多，總共持續了二個月，約十五個城市都爆發了大規模屠殺事件。法國境內總犧牲人數尚無定論，研究者意見分歧，數字約從三千至一萬人左右。屠殺的蔓延路線也各自不一，像是最早開始的羅亞爾河畔拉沙里泰，便是由當地領主同時也是前述國務會議的參加者納韋爾公爵（Ludovico Gonzaga-Nevers），在國王中止命令傳達前對當地發出屠殺令。關於納韋爾公爵將再後述。

得知屠殺消息的教宗為此發行了紀念幣，菲利普二世也大感欣喜，向查理九世和凱薩琳太后發出賀辭。雖然兩國已不再是合作關係，但法國此舉顯然超出西班牙的期待。不過，法國王權在屠殺後並未改變對西班牙的外交方針，在低地諸國也只排除了胡格諾教派這個不穩定的要素，並仍舊與丐軍接觸以牽制西班牙。

2　爭奪法國王位

新教國王登場

聖巴瑟米節大屠殺引發的第四次宗教戰爭結束後，翌年（一五七四年）查理九世逝世，由其弟安茹公爵繼承王位，即亨利三世。與眾人的預測相左，暗殺胡格諾教派領袖引發的內亂並未平息，反而陷入長期僵局，但宗教戰爭的型態也大幅轉變，在聖巴瑟米節大屠殺後進入了「第二期」。此一時期胡格諾教派轉攻為守，不再占據主要地位，戰事亦轉變為小規模地方衝突（第四次、第六次、第七次）。取而代之的主角是新任國王亨利三世之弟、親王法蘭索瓦（François de France）。法蘭索瓦為求個人名聲，時常不顧國王方針擅自行動，直到其逝世的一五八四年為止曾發動過起義（第五次）、進攻外國等舉，讓宮廷相當頭痛。

一五八四年法蘭索瓦逝世，宗教戰爭進入最後的「第三期」。亨利三世無繼承人，若就此逝世，瓦盧瓦王朝便走向終結，王位將轉移至波旁家族，異端的波旁家族亨利（日後的亨利四世）就會成為下任國王。為了防止此等事態發生，部分激進的天主教貴族以吉斯家族為中心，組成了「舊教同盟」(La Ligue catholique)。西班牙與此團體靠攏，一五八四年雙方於茹安維爾簽署協定（Treaty of Joinville），舊教同盟每月接受西班牙五萬埃居援助，並將窮盡「包含武力在內的所有手段」阻止異端國王即位。法國眾多主要城市都加入了舊教同盟，西班牙便透過這個非法集團深深介入了法國內政。舊教同盟在隔年春天武裝起義，要求亨利三世發起十字軍式戰爭，根除胡格諾教派。國王屈服於壓力，展開了最後一次、也就是第八次宗教戰爭。王權表面上雖然是和胡格諾教派作戰，但比起胡格諾教派，法國國王更害怕舊教同盟和西班牙，宗教戰爭進入了「舊教同盟與西班牙對抗法國王權」的新局面。

在大屠殺爆發前，法國王權就一直為持續作戰帶來的財政困難所困擾，一五七〇年代後半財政問題更加嚴峻，局勢也無可避免地走向和平及新舊教共存。宗教戰爭時期，作戰月的軍事費用已高達每月國家預算的三分之二。戰爭爆發前一年國庫負債為四千三百萬里弗爾（livre），到了一五八六年負債額已膨脹到一億三千三百萬里弗爾。國王方面稱主張寬容新教的人們為「政治派」，其勢力在聖巴瑟米節大屠殺前非常微小，然而長期戰亂的疲乏局面下，政治派的聲勢在一五七〇年代後半逐漸茁壯。國王一方面與胡格諾教派作戰，背地裡則要求名副其實的胡格諾教派領袖、波旁家族的亨利改宗，期望戰事早早落幕。然而舊教同盟和西班牙表示即便亨利改宗，也不會認可他即位為王。國王的妥協態度讓支持率低落，反倒是舊教同盟的實質領袖吉斯公爵的支持率和聲勢不斷看漲。最後，亨利三世終於在一五八八年暗殺吉斯公爵，拉近與胡格諾教派的距離並協議休戰，雙方轉為軍事合作關係。亨利三世被舊教同盟稱為「暴君」，一五八九年八月被一名修道士暗殺身亡。瓦盧瓦王朝至此劃下句點，波旁家族的亨利也即位為亨利四世，法國出現了第一位異端國王。內亂的爭議點從國王繼承人選轉為王位本身，紛爭更加複雜化。

舊教同盟在成立當初便曾討論，若亨利四世即位，王位應由誰來取代。茹安維爾協定中指名亨利的叔父，同時也是舊教同盟形式上的領袖樞機主教查理，然而指名年長又無繼承人的他，也不過是暫時拖延問題罷了。宗教戰爭時期，法國出現了各式各樣的政治主張，其中認為應由全國三級會議（États généraux）選出國王或廢止當前國王王位的選舉君主論，聲勢相當浩大。吉斯公爵遭暗殺後，舊教同盟便在巴黎宣言，應廢除亨利三世的王位，並另立樞機主教查理為新王「查理十世」，做為暫時措施。然而查理卻遭國王拘捕，舊教同盟便改立已故吉斯公爵的弟弟、勃艮第總督梅耶公爵（Charles de Mayenne）為「攝政王」，以實質掌政。由於希望能盡早召開舊教同盟認定的最高決議會議「全國三級會議」，梅耶公爵遂受託正式認可選任代表事宜。至於「查理十世」則在亨利四世即位未滿一年的一五九〇年五月死於獄中，選定新國王已是舊教同盟的緊急要務。

菲利普二世的計畫

菲利普二世並非只是單純給予舊教同盟財政上的援助。早在一五七八年，菲利普就已相當關注法國的王位問題，並接觸吉斯公爵，希望他能成為菲利普介入法國的內應。親王法蘭索瓦去世後菲利普的野心更加明確，命令身邊親信研擬理論，以批判傳統的法國王位繼承法《薩利克法》（*Salic law*）：該法禁止王室女性成員繼承王位，以防王座落入外國之手。西班牙主張，波旁家族於十三世紀自卡佩家族分出，但因當時尚不適用薩利克法，故波旁家族亨利四世的繼承無效，法國王位繼承權應由菲利普二世第三任妻子、亨利二世的長女伊莉莎白（Elisabeth of Valois）持有，並傳至自己的女兒伊莎貝拉（Isabella）身上。

亨利四世即位後，菲利普二世加強干涉法國的內部事務。他首先要求舊教同盟承認他是「法蘭西王國的保護者」，這項要求原本還包括讓渡部分法國主權，但當時的教宗西斯篤五世認為自己才是唯一的保護者，反對西班牙的提議，西班牙最後也撤回此要求。然而菲利普二世在一五九〇年三月向全天主教世界宣告，為了救出查理十世，他將介入法國內政，並呼籲各方一同參與。宣言中將介入法國內政定位為全歐洲規模的異端消滅戰爭，以及十字軍出兵奪回耶路撒冷過程的一環。

查理十世死後，菲利普二世對法國王位的干涉更加明目張膽。他的如意算盤是盡早派遣大軍，藉武力壓制法國國王，另一方面則命令舊教同盟舉行三級會議，再利用貴重金屬收買各級領袖與軍事將領施壓，讓會議選出伊莎貝拉為下任國王。不過現實中卻難以執行。首先，實際上負責介入法國內政的布魯塞爾低地國總督並不積極，態度上與菲利普有著明顯落差；總督帕爾馬公爵亞歷山大．法爾內塞（Alessandro Farnese）打從一開始就不認為計畫可以圓滿達成，對干涉法國相當消極。在亨利四世時代，菲利普二世重視干涉法國內政更勝於鎮壓低地國，這和帕爾馬公爵的優先順位恰恰相反。

西班牙送來的錢總是常態性延遲或不足，這讓帕爾馬公爵失去進攻的餘地。起初資金是經由多佛爾海峽運送而來，但自從一五六八年低地國武裝起義後，為了安全起見，運送路線便改為隨同軍隊從熱拿亞跨越阿爾卑斯山。由於低地國的傭兵只收取金幣，西班牙白銀就在義大利換成了黃金，因此相較於西班牙的「銀」，當時法國更常提及的是「金」。當時的史料並未特別區分法國金幣「埃居」和西班牙金幣「埃斯庫多」（escudo），現在的研究者也是如此，本文亦仿效這個習慣，為求便利將兩者統稱為「埃居」。再回到資金不足的問題，一五九一年帕爾馬公爵認為西班牙須調度三萬五千人、舊教同盟一萬三千人，總共四萬八千人的兵力，以及每月三十萬埃居才有辦法達成計畫，舊教同盟也同意這樣的估算。另一方面，同年七月，光是帕爾馬公爵的低地國守備隊就有三萬八千人的人力需求，為維持兵力每月需花費二十八萬二千埃居，而他手上只有九個月分的經費二百六十萬埃居。而在一五七四年，西班牙送來的經費僅達低地國軍事費用的四五%，預定用於干涉法國內政而送來的資金，常常在西班牙未察覺之際消耗於低地國的軍事費用。此外，帕爾馬公爵也擔心因介入法國讓軍事上有所不備，反而造成丐軍壯大。因為以上種種理由，儘管菲利普多次下令，帕爾馬公爵還是不輕易從命。

至於實際達成的干涉也相當有限。一五八九年九月，帕爾馬公爵僅派遣了一千七百人前往，他本人並未加入。只有國王軍自一五九〇年四月起圍攻巴黎長達四個月，以及一五九一年十一月盧昂被包圍長達五個月的二次危機下，帕爾馬公爵才心不甘情不願地親自領兵進軍法國。巴黎被圍攻時所帶領的西班牙軍約一萬三千人，盧昂時則是一萬七千人。菲利普二世下令要軍隊滯留法國，直到選出新任國王為止，然而帕爾馬公爵卻在完成巴黎及盧昂的任務後立即準備返國，加上盧昂一役他本人受了傷，更有了正當理由不滯留法國。西班牙留下了一千二百名士兵駐守於巴黎，在盧昂則留下了三千五百名士兵。後者再加上舊教同盟僅一千五百名的兵力，也只有五千人可用來對抗亨利四世。隨著帕爾馬公爵返國，要靠軍事介入讓公主獲選登上王座的可能性也大大降低。

梅耶公爵與王位

舊教同盟的菁英階層對西班牙極度不信任，同盟內部劃分為激進派與穩健派，對立問題嚴重。激進派以城市居民、神職人員為主，他們親羅馬、親西班牙，並和羅馬及西班牙相同，要求徹底對抗胡格諾教派，反對與國王接觸。相對地，以梅耶公爵為首的貴族、官僚及富裕商人等社會上層階級對這些激進派的民主傾向反感，對國王也持相對妥協的態度。雖然舊教同盟在財政上極度倚賴西班牙，但對他們而言，西班牙不過就只是資金和援軍的供應者，不願讓西班牙對舊教同盟造成政治上的影響。當發生軍事危機時，舊教同盟會懇請西班牙派遣援軍；一旦危機解除，便會與軍隊保持距離，並開心地送他們撤退回國。

此外，西班牙和梅耶公爵之間亦有不和。梅耶公爵暗自覬覦法國王位，然而他不但財政困窘，支持者亦少，就連他擔任地方總督的勃艮第也只有少數貴族跟隨，軍事上更是屢戰屢敗，缺乏才能。梅耶公爵在一五九〇年五月的伊夫里戰役上再度戰敗，此時亨利四世即位還不滿一年，但此役已決定了日後舊教同盟在軍事上的劣勢。

梅耶公爵缺乏統整各地方貴族的領導力，貴族們通常各自為政，其中也有像布列塔尼的梅格公爵那樣直接與西班牙聯繫的貴族。不過最讓梅耶公爵備感威脅的，是已故吉斯公爵亨利之子，也就是他的外甥新吉斯公爵查理（Charles Ier de Guise）。他在父親遭暗殺後被國王拘捕，於一五九一年八月成功逃亡，人們對前任吉斯公爵的支持度遂擴及查理，將此逃亡視為「奇蹟」，熱烈歡呼迎接他的歸來。新任吉斯公爵查理同樣企圖登上王位寶座，是法國國內所有王位候補人選中最受歡迎的一個。

國內支持者稀少的梅耶公爵，開始尋求外部支持。菲利普二世在亨利四世即位後要求成為法蘭西王國的保護者，為了替日後介入國王選舉鋪路，他承諾將把公主嫁給繼承查理十世的下任「法國人國王」，這項提議在舊教同盟中廣受好評。查理十世逝世後，梅耶公爵私下向菲利普透露登位的願望，希望他能舉薦自己，但已婚的梅耶公爵並未提及公主。菲利普則是開始說起自己的願望，並反過來要求公爵協助。西班牙高估了梅耶公爵對三級會議的影響力和權限，認為必須靠他才能讓公主坐上法國王座。同時，梅耶公爵也在表面上同意勃艮第總督一職轉為世襲，做為交換條件。

不只西班牙，羅馬教皇也不願舉薦梅耶公爵。梅耶公爵看似無望參與國王選舉，於是開始以各種藉口盡可能拖延三級會議的舉行，在軍力及支持人數越來越薄弱的情況下，一心維持自己的攝政王地位。表面上他身為舊教同盟之首，為了保有西班牙和羅馬的支持而遵循大義，背地裡則是不斷妨礙西班牙，串通法國國王。他利用國王與西班牙這二個位於光譜兩端位置的立場，同時想從兩者身上賺取最大利益，並忍著等待某日兩者同時受挫，抓住登上王位的機會。人們對這位不替舊教同盟謀劃任何積極策略、只是天天看風向行事的梅耶公爵評價苛刻，教宗大使聖加就曾嘲笑他是「有如寓言故事中跑出來的青蛙王」。

圖 5-3　梅耶公爵（1601 年繪製）

然而到了最後，梅耶公爵仍然不得不召開全國三級會議。一五九二年二月，甫即位的教宗克萊孟八世（Clemens PP. VIII）認為法國的狀態已經到達臨界點，嚴詞命令梅耶公爵召開會議，這對西班牙來說可是喜訊。親王法蘭索瓦死後，歷任教宗皆承認對亨利的破門令，他們雖然不承認非法的舊教同盟，但在亨利四世即位後，教宗們不斷催促進行新國王的選舉。西班牙為了推薦公主參選，持續強力施壓，但克萊孟八世始終保持中立，給予法國國民自主決定的空間。法國未來的走向將交由全國三級會議來決定。

國王改宗問題

新國王選舉對亨利四世來說亦是一大威脅。先說結論，面對即將召開的全國三級會議，亨利下定決心改宗。西班牙和舊教同盟雖已表明，即便亨利四世改宗也不會認可其王位，但依然期待改宗可以成為歸順國王的契機。接下來就先來看看國王改宗問題的背景。亨利四世在聖巴瑟米節大屠殺事件後遭宮廷拘捕，被迫改信天主教，一五七九年成功脫逃後再度改信新教，並成為新教領袖，但又立即公開表明自己可能會再次改宗；隨著與王座的距離越近，改宗的可能性也跟著增強。虔誠的新教徒們當然感到困惑，不過這只是亨利拉攏天主教人士的政治手段，實際上並無執行之意。他更提出條件，表示自己無論何時皆願意參與「國民大公會議」接受「教導」（Instruction），學習正確的基督教教義，並由會議指正錯誤。然而此會議的前提是新教教徒共同參加，而在宗教內戰激烈的時期，要召開這樣的會議極其困難。亨利的態度在即位後也沒有改變。八月四日，亨利四世即位二天後，為取得前任國王天主教親信們的信任，他承諾維持天主教教會，並於六個月內召開國民大公會議以接受教導，然而實際上卻不斷延遲，遲遲沒有召開。亨利擔心改宗後會失去至今的支持基盤胡格諾教徒，期望能藉由戰勝，在不改宗的情況下統一全國。天主教親信則以退出國王陣營軍隊要脅，向亨利不斷施壓，但卻始終沒有實際付諸行動。

亨利四世即位之後，立即與梅耶公爵祕密展開和平交涉，中間人為當時梅耶公爵的親信，前國務大臣維勒魯瓦公爵（Nicolas IV de Neufville, Marquis de Villeroy）。維勒魯瓦公爵是重新整合法國的關鍵人物，為梅耶公爵親信中的反西班牙急先鋒，強烈期望舊教同盟能歸順國王，私下不斷謀求雙方陣營接觸的契機。維勒魯瓦公爵認為要整合法國，只能仰賴國王改宗，並期待議和能加強國王改宗的壓力。此外，他也強烈意識到必須和國王身邊的天主教親信們步調一致，才能說服國王改宗及整合國家，因此也期望能透過和平交涉接近這些親信。

國王身邊的天主教親信們回應了維勒魯瓦公爵的呼籲，然而新教的親信們基本上都較為好戰，對交涉態度消極。因此，維勒魯瓦公爵與之前亦曾出席國務會議的納韋爾公爵之間的關係成為關鍵。納韋爾公爵是聖巴瑟米節大屠殺事件的核心人物之一，也是國王身邊天主教親信代表。在此一時期，納韋爾公爵和維勒魯瓦公爵在國王改宗一事上意見相同，二人之間的羈絆可說是為國家整合開闢了一條道路。二人的故事將於後述。

祕密交涉一直持續到三級會議召開，維勒魯瓦公爵不斷加深與國王身邊天主教親信們的情誼；

然而與預期相反，交涉本身毫無進展。梅耶公爵相當在意西班牙、教宗大使及舊教同盟內部對他的看法，加上他和國王都相當好戰，對交涉興致缺缺。梅耶公爵方面主張亨利四世必須先改宗，才能考慮歸順問題；而國王這邊則強調亨利四世的正統性，要求舊教同盟立即歸順，對於改宗則維持既有方針，認為國王承諾將於國民大公會議接受教導已經足夠。

然而國王的態度在一五九二年春季出現變化。雖然與舊教同盟的對峙上國王方面保有軍事優勢，但因帕爾馬公爵介入關鍵戰局，亨利四世認為已不可能藉由壓倒性勝利讓舊教同盟歸順。再加上此時教宗下令召開三級會議，亨利害怕在西班牙軍隊做後盾的強況下，會議將選出新的法國國王。對此，維勒魯瓦公爵和納韋爾公爵認為應該向下令召開三級會議、開除亨利教籍的教宗和解；他們盤算，向羅馬靠攏不但能延緩三級會議召開，還能拉近舊教同盟與國王的距離。為此，國王必須展現出更強烈的改宗意願。二人建議國王宣布將在教宗指導下接受教導，並向羅馬方面請求協助。國王同意二人的提議，派遣使者拜訪教宗。

至此國民大公會議已不再被提及，取而代之的是天主教色彩和施行教導的可能性。然而亨利四世實際上是否真的願意接受教導並考慮改宗，則無人知曉。教導的日程及形式等細項事宜始終未定案，加上國王自身的良心問題，既有著對新教的顧慮，又包含和羅馬之間的政治算計，整件事帶有相當大的變數。無論如何，國王無疑地離改宗更靠近了一步。最後，教宗拒絕會見國王使者，阻止三級會議召開的計畫以失敗告終。不過對維勒魯瓦公爵和國王身邊的天主教親信們而言，在國王改宗問題上可說是大有進展。

圖 5-4　維勒魯瓦公爵
（弗朗索瓦·克盧埃繪，約 1568 年）

圖 5-5　向亨利三世宣誓加入聖靈騎士團的納韋爾公爵
1586 年繪製。該騎士團創設於 1578 年，第一位加入並成為首名騎士的就是納韋爾公爵。宣誓內容為遵守紀律、護衛國王，以及維持天主教信仰。

此外，這個嘗試在法國國內引起了意料之外的影響。多年的戰亂下，舊教同盟內部的厭戰氣氛逐漸升高，國王派遣使者造訪教宗一事使坊間開始流傳國王即將改宗，讓舊教同盟對此再度燃起期待，同時也對西班牙及激進派愈加反感。隔年一五九三年春季，地方上開始有指揮舊教同盟的貴族擅自於當地締結休戰協定。以上這些現象對維勒魯瓦公爵等人而言都是一大助力。

為了選出新國王而舉行的全國三級會議，在召開前已背離人心，然而舊教同盟的未來仍取決於會議的決定。西班牙雖苦於資金不足，但仍計畫在會議上讓公主當選，梅耶公爵則暗地策劃解散三級會議以維持現狀。國王的改宗一事，也依然充滿變數。

3 走向國家整合之路

舊教同盟全國三級會議召開

舊教同盟全國三級會議留下的《議事錄》，讓我們得以一窺當時的狀況。三級會議召開時，巴黎被國王的人馬包圍，參加代表們抱著必死的決心齊聚一堂。原訂四百到五百名的出席者中最後只有一百二十八人到場，且幾乎都來自法國北部。會場設在羅浮宮一隅，其中第一階級出席人數四十九名、第二階級出席者二十四名、第三階級出席者五十五名。他們通常是在彼此保持聯繫下，依身分召開各級會議。

主辦者梅耶公爵僅在偶爾召開的總會議上擔任議長而出席，多半不在巴黎。三級會議亦代表國家整體尊嚴，獨立於梅耶公爵之外，但在重要事項上仍互相尊重，雙方為合作關係，至於會議對外正式文件都是以梅耶公爵、大貴族與三級會議三方聯名發布。梅耶公爵及親信們會與各階級議長召開評議會事前協調，其他大貴族也會加入。各階級的議長裡第一階級占二名，其他階級各占一名，除了第一階級的一位議長為親羅馬派，其他皆與梅耶公爵親近，因此梅耶公爵期待會議能穩當進行。不過各個議長都保有自身的獨立性，他們對於梅耶公爵覬覦王位的野心究竟了解多少亦不得而知。

若沒有特別召集，西班牙及羅馬大使等人無法參與會議。正式來說，代表們除了梅耶公爵外不可接受其他人餽贈，但實際上早有代表私下收受西班牙的饋贈，又因代表們需自行負擔出席費用，會議召開數月後便陷入財政困境，三級會議全體都接受了西班牙的援助。不過他們把收受餽贈和三級會議議題視為兩碼子事，不混為一談。

要掌握所有代表的政治立場並不容易，但會議上給人的印象還是偏梅耶公爵的人士居多。第一階級受教宗大使的影響較深，不過在整個三級會議裡，確定為激進派者僅有四人。就結論而言，三級會議上並無黨派為了西班牙而特別運作，但也沒有出現對國王採取妥協方針的集團，整體來說，整場三級會議的氣氛慎重而穩健。

圖 5-6　舊教同盟全國三級會議開幕式
16 世紀末繪製。此畫刊載於國王支持者為諷刺此三級會議而出版的《梅尼普諷刺集》（*Satire Ménippée*）。

敘雷納會談與亨利四世改宗

一五九三年一月二十六日，三級會議於巴黎召開，開幕後率先採取行動的是國王陣營。梅耶公爵在會議上宣告，此會議是「為了重新集結國內所有天主教徒」對抗異端，並「共同思考維持宗教與國家的策略」而召開。此宣言也寄給了國王的天主教親信，若拒收就將被視為異端；除了是一種威脅，同時也是催促他們參加會議。

維勒魯瓦公爵則反過來利用了這則宣言。為了讓三級會議的焦點遠離西班牙，聚焦於亨利四世，他計劃在其他場所舉辦雙方天主教勢力的會談。維勒魯瓦公爵將此方案告知納韋爾公爵，並獲得了國王的許可。國王在一月二十九日發布公告宣稱三級會議不具代表性，同時又在二天前以天主教親信之名發表了會談的提議。維勒魯瓦公爵的策略成功，三級會議的核心議題變成了是否該舉辦會談及相關準備。與國王的天主教親信們相反，三級會議反倒認為這是拉攏他們靠近舊教同盟的好機會，對會談採正面態度，梅耶公爵也認為可藉此牽制西班牙，因此同意舉行。三級會議為了徵得教宗大使的同意費盡苦心，最後承諾在會談上只會傳達舊教同盟的要求，不做任何讓步和交涉，教宗大使才勉強同意。而西班牙大使則是自始至終持反對意見。

一連串會談在巴黎近郊的敘雷納舉行，從四月二十九日起持續到六月十四日（the conference of Suresnes）。巴黎周邊為此暫時休戰。維勒魯瓦公爵並非地方代表，幾乎沒有出席三級會議的主要會議，但在此會談上卻以梅耶公爵的代表之一出席。國王陣營則由納韋爾公爵在背後操盤，共有八名代表出席。舊教同盟則是包括來自三個階級的代表共計十名，再加上梅耶公爵的代表二名。雖然其中也有激進派，不過穩健派占了優勢。會談具體議題雖尚未確定，不過國王方面同樣先下手為強，在會議首日對舊教同盟發出歸順勸告，最後三級會議和會談的主要議題都圍繞在國王的改宗及舊教同盟的歸順上，這也完全符合維勒魯瓦公爵的設想。

至於會談的具體內容，雙方又回到之前祕密交涉時那般互不退讓，並未達成任何結論。不過，光是國王陣營與舊教同盟正式會談的實現，本身就帶來了重大的影響。首先，會談時雙方代表相擁、表達再會的喜悅，拋開彼此至今為止的不信任，再次確認了同為法國天主教徒的向心力和信賴感。更重要的是，會談的成立讓三級會議關注的焦點從西班牙轉移到國王身上；國王為了加深這樣的印象，便下定決心要接受教導。過去亨利雖同意接受教導，但卻始終沒有定案，這次卻完全不同，國王對改宗更加明確了。教導預計於七月十五日在巴黎近郊的芒特舉行，此事也立即在會談上公開。此外，五月十三日也向國內親國王派的高階神職人員及有力人士發出教導的召集令。國王在接受教導後確定了改宗的想法，並於七月二十五日在聖丹尼舉行改宗儀式。改宗之後，國王與胡格諾教派的關係勢必逐漸疏遠，若舊教同盟不歸順，那國王的勢力將比改宗前還要孱弱，因此改宗對國王而言是一大賭注。現存最早能確認國王接受教導與改宗意向的史料，是亨利四世在五月十五日寄給孔代親王的書信，其中提到他下定決心的理由在於對西班牙的強烈危機感，但內容幾乎沒有提及宗教方面的考量。維勒魯瓦公爵和納韋爾公爵的努力終於有了成果。之後，國王陣營天主教勢力要解決的問題，便轉為要求教宗赦免開除教籍及承認國王。另一方面，三級會議將接受教導的宣告視為國王的政治策略，對此抱持警戒，並靜觀國王陣營的舉動。即便國王改宗後，也決定繼續靜觀直到羅馬赦免為止，完全沒有打算和國王進行任何交涉。

公主選舉交涉與梅耶公爵的背叛

相較於國王方面的動作，西班牙的反應卻是慢半拍。西班牙追加派遣了特別大使費里亞公爵戈麥斯・蘇亞雷斯・德・菲格羅亞（Gómez Suárez de Figueroa y Córdoba）出席三級會議，他於四月三日加入，此時正是三級會議決議認可敘雷納會談的二天前。此時三級會議的討論都圍繞在會談上，無人關注西班牙問題。直到國王宣布將接受教導後的五月十三日，西班牙才針對國王選舉展開具體行動。三級會議對於國王陣營的舉動採靜觀其變的態度，會議的主要議題也從亨利改宗轉向新國王的選舉，於是費里亞公爵依照菲利普二世的命令展開交涉。

費里亞公爵在三級會議上要求宣布《薩利克法》無效，並透過選舉選出伊莎貝拉公主為法國國王，這讓舊教同盟大為震驚。除了梅耶公爵等少數人之外，都是第一次得知原來公主不僅是「法國王妃」，還是「國王」的候補人選，也是首次聽聞西班牙宣告《薩利克法》無效的要求。亨利的支持者在一五八四年之後，以《薩利克法》可追溯至首位基督教國王克洛維（Clovis）之前為由，主張王位無關宗教，《薩利克法》也因此不斷被舊教同盟猛烈攻擊。但儘管如此，舊教同盟從未想過要廢止《薩利克法》，三級會議的出席者感到事態嚴重，反而湧起擁護《薩利克法》的情緒。

交涉開始混亂。三級會議在選舉公主為國王一事上做出讓步，要求公主必須與成為其丈夫的法國人國王共同治理，最後費里亞公爵同意了此項要求。其後議事雖暫時停滯，又因國王即將改宗而加速進行，三級會議最後推舉新任吉斯公爵查理為法國人國王，費里亞公爵也依照菲利普二世的命令予以同意，並在改宗前三天的七月二十二日向三級會議報告。

然而此時雙方之間已產生鴻溝。費里亞公爵起初依照命令，一開始並未推舉法國人，而是神聖羅馬帝國皇帝魯道夫二世之弟厄尼斯特大公做為公主丈夫。再加上費里亞公爵一開始的演講以及其他西班牙大使批判《薩利克法》時，皆以拉丁語演說了相當長的時間，這讓三級會議的出席者感到疑惑。西班牙的種種表現，都展現出他們並未充分顧慮三級會議所代表的法國國民感受。

西班牙接受法國人國王擔任公主丈夫後，繼續主張廢止《薩利克法》並維持公主原有的繼承權，以及公主權利中丈夫的優先權等等，三級會議則認為兩者應是對等關係，以及這次選舉屬於特例，今後仍應遵循《薩利克法》。此外，三級會議也擔心公主在獲得認可成為法國國王後卻不移居法國，因此要求先完成婚禮；而西班牙卻擔心公主成婚後法國反悔不承認國王，反過來要求必須先讓公主登基。儘管雙方一致同意由吉斯公爵為國王配偶，但在先後順序上凸顯出彼此的猜疑，再加上須向菲利普二世請求確認等，交涉呈現不斷拖延的狀態。

然而，教宗大使因亨利四世即將改宗感到焦急，在三級會議收到報告隔日的七月二十三日，命令三級會議將細節協調延後，立即承認吉斯公爵與公主為國王。宗教大使的介入讓情勢轉為對西班牙有利。

不過，此時梅耶公爵出聲要求「且慢」，理由是「防守空虛」。梅耶公爵指出自敘雷納會談以來，巴黎周邊反覆休戰，一旦選出新國王，不滿的亨利四世很可能會展開攻擊。至於西班牙方面，每當想要更加深入干涉舊教同盟時往往會翻舊帳，強調過去援助舊教同盟金額有多高。在亨利即位後不久，菲利普二世提出成為保護者的要求時便表示過去已提供三百二十二萬埃居的援助；四年後，當費里亞公爵在三級會議首次亮相演說時，也主張西班牙已支援了六百萬埃居。為公主的國王選舉進行交涉時，費里亞公爵也承諾將在二年內持續提供援軍與資金。如同前述帕爾馬公爵的推算，舊教同盟的兵力約為一萬三千人，而西班牙則依照過去經驗，將提供的軍隊數量從過去帕

圖 5-7　聖丹尼修道院的亨利四世改宗儀式
16 世紀末繪製。屈膝下跪的國王前方站著布爾吉大主教雷諾・德・伯恩，他是當時支持國王的天主教神職人員代表，在敘雷納會談中擔任國王方的領袖。

爾馬公爵估計的三萬五千人減半至二萬人，並同意在二年內資助共計六百二十萬埃居。儘管數量縮減，但要西班牙實際兌現亦有困難，舊教同盟也對此承諾半信半疑。然而到此為止，雙方對軍事的討論僅止於在國王選出「之後」應派遣的軍隊數量，而梅耶公爵卻突然把時間點提前，訴說在選出國王「之前」加強軍力的必要性，主張若無援軍，就無法進行選舉。同時他也提議，三級會議在等待西班牙軍隊抵達前先休會至十月底，除部分代表留下外，其他人可先各自返鄉。代表們從五月底起便不斷向梅耶公爵抱怨長期滯留衍生的花費和外宿的勞累，他們的不滿在此時都已達到頂點，梅耶公爵利用了這個狀況。八月八日，三級會議同意休會，費里亞公爵對此激烈反對；為了阻止休會，他在交涉上讓步，同意三級會議的提案——在選出公主為國王前先讓雙方成婚，並同意之後繼續遵循《薩利克法》。然而為時已晚，代表們已開始紛紛返鄉。就這樣，一心解散三級會議的梅耶公爵幾乎實現了他的如意算盤，而西班牙不但軍力及資金不足，交涉陷入膠著更成了致命傷，最後迎來了出乎意料的休止符。

為了舉行國王教導，巴黎周邊的休戰狀態在敘雷納會談結束後繼續延長。梅耶公爵向三級會議提議，建議與國王協定，在三級會議休會的同時，將休戰協議從巴黎周邊擴張到法國全境，為期三個月。梅耶公爵則早自六月中旬起便擅自與國王陣營協商休戰，除了貴族們的疲勞已到達頂點外，他也想藉此牽制西班牙。一旦嘗到休戰的解放感，厭戰風潮將更加高漲，對西班牙的反感也會隨之增長；雖然這會讓局勢更加倒向國王，但梅耶公爵仍將阻礙西班牙視為第一要務。受到西班牙與教宗大使，以及西班牙大使影響的第一階級人士都激烈反對梅耶公爵的提案，但梅耶公爵在國王改宗六天後，未取得三級會議同意下便擅自決定休戰，並於隔天宣告。此時，舊教同盟內部對休戰的渴望已達到頂點，對西班牙及教宗大使、第一階級人士也明顯展露不滿。在為進行敘雷納會談而宣布休戰後二天，約有六至七千名市民走出巴黎城牆，前往近郊聖丹尼一帶的聖地。全國停戰帶來了連梅耶公爵都未曾想到的效果，各地掀起一股歸順改宗後國王的風潮。

全國三級會議解散

十二月二十三日，莫城（Meaux）歸順，開啟舊教同盟在國王改宗後的歸順潮，莫城也成為日後歸順的先行範例。莫城為通往巴黎的交通重鎮，該城的歸順對西班牙損失重大，至於莫城總督的態度將於後述。全國休戰狀態延長二個月後，國王明白時機已經成熟，在莫城歸順四天後，也就是休戰延長期間結束之際，國王宣告不再延長休戰，對舊教同盟展開攻勢，同時以金錢、地位等條件個別勸告舊教同盟的貴族歸順。

西班牙也同時賄賂舊教同盟首腦，並派遣軍隊，促使法國選出公主為國王。三級會議召開前後，西班牙更同意梅耶公爵，在過去承諾勃艮第總督世襲化的條件外再支付六十萬埃居津貼，並每年追加支助四十萬埃居。提出選公主為國王的要求後，西班牙開始個別收買貴族，譬如承諾第一階級議長之一的佩爾韋樞機主教一萬五千埃居的援助，同時自六月起給付三級會議共計二萬五千埃居充當代表者們留在巴黎時的費用。當各地城市陸續歸順國王時，如何運用餽贈阻擋這股浪潮，成為西班牙大使當前要務。莫城歸順隔月，西班牙向各城市送出總計一萬四千埃居的贈款，然而這些錢卻無法如期抵達各城市，大使在資金調度上煞費苦心；如同軍事經費，西班牙承諾的黃金大多一延再延。相較之下，許多貴族寧願選擇更加確實的國王陣營餽贈。雖然數據並不完整，不過像是舊教聯盟的重要人物，被梅耶公爵封為「奧爾良總督」與「元帥」的夏特男爵，便在一五九一年一月收到一萬埃居，又於同年底獲贈四萬埃居；而國王不但追認舊教同盟授予他的職位，還以約一百三十萬埃居加以收買。

費里亞公爵就任特別大使後，不斷向西班牙母國及布魯塞爾要求金錢和軍隊支援，但得到的回應都不積極。一五九四年四月二日，西班牙雖決定增加送往法國的金額，並緊急派遣援軍前往低地諸國，卻又一如往常地遲到。巴黎總督早在三月二十二日便趁梅耶公爵不在時迎接亨利四世入城，國王接受市民們熱烈喝采歡迎。二天後，國王允許市內的西班牙軍隊撤離，許多和西班牙關係密切的人們也都混在軍隊中一同離去。三月三十日，親國王派的巴黎高等法院宣布廢止舊教同盟發布的法令，命令三級會議解散，代表們離開巴黎。四月二十二日，索邦也承認了國王的信仰及王位正統性。有趣的是，在自莫城總督以來的歸順風潮中，無論是國王陣營還是歸順方，皆一致主張至今為止所有的混亂都是由西班牙及支持西班牙一派造成，就連三級會議的召開也被視為西班牙的計謀。就這樣，國內統一的浪潮逐漸演變為反西班牙的洪流。

費里亞公爵依然不放棄擁立新國王，希望能在舊教同盟殘黨的支持下另立新王，然而此時已難以力挽狂瀾。十一月吉斯公爵歸順，擁立新國王幾乎已不再可能。

對戰西班牙

舊教同盟式微的過程中，戰亂也從爭奪法國王位的宗教對立，轉變為法國對西班牙的國家戰爭，西班牙的軍事介入也從支援舊教同盟轉為直接侵略。十二月底，來自耶穌會學院的青年尚・查特爾（Jean Châtel）企圖暗殺國王未遂，國王方主張這是西班牙的陰謀，並於隔年一五九五年一月十七日正式宣戰西班牙，亨利四世期望能讓國內外注意力從國內的宗教對立轉向國家間的對立。西班牙應戰，派遣大軍進軍法國。西班牙認為亨利四世並未真正改宗，菲利普二世將這場對法國的戰爭視為「聖戰」。就這樣，法國的宗教戰爭進入了最後階段。

國王支持者在羅馬推動特赦亨利四世恢復教籍的活動陷入停滯，梅耶公爵的大使與西班牙大使不斷從中妨礙。然而，教宗克萊孟八世因為暗殺亨利事件大受衝擊，於八月十三日發出特赦，承認亨利四世為國王。教宗認為，與其讓亨利逝世造成法國混亂，還不如接受這位承諾振興天主教的國王，方為上策；同時，教宗長期受西班牙施壓，也希望藉此扶植對抗西班牙的勢力。自此，教宗便致力於推動兩國的和平。

即便教宗赦免了亨利四世，西班牙的態度依然沒有改變。然而，舊教同盟的解散造成了關鍵影響，梅耶公爵在一五九五年底終於以三十七萬五千埃居的條件歸順國王；當時他手上僅有二百名兵力，與西班牙的關係也已經降到冰點。無論是梅耶公爵還是吉斯公爵，他們都站在對抗西班牙戰事的最前線，成為國王方反西班牙政治宣傳的要角。

西班牙的軍事介入終於轉變為正規的對法戰爭，並正式開打。一五九一年春季，米蘭總督費爾南德斯率領一萬五千名士兵進入法國東部布列塔尼，但在六月被擊退。然而，四百萬埃居卻在七月抵達低地國的總督府，直到隔年夏季每月都有二十八萬埃居的預算，讓財政寬裕不少，於是入侵法國北部的西班牙軍轉為優勢，還曾一度占領了重要據點亞眠。眼看西班牙攻占巴黎指日可待，國王方備感恐懼。然而西班牙在一五九六年十一月二十三日宣布破產，戰況也受到影響，西班牙軍轉為劣勢。

一年後的一五九七年十一月底，北部邊境在教宗仲裁下展開議和，一五九八年五月二日雙方於韋爾萬簽署和平條約（*Paix de Vervins*），法國宗教戰爭至此終於結束。對西班牙而言，介入法國的軍事行動——特別是在亨利四世即位後——成為龐大的負擔。英國歷史學家傑佛瑞．帕克（Geoffrey Parker）指出，一五九〇年代為一五六一年至一六五〇年期間送往低地諸國金額最高的時期，總計高達三千八十八萬埃居（八千八百萬古荷蘭盾〔florin〕），其中四分之三都耗用在影響法國內政上。而對法戰爭期間由於總督無法兼顧，低地諸國的丐軍統治區域增加了一倍。

條約中，菲利普二世承認了亨利四世的天主教信仰及王位正統性；四個月後的九月十三日，菲利普二世的人生就此落幕，享年七十一歲。在兩國和平條約簽署前的三月二十日，國王與舊教同盟中始終割據地方（布列塔尼）的梅格公爵締結和平條約，結束與舊教同盟的戰爭。四月十三日，雙方在南特和胡格諾教派簽署了和約。不過亨利四世和胡格諾教派間的和平協定，直到五月韋爾萬條約發表前都不曾公開。兩份合約可謂互為表裡，相較於兩國停戰的韋爾萬條約受到盛大宣傳，《南特詔書》（*Édit de Nantes*）則在聲量掩蓋下避人耳目。至此之後，人民的目光不再關注於宗教內亂，長達三十六年的法國混亂期就以「對西班牙戰爭」的名義劃下了「句點」。

4 改宗與國家整合的思潮

納韋爾公爵

那些推動國王改宗的人們，又有怎樣的感受或想法？接下來的前半節筆者將以納韋爾公爵和維勒魯瓦公爵為例，具體描述其生平和主張，後半節則是二人活動當時的社會背景，介紹國王陣營以反西班牙論為中心，誘導當時人民走向國家整合的政治宣傳內容。

納韋爾公爵原為聖巴瑟米節大屠殺事件的核心人物，他的立場與態度相當接近舊教同盟與西班牙。本名為曼圖阿公爵費德里科．貢扎加（Federico II Gonzaga）么子魯多維科（Ludovico，一五三九～一五九五年）的他，十歲進入法國宮廷，二十六歲成為納韋爾公爵。身為義大利人的納韋爾公爵對天主教相當熱情，不但是當時法國貴族的代表人物，也深受羅馬信賴。同時，他也熱愛法國君主制的傳統天主教性質，對天主教信仰的虔誠與對神聖國王的忠誠互為表裡。納韋爾公爵也是十字軍的信徒，大屠殺事件當時，領地羅亞爾河畔拉沙里泰爆發屠殺，他也試著說服查理九世，宣稱對正統信仰的叛亂就是對國王的叛亂，屠殺是國王的義務，同時不斷請求亨利三世派遣十字軍出征胡格諾教派。

然而，亨利三世的暗殺事件及異端國王亨利四世的誕生讓他備受衝擊，不得不轉換既有路線。納韋爾公爵陷入對國王的忠誠與虔誠信仰間的兩難，自己究竟該不該侍奉異端國王？他離開宮廷陷入長思。和當時的神職者相同，他認為異端就是惡魔，深深懼怕接觸異端帶來的罪孽與末日審判。他也向支持國王的高階神職者或是羅馬諮詢，卻都沒有得到確切的答案，最後還是靠自己下決定——納韋爾公爵認為法國要統一，只能靠國王改宗，而若國王願意改宗，他也願意繼續侍奉君主。於是納韋爾公爵將主導改宗當作自己身為國王天主教親信的新使命，這也讓他的內心終獲平靜。一五九〇年十月，納韋爾公爵返回宮廷，再次參加國務會議。他的回歸增強了國王陣營內天主教勢力的聲量。同年，納韋爾公爵出版了《一五八九年一月武裝起義的大義與理由，以及平息目前不幸之方法論考》一書，表明了自身路線的轉換。書名的日期，便是後述他對舊教同盟明確轉為敵對之時期。

轉換路線後，納韋爾公爵的言論有了一百八十度大轉變。他開始美化亨利四世，稱其擁有「君主最美好的美德」，對國王改宗態度樂觀。他期望發動十字軍征討胡格諾教派的理想雖因亨利四世登基未能實現，但納韋爾公爵樂觀地認為只要國王改宗，所有胡格諾教派也會在三個月內跟著改宗。過往他將「異端」跟「叛徒」劃上等號，如今他對新教有了新的認知，認為「胡格諾教派」應跟「異端」分開看待；該受懲罰的是政治上的叛徒「胡格諾教派」，聖巴瑟米節大屠殺事件就是如此。若只是「異端」還能原諒，畢竟現在新教是國王的同盟，已非叛徒。納韋爾公爵的主張有許多曖昧不明之處，不過他以此辯解自己為何接納新教。

此外，他對西班牙及舊教同盟的態度也出現轉變。原本納韋爾公爵與舊教同盟同樣盼望發動十字軍，但他認為十字軍應由國王主導，因此勸告舊教同盟歸順，一同向國王提倡發動十字軍。然而亨利三世暗殺事件改變了他對舊教同盟的觀感。他認為舊教同盟只是把宗教當作藉口，實際上是在利用內戰追求自身利益，企圖篡奪王位。此外，舊教同盟的分化讓西班牙有機可乘，嚴重損害國家利益。此時納韋爾公爵對西班牙的態度也轉為批判，甚至出現了下面提到的反西班牙主義式主張。

就這樣，納韋爾公爵關注的焦點，從已與國王聯合亦離改宗不遠的胡格諾教派，轉向了舊教同盟與西班牙。天主教的分裂成為國王延遲改宗的藉口，若天主教能同心協力要求國王改宗，一定能讓事情進行得更順利；此外，若能排除西班牙干涉，國家也能再度統一。於是他熱切地邀請舊教同盟加入，和國王陣營的天主教勢力一同要求國王改宗，同時也向上帝祈求改宗得以順利實現。

維勒魯瓦公爵

另一位人物則是維勒魯瓦公爵，尼古拉・德・紐夫維爾（一五四三～一六一七年）。他自查理九世時期擔任國務大臣，是熱忱的天主教徒，期望國家與宗教再度統一。不過和納韋爾公爵不同，他從一開始就對胡格諾教派採取寬容的態度，不認同派遣十字軍征討胡格諾教派，而是希望透過交涉達成和平。維勒魯瓦公爵懷有規劃國家整合道路之能，這和他就任國務大臣起便負責對西班牙外交事務有關。相較於胡格諾教派或舊教同盟，他從一開始就更重視西班牙問題，相當明白西班牙是以宗教為藉口謀求自身利益。因此他認為必須再次團結人民，將西班牙趕出法國以保護本國利益，對此有著強烈的使命感。

即便是如此一名忠臣，在一五八八年還是遇上了挫折。亨利三世起疑，罷免了維勒魯瓦公爵，逐出國務會議。他在煩惱許久後接受了梅耶公爵的邀請，進入敵對的舊教同盟陣營，找到了新的舞台。不過維勒魯瓦公爵是為了國王才加入舊教同盟，在同盟內部散播對西班牙的警戒意識，並與他們對立的國王陣營議和。這是他賦予自己的新使命。

維勒魯瓦公爵在一五八九年年底向梅耶公爵撰寫《意見書》，並於三級會議發表演說，反對於會中選出西班牙公主就任國王。在著作及演說中，他詳細分析了西班牙問題之要點，並說明即便靠攏西班牙，舊教同盟也無法征服全國。在國王改宗方面，他和納韋爾公爵一樣相當樂觀，認為這是法國走向統一的唯一解決方案。他也勸誘同盟成員，參與勸告國王改宗將是舊教同盟的榮譽。在國王改宗前，他一如往常地在舊教同盟活動，不過在國王改宗後，他對梅耶公爵沒有歸順感到失望，便於一五九三年十二月離開同盟，復職國務大臣。

以上這二位人物的經歷、資質及關注重點都截然不同。由他們的例子便可了解，當時法國國家整合是由多元的勢力多方面同時推動。而他們的言論和舉動，皆在國王陣營以反西班牙言論為中心打造的政治宣傳掀起的巨大狂熱風潮中成形。接下來就來詳細看看這股風潮。

反西班牙言論

一五八四年簽訂茹安維爾協定後，國王支持者中出現了結合反西班牙主義的愛國主義，這樣的風潮在亨利四世即位後更加顯著，以激烈言論煽動國民情感的反西班牙手冊大量印刷出版。像在舊教同盟占領期間逃亡的巴黎高等法院律師，同時也是亨利四世諮政官的安托萬·阿爾諾（Antoine Arnauld，一五六〇～一六一九年），便在一五九三年發表了《反西班牙人》（*Coppie de l'Anti-Espagnol faict a Paris*），隔年又有匿名作者出版的《給法國人的建言》，都是其中的代表作。

除此之外，當時在歐洲流傳的西班牙暗黑傳說（Spanish Black Legend），也影響了這些反西班牙言論。首先是十五世紀在義大利出現了人種混淆的言論，視西班牙人與隱藏的猶太教徒或穆斯林為相同族群，爾後弓軍的宣傳又更增加人們對西班牙人的殘暴印象。他們將巴托洛梅·德拉斯·卡薩斯（Bartolomé de las Casas）的著作*用於政治，將低地諸國的異端審問與美洲原住民的屠殺相提並

* 即《西印度毀滅述略》（*Brevísima relación de la destrucción de las Indias*, 1542），西班牙多明我會教士卡薩斯撰寫這本著作呈獻給西班牙國王菲力普二世，控訴西班牙殖民者如何暴虐統治西印度群島及中南美洲的印第安人，造成原住民人口大量折損。

圖 5-8　「地獄的舊教同盟肖像」

李奧納德・奧迪於 16 世紀末在里昂繪製的作品，畫中將舊教同盟喻為希臘神話的殘酷怪物戈爾貢（Gorgon）。戈爾貢的頭髮為蛇，一旦跟牠對看就會化為石頭。戈爾貢原為三姐妹，畫中則是偽裝成神職人員的雙頭男性。右側為亨利四世的紋章，左側則是菲利普二世的紋章。怪物右手接收西班牙的資助，並伸出左手想奪取法國與法國王位，亨利四世則揮劍反擊。

論，並加以宣傳。丐軍的說法在包含法國在內的新教勢力圈中迅速蔓延，阿爾諾及後述的維尼耶等人皆曾引述卡薩斯的著作。

例如在種族混血上，阿爾諾稱西班牙為「半薩拉森人、半猶太人」，還添加了「黑人等非洲惡質人種」等描述。匿名著作也寫到，西班牙人和異教徒雜交，是不敬神的種族（《給法國人的建言》），後述的彭提瑪利甚至稱菲利普二世為「無神論者」。這些主張是針對西班牙以異端存在為由批判法國所提出的反抗言論，同時也是藉由西班牙種族混雜來對比法國人在種族上的純淨。

至於殘暴方面，阿爾諾稱西班牙「在祕魯礦山挖掘金礦，殺了二百萬人」，在低地法蘭德斯也殺了「十萬名天主教徒」，西西里、拿坡里、米蘭、葡萄牙、法蘭德斯等西班牙勢力所轄地區皆已衰亡。西班牙甚至連教宗都敢施加政治壓力（出自彭提瑪利，將於後述），若將祖國賣給西班牙，「我們都會淪為悲慘的奴隸，連同妻小一同被帶到新殖民地，在印度（美洲）的礦山挖掘礦物」（《給法國人的建言》）。另外，西班牙「抹殺憎恨者所有一切手段」（阿爾諾）的宗教裁判所更是殘虐異常，這個以宗教為藉口的制度是「偽善」的象徵，而其殘酷與偽善，以及對教宗的施壓，都是一而再、再而三對上帝的不敬。

「溫和君主制」

相對於「暴力、殘酷」，十六世紀的法國「溫和」（douceur）而「仁慈」（clémence）。後者更被視為是人文主義的美德，國王陣營利用這二元對立概念，塑造出法國與西班牙相反的自我形象，來主張自身較西班牙更具優勢。例如納韋爾公爵就稱法國的君主制為「溫和統治」、「溫和君主制」，同樣的言論也不時出現在其他人士的論述中。

「溫和」或是「仁慈」的概念，在十六世紀也被廣泛運用於訴求減緩新教迫害的論調。「仁慈」是「溫和」的次一層概念，是君主在豁免犯上不敬者或失敗者時展現的德行。這和「寬容」（tolérance）不同，寬容是刻意放過應予以處罰之「惡」，多被用於負面意涵。國王陣營天主教勢力對新教的態度其實非常多樣，有像納韋爾公爵這般對新教無甚同情心、只是為了讓他們改宗而暫時接納的人士或神職者，也有像是阿爾諾這般教派相對主義傾向較強的人士，不過他們認為有必要公開承認新教徒，藉由「溫和君主制」的主張，讓教派共存漸趨正當化。

此外，支持國王的天主教勢力以西班牙「不敬上帝」為由，主張法國應具備相對優越的宗教地位，而天主教世界的世俗君主次序應考量這一點，對外也同樣向羅馬教宗訴求此一主張。各國大使不斷在歐洲各宮廷爭奪上位，法國與西班牙的位階之爭始於一四五九年，一五五九年菲利普二世登基後更加白熱化。特別是在羅馬的位階，是天主教世界中神聖羅馬帝國皇帝以下各世俗君主次序的直接展現，因此極其重要。一五六四年特利騰大公會議召開時，教宗庇護四世（Pius IV）姑且認可法國國王為「年幼的基督教國王」（法國），但「天主教國王」（西班牙）對此不滿，雙方的爭執一直延續到路易十四時代。

十六世紀，特別是亨利四世即位前後，主張西班牙優先的著述和出版品陸續在法國及義大利出版。亨利四世的史官之一尼可拉．維尼耶對此十分憂心，為了讓法國能在日後論述中領先，他便在國王尚未改宗的新教時期撰寫了《羅馬人希波的奧古斯丁修道士克蘭納特為了西班牙撰寫的論述，從義大利文翻譯為法文，提到的法國與西班牙位階爭執之根據與大義，以及各項目之法國的辯護》駁斥西班牙優先論。本著作獲得國王的許可，於一六〇八年出版。此書對法國的外交產生了實際影響，但也展現出法國在當時天主教世界的自我認識。

維尼耶宛如歷史學者般上溯到日耳曼部落時代，將西班牙與法國王朝的事蹟做了歷史比較，並主張從王國的成立到改信天主教的時間皆是法國為先，因而認定法國的位階優於西班牙。此外，他也以歷史為反證，駁斥當時西班牙對《薩利克法》的批判以及對異端國王的否定，另一方面也列出救援教宗、派遣十字軍等在天主教世界軍事事務上勝過西班牙的貢獻。對於西班牙主張自己「首先抵達印度全境、中國、衣索比亞」，法國則以參與黎凡特貿易做為反駁，對於西班牙及其併吞的葡萄牙的進軍世界之舉展現出對抗意識。

前述「殘酷」與「溫和」的二元對立概念，也是法國之所以優越的重要論述根據，不過他們更主張這樣的對立不僅止於當時，而是超越時代的民族本質。法蘭克人以「溫和且溫柔」的方式讓異教徒改信天主教，和西哥德人只會以暴力強制他人改宗不同。西哥德人對天主教挑起戰爭，打算用暴力消滅真正的宗教，甚至以暴力對待同為異教的部族。他們拿宗教當藉口，真正的動機始終在於獲取實質利益，並滿足自身殘虐的嗜好。維尼耶最後舉宗教裁判所做為西班牙人本質的最佳範例，花了相當長的篇幅從制度和倫理層面詳細地批判了一番，為本書劃下句點。

聖路易、克洛維、亨利四世

至於有關西班牙與法國兩國人民的描述，除了以「暴力、殘酷」與「溫和、仁慈」為核心外，前者再加上了前述的「不敬上帝」以及「篡奪、野心、虛偽」，後者則添加了「虔誠、正統、善意、人情味、誠實」，在各種論述中都能頻繁看到這些要素。兩國國民的本質也連結到了菲利普二世和亨利四世，以相同的元素描繪兩位君王的形象。維尼耶便指稱菲利普二世以宗教為由，實則想篡奪王位，他才是「內戰的元兇」，因他而起的內戰「比異端更加邪惡」。

對亨利四世的讚揚在改宗之際達到頂點，勒內．班諾特（René Benoit，一五二一～一六〇八年）便是很好的例子。國王改宗時，儘管受到教宗大使開除教籍的威脅，還是有三名沉穩的教區主任神父從舊教同盟勢力下的巴黎前往聖丹尼，班諾特就是代表人物。班諾特為十六世紀後半法國天主教代表性的神職人員之一，著作與布道都享有盛名，在其負責教區裡被稱為「中央市場的教宗」。他積極反對喀爾文教派，但也反對民眾的宗教暴力。班諾特的加入對亨利四世在宗教上的正當性給予了絕佳支援。改宗儀式後，班諾特在聖丹尼出版了《來自給閃耀的真正天主教區巴黎聖猶士坦及教會之慰藉與激勵書信的忠告》，成為支持國王的聖職者宣傳改宗的代表著作。

納韋爾公爵、阿爾諾及《給法國人的建言》的作者都強調亨利四世的「仁慈」，班諾特更稱讚亨利「仁慈、溫和、人情味」，是具備「法國美德」的「非常偉大優秀的君主」，並稱波旁家族的君主「生來就具有真正的良善（bon）」，極力讚揚新王朝。而國王陣營在敘雷納向舊教同盟報告亨利四世決定接受教導時，他也主張用「溫和」的方式引導亨利改宗，如今則輪到亨利本人以「溫和」、「仁慈」的方式引導他人改宗了。對班諾特而言，異端是導致當時戰爭慘劇的元兇，但亨利是「依照神的力量讓異端改宗之人」，不可再以異端來稱呼他。與西班牙或激進勢力的說法相異，亨利四世的改宗千真萬確。班諾特更預言了法國天主教光明璀璨的未來，亨利的改宗是「神聖天主教會全體之善」，今後「平靜安穩的時代」會持續下去，法國的「黃金時代」即將到來，天主教的子民都應為此喝采，教宗也該為此改宗感到欣喜。班諾特更引用《新約聖經》著名的「浪子回頭比喻」，將教宗比喻為歡喜看到一度捨棄鄉里的浪子回鄉的父親，而菲利普二世則是不歡迎浪子返鄉的兄長。

對亨利四世的期待，不但和「正統與篡奪」的對比有關，同時也緊密連結到法國君主制天主教傳統及《薩利克法》的再次崛起。十三世紀波旁王朝創始者克萊蒙伯爵羅伯特的父親，也是法國國王天主教信仰的代表「聖路易」（Louis IX，路易九世），不論在血統還是信仰上，一直以來他都是法國君主制的象徵，備受讚揚。納韋爾公爵就將《薩利克法》神聖化，視之為「神聖正確的法典」，並警告「以宗教為藉口，除去聖路易的繼承脈絡，神一定會在來世對我們施以應有的懲罰」，阿爾諾及《給法國人的建言》的作者也都強調亨利四世為聖路易的子孫。國王陣營的天主教勢力將亨利四世的改宗與聖路易緊緊連結，聖路易信仰也因波旁家族成為法國君主制的神聖象徵，一直持續至十七世紀。此後波旁家族的長男總是取名「路易」，恐怕也和與此不無關係。

此外，和克洛維的關係也相當重要。依維尼耶所述，第一位改宗的日耳曼國王克洛維，讓法國君主制在天主教世界擁有了特殊地位，成為神特別庇護的對象，納韋爾公爵也強調法國自和克洛維起便擁有連續不斷的君主制悠久傳統。班諾特則表示在改宗儀式時「看到了幾隻平時少見的白鴿飛過教堂門前」。傳說中，四九六年克洛維接受蘭斯大主教列米吉尤斯受洗時，聖靈便是以鴿子的姿態現身，為法國國王帶來聖油。班諾特在暗示這是神意。擁立亨利四世為源自克洛維的法國傳統天主教君主繼承者，白鴿就是神為法國捎來的賀詞。

舊教同盟貴族的歸順與「良善的法國人」

當然，國王方也不會放過西班牙的黃金白銀。貴金屬是西班牙壓制法國的手段，因而被視為罪惡的象徵，被收買的舊教同盟也一再遭受批判。在亨利四世一五九三年一月二十九日發布的三級會議禁止令中，舊教同盟被比作為了三十枚銀幣出賣耶穌的猶大。納韋爾公爵表示，西班牙和舊教同盟運用「金錢和神職俸祿」讓教士們放棄了神的話語。同樣地，《給法國人的建言》指出西班牙及教士們雖然嘴裡說著宗教，但實際上談的都是「金子、銀子」，稱呼這是「西班牙的魔術」，和法國真正的天主教堪為對比。虛實混雜、諷刺全國三級會議的《梅尼普諷刺集》（*Satire Ménippée*）在當時社會人氣極高，此著作也被視為法國文學史上的傑作。作者之一皮埃爾・皮蒂（Pierre Pithou）為巴黎高等法院代理主席檢察官，他在書中按時序回顧內亂爆發時貴金屬帶來的不良影響，並嘲笑那些完全沉溺於賄賂的舊教同盟。

這類的金權批判論似乎也影響了舊教同盟。率先啟動連鎖歸順潮的莫城總督維特利男爵路易・德・羅必達（Louis de L'Hospital, marquis de Vitry）於一五九四年一月十二日歸順後，出版了《維特利一族致法國貴族之宣言》一書，辨明自身立場。據說他私底下其實收受了國王的贈與，不過在這本書中卻表現出從舊教同盟轉向國王的貴族大義，令人玩味。他在書中強調自己在宗教上的純粹性，主張毫無收買或對金錢摻雜貪念，參加舊教同盟純粹是為維持自身信仰。雖然召募士兵的金費是墊款支付，但到最後他都未接受西班牙的金錢；他也不是因為拿不到西班牙的錢才離開舊教同盟，而是因為他是「良善的法國人」之故。

舊教同盟在政治宣傳中使用宗教「正統」與「異端」的二分法，而國王陣營特別是在亨利四世即位後，將此對比的主軸從宗教轉移至國家，劃分出「良善的法國人」與「邪惡的法國人」。前者指的是尊重法國君主制，拒絕西班牙並與之為敵的人們；後者則是服從西班牙的人們，稱為「西班牙化的人」，這樣的表現方式反映出前述法國與西班牙的二元對立，兩者合而為一。國王陣營的政治宣傳大獲成功，完全壓過舊教同盟宣揚的「熱心的天主教徒」形象。維特利也是成功的宣傳例子之一，他表示西班牙打算「藉由賄賂及廢除薩利克法，顛覆法國和王權」，若其「野心持續，必招致滅亡」。維特利擔憂祖國的未來，決心宣告將「侍奉天主教國王亨利四世」並與西班牙為敵。

此外，他將自身轉換陣營之舉視為神賦予法國的特殊任務，從宗教與國家歷史的角度將之正當化，宣稱自己是經由上帝特別選拔，要當舊教同盟貴族歸順的模範。他同時也感謝神的選擇，並祈禱舊教同盟的貴族能跟隨自己的腳步。

維特利是舊教同盟的權威夏特之甥，也備受梅耶公爵信賴，他的歸順和巧妙的辭令都為國王的政治宣傳大大加分，帶來極大的影響。

嶄新的十字軍

國王陣營對西班牙的發言論調，還帶有好戰的性質，特別將貴族們的愛國主義與義大利戰爭經歷連結。納韋爾公爵遙想彼時對哈布斯堡王朝的勝績，並呼籲「勇敢的法國天主教徒」參與作戰。維勒魯瓦公爵也強調法國人的好戰性格，將內戰期間包含在內，「要服從持續作戰（至今）超過百年的國王是相當困難的」，表示西班牙不可能統御法國。

由於聖路易戰績赫赫，對他的讚揚也包含了好戰性。阿爾諾宣稱，「好戰的」法國貴族是「聖路易的傳人」，「只會死在戰場上」，藉此鼓舞貴族們參戰。十字軍活動也是聖路易備受稱頌的軍功之一，對照西班牙的收復失地運動，維尼耶主張查理曼進攻西班牙或是聖路易的十字軍都更勝一籌，納韋爾公爵也曾如此讚頌。舊教同盟同樣讚揚聖路易的十字軍戰績，在這點上舊教同盟和國王陣營的主張相似。實際上不管是維尼耶或是納韋爾公爵，他們不僅讚頌攻打伊斯蘭的十字軍，也同樣讚揚阿爾比十字軍。*對國王陣營來說，這與前述那種寬容新教的「溫和」態度關係十分微妙，但總之他們不認同胡格諾教派合乎十字軍運動；對國王陣營而言，真正該發動十字軍的新征討對象，就是西班牙。

一五九五年之後進入與西班牙作戰階段，國王陣營宣傳小冊子的好戰傾向達到頂點，法國也將對西班牙戰爭視為「聖戰」、「十字軍」，同為天主教國家的雙方皆主張彼此的出征是「聖戰」。法休蘭爵爺亞歷山大·德·彭提瑪利（Alexandre de Pontaymeri, seigneur de Focheran，一六一八年亡）出生於可能屬於胡格諾教派的多菲內地區，是一名詩人，他的著作《西班牙戰爭的必要與手段之國家論述》為此時期的反西班牙代表作品。他以「不敬上帝」為由倡導進攻西班牙，並稱那是「計畫中最美的十字軍」，「上天已承諾勝利」。他舉出各種西班牙的「弱點」做為法國必將勝利的理由，這些「弱點」在國王陣營的文件中也頻繁出現，主要包括菲利普二世年事已高、王子孱弱、低地諸國對其政治壓迫的反彈等等。彭提瑪利提出相同主張，認為進攻西班牙是為了解放歐洲不再受迫，並

---

* Albigensian Crusade，指十三世紀初期幾次攻打法國南部異端阿爾比派的十字軍運動。

聲稱支援法國者為數眾多。在納韋爾公爵、班諾特等國王支持者的文書中頻繁出現讚揚亨利四世軍事才能的敘述，彭提瑪利也在期待中美化國王，稱亨利四世為「我們的凱撒大帝」、「亞歷山大大帝第二」，稱西班牙為「我們的亞洲」，菲利普二世為「大流士」。

法國及其君主制也以宇宙一般的規模加以理想化，譬如稱法國是「照射出天上階級制度之鏡」及「世界之魂」，「世界少了法國便無法運作」，「法國君主制為真正且完全的君主制本質型態」。法國國土也被理想化為足以匹敵世界財富，但這也反映出法國對西班牙帝國，尤其是美洲資源的欽羨。維勒魯瓦公爵稱「我們的印度，也是我們的國土」，彭提瑪利更加誇大，稱法國為「縮小版的世界」，國中不僅有美洲大陸的「祕魯」，還有亞洲「示巴」（舊約聖經中盛產黃金寶石的阿拉伯西南方）等世界礦產地，也擁有「恆河」、「帕克托勒斯河」(Pactolus River，古利底亞的砂金產地）以及「隨處可見黃金蹤跡，長達千里的太加斯河」。

彭提瑪利的著作充滿文學誇飾，然而這些堪稱誇大妄想的言辭，其實也隱隱展現出當時法國長年面對西班牙帝國的自卑，以及漫長內戰帶來的巨大傷痛。如同歷史學者米麗婭姆．雅德妮(Myriam Yardeni) 所指出的，對西班牙的作戰掀起了法國人民的狂熱，也掩蓋了先前的分裂，讓法國找回了國民認同感與國家自信，這是法國從多年來的痛苦中「療癒」的過程。這些言論的誇大亦傳達出其狂熱的一面。

在對西班牙世界帝國的反彈中，法國宛如「負片」一般，從中映照出新的自我形象。以往討論宗教戰爭的結束時，大多將其視為法國藉由寬容思想，逐漸走向世俗化的過程。然而這只是其中一個面向，實際上這也是法國天主教伴隨著宗教狂熱再興的過程。法國在宗教與政治層面整合國家對抗西班牙，便以此為核心，再次回顧認識了法國君主制的宗教與法律傳統。這並非只是單純回歸傳統，而是受人文主義影響的「溫和君主制」，收斂以往殘酷對抗異端的態度。然而此整合本身，對於遲了半個世紀才展開天主教改革的法國「靈性」問題，卻完全未予解答。面對與義大利並列為天主教改革大國的西班牙，法國該如何處理此靈性問題？「法國的靈性」問題就這樣一直被帶到了下個世紀。*

* 此處所指的靈性（Spirituality）問題，是指天主教信徒如何與神對話，感受神的存在，追求個人聖潔，從而延伸至教會制度改革等議題。因應新教挑戰而開啟的天主教改革運動，西班牙有神祕主義者主導推動，義大利則發展出耶穌會。至於法國，要到十七世紀中葉才發展出法國靈性學派。

補論　德瑞克環球航行與掠奪行為的變遷

薩摩真介

1　追捕《卡卡弗戈號》代表的意義

一五七九年三月一日，在船長聖胡安·德·安東（San Juan de Antón）的指揮下，載著金銀等貴金屬貨物的西班牙船《聖母無染原罪號》（*Nuestra Señora de la Concepción*）正從祕魯卡亞俄航向巴拿馬。在航行至現今厄瓜多聖弗朗西斯柯角外海時，船員發現有可疑船影尾隨。以下節錄自該船書記多明哥·德·理查爾查（Domingo de Lizarza）的書面證詞：

> 太陽西下，只能看到那艘（可疑）船隻的模糊身影，該船朝著聖胡安·德·安東船隻的方向轉向，逐漸接近，高聲喊著他的名字，要他把帆收起來，不然就讓整艘船沉入海底。胡安·德·安東表示無法答應（收起帆）。結果該船發射了二發重型大炮，一發擊中胡安·德·安東船的後船桅，另一發從主船桅上方越過。緊接著他們發射了多發火繩槍，另一艘載滿英格蘭人的船

開到了胡安・德・安東的船旁邊，英格蘭人紛紛跳上船，而我們的船毫無抵抗能力。

——*Zella Nuttall, New Light on Drake: A Collection of Documents Relating to His Voyage of Circumnavigation, 1577-1580*

跳上船的英格蘭人監禁了船長等人，根據船長證詞，他們奪取了船上價值超過四十萬西班牙銀幣的貴金屬貨物後就放了船員，並未再加傷害。這群襲擊者的首領，便是之後活躍於一五八八年西班牙無敵艦隊海戰的英格蘭航海家，法蘭西斯・德瑞克（一五四〇～一五九六年）。德瑞克自一五七七年十二月從英格蘭的普利茅斯港出發，主要在太平洋沿岸的西班牙美洲殖民地一帶從事掠奪劫船及探險航海，直到一五八〇年九月底才返回英格蘭。這趟航海旅程之後以「環球航行」聞名於世，前述的襲擊便是發生在航程途中的事件。

當時英格蘭與西班牙間的關係正劍拔弩張。一五六八年起，西班牙哈布斯堡王朝統治的低地諸國發起獨立戰爭，伊莉莎白女王予以支援，導致英格蘭與菲利普二世治下的西班牙產生齟齬。一五七〇年代中期兩國關係一度改善，但七〇年代後半又再度惡化。七〇年代初期曾掠奪西班牙領地的德瑞克，就在這種兩國關係緊張的時代背景下，於一五七七年計劃了更大規模的遠征。

德瑞克遠征的目的眾說紛紜。有說法認為，他是為了前往當時人們相信位於太平洋南方的未知南方大陸（Terra Australis）探險，也有人認為是要探索北美洲北端連結大西洋與太平洋的「亞泥俺海峽」*，或是航行至辛香料產地摩鹿加群島，甚至是前往南美太平洋沿岸從事殖民行動等等。不過研究者們目前已取得共識，推測遠征之主要目的應該還是攻擊西班牙殖民地，以及追捕西班牙白銀運輸船隊。只是此時英格蘭與西班牙仍處於和平狀態，表面上遠征目的只是探索尚未被西班牙納入版圖的智利南部沿岸。在經由麥哲倫海峽進入太平洋後，德瑞克選擇橫跨太平洋做為回程航線，從而成為世界上第一位成功環繞世界一周的英格蘭人。在這項打破探險航海史紀錄的偉業之中，成功追捕一開頭描述的那艘通稱為「卡卡弗戈」(Cacafuego) 的《聖母無染原罪號》，也是航程中的重要成果。

德瑞克在環球航行途中追捕《卡卡弗戈號》，是在加深既有的英西對立之際，再給予西班牙重重的一擊；從更長遠的歷史脈絡來看，這也被視為十六世紀以來英格蘭王國（一七〇七年之後為英國）進軍海外的其中一項事件。不過，若從今日世界史研究或海上劫掠活動研究進程的角度切入，這起事件便有了全新的意義。本補論將以此事件為切入點，闡明此一時期以英格蘭為首的歐洲海洋各國海上掠奪活動變化；或更正確的說，是闡明變化的「徵兆」。

* Strait of Anián，大航海時代半神話性質的海峽，傳說該狹窄航道將亞洲及美洲大陸分隔，因此成為歐洲探險家苦苦尋找前往亞洲的「西北航道」。「亞泥俺」這個中文譯名來自一六〇八年耶穌會傳教士利瑪竇所繪製的《坤輿萬國全圖》。

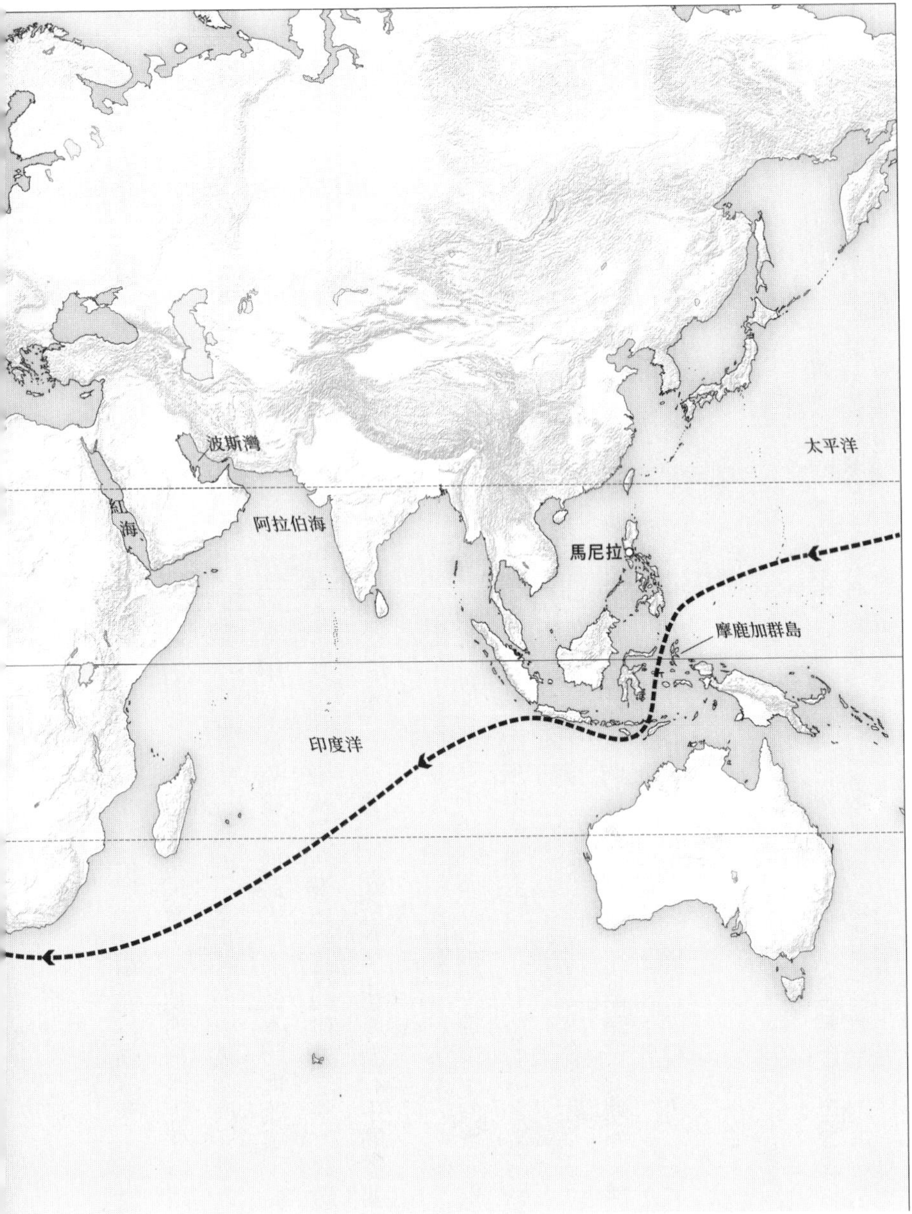
波斯灣
紅海
阿拉伯海
太平洋
馬尼拉
摩鹿加群島
印度洋

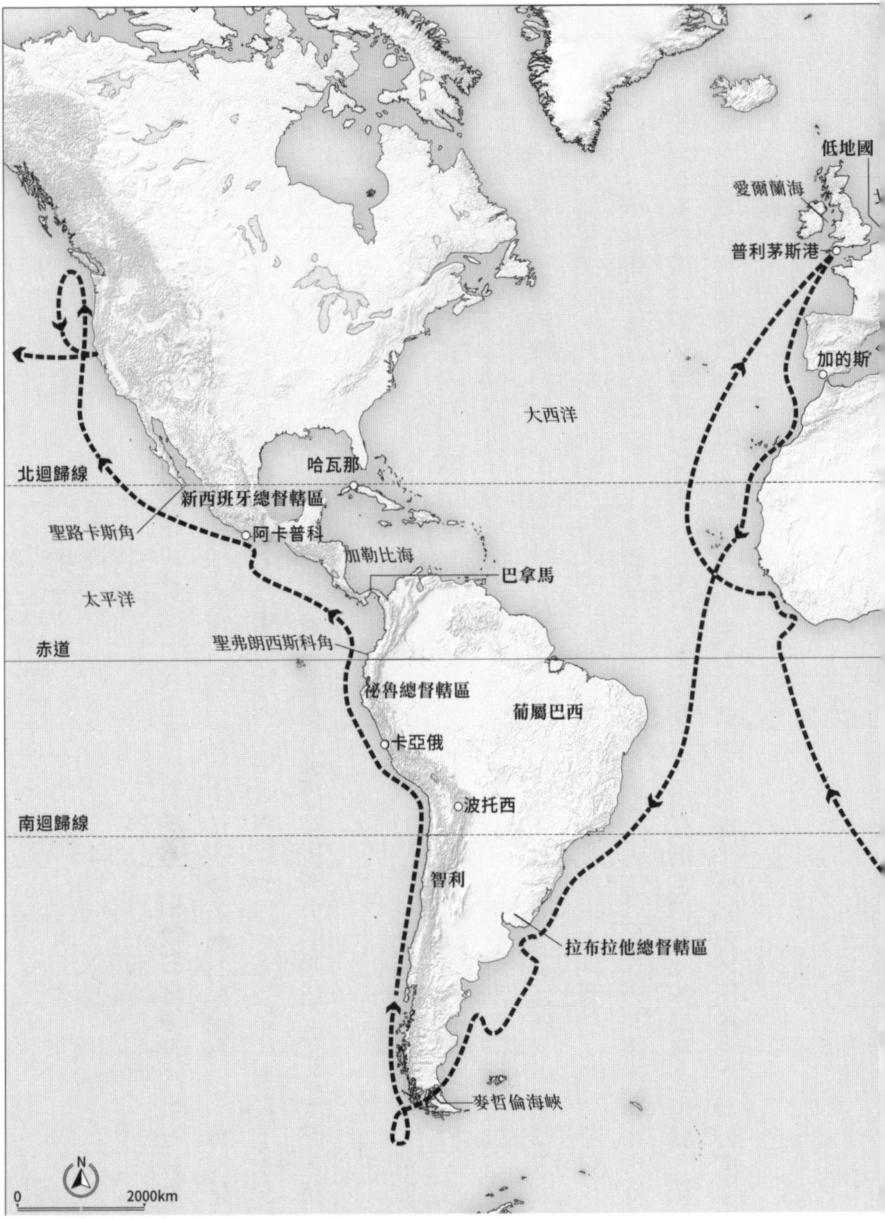

德瑞克環繞世界一周（1577-1580）航行路線圖

2 掠奪行為的全球化

近年研究顯示，一五四〇至一六四〇年代是第一次全球白銀熱潮。相較於之後十八世紀前半以墨西哥白銀為中心的第二次熱潮，第一次熱潮則是日本石見銀山及西屬美洲的銀礦為主，特別是一五四五年於祕魯總督轄區發現的波托西銀礦，更是扮演了核心角色。一五七〇年代導入了汞齊法，以及萬卡韋利卡水銀礦場的國有化，同時正式實施確保當地原住民勞力的米塔（Mit'a）制，讓波托西銀礦自一五七五年左右開始急速發展。

開採出來的白銀，部分做為各殖民地的行政經費，以及菲律賓等邊境地區的戍守費用，或做為殖民地商人及宗教建設的資產留在當地。但在十六世紀，這些白銀大多因國王稅、各種租稅，或是私人輸送金錢等名目，以母國西班牙為首，流向殖民地以外的地區。白銀的流出包括經由拉布拉他總督轄區的走私貿易等幾條路線，不過直到十八世紀初期為止，最大宗的還是通稱「白銀船隊」（silver fleet）的護送船隊。此船隊由航向南美洲的「加雷翁大帆船」和航向墨西哥的「珍寶船隊」兩個船隊組成，它們從西班牙運來歐洲工業製品，並將殖民地的金銀、菸草等美洲物產運回西班牙。白銀又再以銀條或西班牙銀幣（披索）的形式，藉由購買西班牙的進口商品或是償還借款，擴散至英格蘭、法國、荷蘭等歐洲各國，再透過地中海流入鄂圖曼帝國，或經由波斯灣、紅海抑或直接從歐洲進入印度。

近年研究指出，大部分的美洲白銀最後都流入了東亞的明朝。丹尼斯・弗林指出，當時明朝推行白銀納稅使白銀需求高漲，十六世紀初期明朝的白銀價格足足比歐洲高了將近二倍，這也是讓白銀向明朝集中的主因之一。如同第二章所述，這些匯入明朝的白銀，多用於防衛反覆侵略明朝的蒙古及女真等游牧民族，或用於北方邊境貿易。

這些西班牙白銀大多是經由歐洲流入明朝，不過也有部分是透過橫跨太平洋的航線運輸，那就是在第一章連結新西班牙總督轄區（墨西哥）阿卡普科及菲律賓馬尼拉的馬尼拉大帆船。此船隊將明朝的絲綢及陶瓷器運至墨西哥，這些商品再從墨西哥出口至祕魯等西班牙美洲殖民地，其中也包含違反王令的走私出口。另一方面，用來購買這些商品的西班牙銀幣，則透過馬尼拉華商流入明朝。這樣的白銀流動是否真如弗林主張，是經濟活動的

圖補 -1　十七世紀版畫，繪製遭襲擊的《聖母無染原罪號》（亦稱卡卡弗戈號）
這艘船的暱稱原就眾說紛紜。亦有一說《卡卡弗戈號》（或稱Caca Fogo）是指德瑞克的《金色雌鹿號》（*Golden Hind*）。這幅版畫也將德瑞克的船標示為「Caca Fogo」。

「全球化」起點，目前尚未有定論，不過至少可以確定，透過馬尼拉大帆船的交易，美洲大陸與東亞及東南亞展開直接貿易，並促進了全球規模的白銀大流通。套句美國社會經濟史學者安德烈・弗蘭克（Andre Gunder Frank）的說法，美洲（以及部分來自日本）的白銀成為了近代早期世界「轉動全球化市場車輪的潤滑油」。

除了西班牙白銀的流通路線及交易行為擴展至全球規模，還有另一項擴展至全球規模的活動，那便是本補論提及的，繼伊比利半島兩國進軍美洲後，以英格蘭為首的歐洲各國展開的海上劫掠。研究伊莉莎白時期航海史的權威肯尼斯・安德魯斯（Kenneth Andrews）指出，這種海上劫掠與貿易及殖民活動並列，彼此間息息相關，都是英格蘭對外發展的主要手段之一。十六世紀前期以前，英格蘭的掠奪活動仍然僅限英吉利海峽或愛爾蘭海等不列顛群島周邊近海，不過自一五四〇年代起，活動範圍便逐漸向大西洋東部擴張，一五六〇年代之後已擴大到包含加勒比海在內的大西洋全域。

此擴張的背景，跟宗教改革引發全歐規模的新教與天主教抗爭有關。透過宗教改革走向新教國家的英格蘭，該國掠奪者自一五六〇年代起攻擊西班牙商船及其殖民地時，常和法國的胡格諾教派（喀爾文派新教徒）掠奪者，或當時正奮力爭取獨立的低地諸國北部各州（之後的荷蘭）海上武裝船隊「海上丐軍」（Watergeuzen）等新教掠奪者一同合作。與這些擁有豐富長途航海經驗的航海者攜手，英格蘭掠奪者得以跨越大西洋展開活動。此外，英格蘭商人，特別是西南部及倫敦的商人先是在一五三〇年代開始跨越大西洋與葡屬巴西，一五六〇年代起又直接與西班牙美洲殖民地從事走私貿易，這樣的行為都讓掠奪範圍進一步擴張。這些走私商人中也有部分因為西班牙防範外國商人加強取締，或因為與葡萄牙等對手競爭而利潤下滑，最後轉而加入海上劫掠。

這些進入美洲海域的掠奪者們攻擊加勒比海的西班牙殖民地，或是追捕西班牙商船，當中也有人嘗試攻擊防備相對較弱的中南美洲太平洋沿岸西班牙殖民地，德瑞克可謂先鋒。他們最主要的目標是上述西班牙白銀船隊馬尼拉大帆船，以及在太平洋沿岸西班牙美洲殖民地之間運輸白銀等高價物資的船隻。

這些船隊運送的美洲物產，特別是白銀，都是支撐當時西班牙國力的財富泉源。因低地諸國獨立問題和西班牙哈布斯堡王朝對立日漸加深的英格蘭就認為，在美洲或歐洲近海搶奪西班牙人的白銀，切斷供給來源，能有效削弱西班牙財政甚至是軍事力量。同時，奪取白銀也能幫助當時財政困窘的伊莉莎白政權。原先出兵歐洲大陸以護衛母國卻需承受高額戰爭費用及政治風險，更可透過掠奪白銀，將成本降至最低，還能一併打擊並動搖西班牙，追捕西班牙白銀船隊就是最直接的手段。本補論開頭介紹的一五七九年劫掠行動，便是英格蘭首次成功捉捕西班牙商船。

之後，為了複製德瑞克的成功，英格蘭多次嘗試襲擊西班牙的白銀運輸船，也數次得手。十六世紀後期，托馬斯·卡文迪西（Thomas Cavendish）繼德瑞克之後展開繞行地球的航程（一五八六～一五八八年），航程中在現今墨西哥下加利福尼亞半島南端的聖路卡斯角外海成功追捕到一艘馬尼拉大帆船。進入十七世紀，當時仍處於脫離西班牙的獨立戰爭的荷蘭西印度公司人員皮亞特·海恩，也於一六二八年在古巴哈瓦那附近的馬坦薩斯灣（Matanzas Bay）成功捕獲白銀運送船隊。

一六五六年，英格蘭海軍理查德．斯泰納也在西班牙加的斯外海成功追捕部分白銀船隊船隻。這些追捕白銀船隊的例子在掠奪活動中特別引人注目，但必須注意的是，實際上大部分的掠奪目標仍以中小型商船為主。

就這樣，英格蘭的掠奪活動範圍雖曾一度縮小，但自十六世紀後半起便與貿易及殖民活動連結，不斷向新的海域擴張。地中海也是其中之一。一五八五年之後，英格蘭與西班牙正式開戰，戰爭期間英格蘭船隻進入地中海，有時結合貿易在海上從事掠奪或是海盜活動。十七世紀初期，英格蘭與西班牙結束戰事，部分來自英格蘭的掠奪者與荷蘭掠奪者攜手，再加上以突尼斯、阿爾及爾等北非伊斯蘭港都國家為據點的巴巴里私掠者（Barbary corsairs），他們在地中海掠奪以威尼斯商船為主的基督教國家船隻。此外，也有掠奪者以愛爾蘭西南部或今日摩洛哥的塞拉為據點，在包括紐芬蘭在內的北大西洋一帶活動。

十七世紀中葉，加勒比海再次成為掠奪的主要舞台。十七世紀初期加勒比海出現被稱為「Buccaneer」（法文為 Flibustier）的掠奪集團（西印度海盜），他們由來自歐洲的前獵人及脫逃的契約勞工組成，以西班牙船隻或殖民地為對象進行劫掠，主要據點在法國人勢力逐漸入侵的伊斯帕尼奧拉島西北部（現今海地）外海的托爾圖加島，以及一六五五年成為英格蘭領地的牙買加羅亞爾港。

這些西印度海盜的掠奪活動規模逐漸擴大，其中的代表性例子便是由亨利．摩根（Henry Morgan）領頭，英法共計超過二千人加入的巴拿馬遠征（一六七〇～一六七一年）。但在此之後，英國與西班牙的關係逐漸親近，加上牙買加商人與在母國與西屬或英屬殖民地的貿易商人認為，比起掠奪，應該優先經營生產砂糖的甘蔗園或與西班牙殖民地的貿易，掠奪行為便逐漸被壓抑。一六八〇年代起，部分英格蘭的西印度海盜開始將活動場域移至防衛相對薄弱的中南美洲太平洋沿岸，自德瑞克以降南太平洋沿岸再次成為掠奪者的狩獵場。不過要說明的是，以英格蘭海軍指揮官約翰・納伯勒（John Narbrough）的遠征（一六六九～一六七一年）為首，這些十七世紀後半乃至十八世紀從事的行為已不再是掠奪，而是開始帶有貿易及探險調查的成分在內。

在十七世紀末，歐洲人的掠奪活動甚至延伸至印度洋。一六九〇年代，以羅德島的普洛威頓斯、紐約等北美洲英國殖民地北部與中部港口城市為據點的掠奪者「紅海者」登場，他們主要來自英格蘭等不列顛群島，以馬達加斯加為中繼站，千里迢迢地前往印度洋、紅海或阿拉伯海，襲擊在歐洲人加入後依然活躍的當地商人貿易船。他們最主要的目標，是從印度載著前往麥加朝聖的朝聖者以及高價商品的蒙兀兒帝國朝聖船隊。一六九五年亨利・埃弗里（Henry Every）的掠奪是其代表，這些英格蘭掠奪者對朝聖船隊及當地商船的攻擊，甚至一度讓英格蘭與蒙兀兒帝國陷入外交緊張。

就這樣，呼應了近代早期白銀循環及交易活動的全球化，寄生於這些活動的英格蘭等歐洲人的掠奪範圍亦擴及全球。直到十八世紀為止，這些行為與英格蘭（之後的英國）透過貿易或殖民的擴張活動相互連結，範圍不僅超越大西洋，還延伸至太平洋及印度洋。本補論開頭提到德瑞克於一五七九年在南美洲太平洋沿岸襲擊《卡卡弗戈號》，即堪稱是掠奪活動邁向全球化的象徵事件。

3 掠奪行為的管理化

德瑞克的這次追捕，也可視為英格蘭掠奪行為轉換期的另一項轉變，更正確地說，是所謂緩慢轉變過程的起始點。亦即，英格蘭開始動用國家力量來管理這些海上掠奪行為，特別是私人的掠奪。

生活在現代的我們聽到「海上掠奪」，或許會想到違法犯罪的「海盜行為」（piracy），然而在十九世紀中期以前，包含英格蘭在內的歐洲海權國家，都存在著與海盜行為不同、**受到政府等公權力承認**的私人掠奪行為。前面提到擴張至全球範圍的掠奪，其中便混雜著獲公權力認可的掠奪、未獲認可或是超出認可範圍的海盜行為，以及認可法源根據曖昧、遊走在灰色地帶的掠奪。此外，也不能忘記在整個近代早期，戰爭時期不只是民間船，就連正規海軍軍艦也會追捕包含商船在內的敵方船隻。

十六世紀之前，獲得官方認可的掠奪與被視為犯罪的海盜行為，兩者不僅在現實中難以分辨，法律上也相當曖昧不明。英格蘭的國內法對海盜行為不能說具有明確規範（十六世紀前，將不法掠奪視為補償的觀念是確實存在的），不過在十六世紀之後，英格蘭開始正式控管私人掠奪行為，影響之下受政府認可的掠奪與海盜行為先是在法理上，隨後在實際上也逐漸分離。前者在掠奪控管的發展下，其核心型態逐漸產生變化。

首先來看看十六世紀英格蘭政府是如何處置海盜行為。本章開頭提到的德瑞克環球航行，背後有國務大臣法蘭西斯・沃辛漢（Francis Walsingham）、萊斯特伯爵羅伯特・達德利（Robert Dudley）等有力廷臣及海軍相關人士的資助。另一方面，雖然德瑞克在航程中不時主張自己的出航是受伊莉莎白女王公開認可，但是否果真如此仍舊存疑，且至今尚未找到正式文件諸如追捕許可證（Letter of Marque）等顯示其掠奪曾獲得許可的關鍵證據。因此就法律角度而言，德瑞克的掠奪被視為海盜行為的可能性很高；然而當時女王和政府要人為了牽制對立日漸深化的西班牙，都默許了德瑞克的行為。

然而，這並不表示當時的政府認可所有的海盜行為。就如美國考古人類學家潔莉亞・那托爾（Zelia Nuttall）及英國近代史學者約翰・阿普比（John C. Appleby）等人在研究中指出，十六世紀時政府亦曾嘗試取締不列顛群島近海的海盜劫掠。首先亨利八世在位時期的一五三六年，議會通過法令明定海盜為重罪，而海盜行為則可依當時英格蘭國內的普通法（Common law）來裁判。

此一時期在不列顛群島近海的掠奪者以英格蘭西南部、威爾斯南部、愛爾蘭西南部等地為據點，多半在英吉利海峽、北海或愛爾蘭海從事掠奪。雖然有各地士紳（gentry）或地區集團資助，但這些劫掠本身並未獲得政府正式認可，因此不僅對被掠奪者而言是海盜行為，英格蘭政府也是如此看待。這樣的掠奪不但造成國內的治安問題，也可能引發外交問題，因此政府努力取締掠奪者或補償受害者。常被喻為「海盜女王」的伊莉莎白在一五七七年做了新的嘗試，她任命各地區的有力人士組成取締委員會，監視海盜及走私貿易，加強取締海盜行為。不過，當時有二個因素讓此政策無法徹底執行，一是當時的海軍實力尚未發展到足以確實執行政策，二是理應進行取締的沿岸地區海軍中將（Vice-Admirals of the Coast）、副海軍法院官吏等人都和海盜勾結，態度消極。

也就是說，地方層級人士多半默認了**不列顛群島周邊近海**的海盜，但中央政府並未正式認可。實際上，十六世紀政府的確還無法有效控管這些掠奪行為，一直要到一六四〇年代，海盜的取締才終於看見成效，除了部分零星的掠奪外，不列顛群島近海已不見大規模的海盜活動（未獲得認可的掠奪活動則將據點移至加勒比海或北美洲一帶繼續）。

對於這些海盜行為，一般會將近代早期英格蘭公權力認可的私人掠奪稱為「私掠」（privateering，雖然不盡相同，但法國、荷蘭、西班牙等歐洲海權國家都有類似制度）。在戰爭時期，私掠行為有政府的許可，得以追捕敵船或與敵國貿易的部分中立船隻，並直接轉賣貨品賺取收益，算是一種掠奪事業。為了阻礙敵國的海上貿易，政府亦時常獎勵私掠並發行私掠許可證，確保其合法性。而這些追捕行動的合法性，並不限於發給其許可證的國家。雖然各國之間，特別是交戰國與中立國常因個別的私掠正當性問題發生紛爭，但原則上，當時歐洲的海權國家之間皆承認彼此私掠制度的合法性。

因此，這些獲得政府認可的私掠，在法律上與海盜劫掠截然不同。的確，直到十八世紀初期仍不時有私掠者轉為海盜，兩者界線模糊也是事實，但要從事私掠，必須向高等海事法院等單位申請，奪得的船隻或商品亦須接受審查，確認是否屬於敵國的正當戰利品等等，一切皆須依循既定的法律程序。就這點來看，宣稱私掠和海盜行為在法理上的區分僅為表面，這樣的看法並不正確；在管理制度皆已完備的十八世紀初期之後，更是如此。

政府承認的私掠行為，與未獲得認可或超過許可範圍的海盜行為，在法律上是有所區別的。不過在歷史的演變過程下，政府許可的掠奪行為也常被忽視或輕視。一般而言，肯尼斯·安德魯斯（Kenneth Richmond Andrews）等眾多研究者，都將伊莉莎白與西班牙交戰之際，政府認可下的英格蘭民間武裝船掠奪西班牙船隻之行為通稱「私掠」。但近年海軍史學家尼古拉斯·安德魯·馬汀·羅傑（Nicholas Andrew Martin Rodger）卻質疑，是否真能將十六世紀包含伊莉莎白時期在內取得許可的掠奪行為稱作「私掠」。伊莉莎白與西班牙交戰時所認可的掠奪行為，不過只是中世紀後期以降「報復性追捕」（reprisal）的延續，此與十七世紀中期後出現的「私掠」並不相同（實際上，privateer 一詞也是在十七世紀中期才出現）。

筆者認為，若有分析概念做為前提，將十六世紀包含伊莉莎白時期在內獲得認可的掠奪稱為「私掠」也是可行的。因為此時的掠奪做為經濟活動，包括實際狀況與制度等基本框架，已和十七世紀之後的私掠沒有太大的差異。安德魯斯不可能辨識不出報復性追捕和私掠的差異，但如同羅傑所述，並非所有獲得公權力認可的個人掠奪活動都可用「私掠」二字概括；他告訴我們，隨著時代不同，私掠的特徵也有所轉變，這點必須特別注意（此外，筆者也認為若想以「私掠」二字指稱十六世紀之前獲認可的掠奪行為，使用上得更加慎重小心）。

那麼，什麼是「報復性追捕」？和私掠一樣，這是一種同樣受公權力認可的掠奪型態之一。英格蘭最早在紀錄中提及這個古老習慣，可追溯至一二九三年的文件。報復性追捕原指在海上遭他國掠奪的被害者，靠自己力量追討損失。譬如，A國的船在無正當理由的情況下被B國船襲擊，並且難以透過本國宮廷向B國取得補償時，被害者可向君主取得認可證，憑自身實力掠奪B國的船，取回損失額同等的商品做為正當報復。報復時襲擊的目標不需和當初掠奪船隻相同，只要同是B國的船隻即可。不過要進行這樣的報復性追捕，原則上必須提出損失證明及保證金等等，符合一定條件才能取得認可證。

報復性追捕和私掠，雖然都是獲公權力認可的掠奪行為，但兩者在法理位置上大相逕庭。前者原則上是為了取回私人財產的損失而於**平時**進行的掠奪，即便與報復對象的國家之間處於和平狀態，亦可進行。此外，報復性追捕原則上只能奪取與損失同等的額度，王權除了超出的額度外不能抽成。相對於此，後者的私掠則是君主或主權國家之間戰爭的一環，僅能在**戰爭時**進行，只要掠奪船隻屬於許可證允許範圍內的國家，原則上沒有奪取上限，但國王也有徵收部分掠奪財產的權利（不過英國在一七〇八年放棄了這項權利）。

然而，報復性追捕實際上也並非只為追討損失。依據阿普比的研究，報復性追捕制度被輕易濫用，早在十四世紀末至十五世紀初期，由商人或貴族、士紳階級參與的掠奪事業，便早已脫離了原本目的；然而在平時便可執行這點，就法律觀點來看，和私掠這個同樣受官方認可的掠奪行為之間，依然有著不容忽視的差異。十六世紀後期德瑞克活動之際，正是合法掠奪行為逐漸轉變其核心型態的時期，換言之，原本只為討回平日私人財產損失而進行的「報復性追捕」，在當時逐漸成形的近代早期主權國家戰爭的背景下，遂逐漸轉變為半官方的軍事活動「私掠」。

在中世紀後期，即能看到君主為妨礙敵對勢力貿易而利用報復性追捕的例子，到了十六世紀中期英格蘭王權在國內外紛爭頻仍之際，更是積極活用此制度。一五四三年與一五五七年，王權即便未經法律程序，仍舊許可臣民襲擊敵國法國或蘇格蘭的船隻。伊莉莎白女王也在一五六三年命令聯合桑威赤等英格蘭東南部重要港灣城市的「五港」長官，向長期敵對的法國發動報復性追捕。一五八五年起與西班牙開戰，但兩國在政治考量下並未正式宣戰，因此官方認可的海上掠奪表面上是英格蘭商人為追討損失而進行的平時報復性追捕，但實際上則是君主間的戰爭，實際掠奪狀況也和後世戰爭時期的私掠行為相似。

報復性追捕在十七世紀前期轉為私掠，具體情形還有待今後研究釐清，但此種轉變過程可說是在十七世紀中期左右大抵完成。自此之後，報復性追捕雖仍存在，但除了一七三九年詹金斯之耳戰爭（War of Jenkins' Ear）開戰前的短暫時期外，幾乎已沒有人從事報復性追捕，獲得認可的個人掠奪最終皆歸攏為戰爭時期的私掠行為（不過，研究十八世紀私掠的權威大衛．史塔基〔David Starkey〕認為，十八世紀時以針對敵國侵害之損失進行「全面性報復」為由，將私掠正當化，就此觀點即可看出，私掠和報復性追捕之間具有概念上的連續性）。

就這樣，官方認可的掠奪，從平日以追討個人損失為目的之行為，逐漸變成原則上始於宣戰、終於和平協議，做為近代早期主權國家戰爭行為的一環。這樣的變遷過程，可視為包含取締海盜及海軍控管追捕行為在內，由國家全面管理掠奪行為的一部分。包括開頭提及的德瑞克環球航行在內，十六世紀後期伊莉莎白統治時期的掠奪，正是官方開始正式著手管理的時期。

4 「神話」的起點：德瑞克環繞世界一周

綜觀以上種種，一五七九年德瑞克追捕《卡卡弗戈號》時，正逢海上掠奪活動兩種變化過程中的轉換期，或稱移轉期。這兩種變化，就是海上掠奪的全球化與管理化。伴隨著白銀流通及貿易全球化的影響，十六世紀後期開始英格蘭的掠奪活動範圍戲劇性地急速擴張至整個大西洋，又以德瑞克的環球航行做為先驅，逐步擴張至太平洋及印度洋。此外，與全球化現象並行，國家也逐漸介入管理掠奪行為。十六世紀起國家對海上掠奪的管控逐漸正規化，一方面透過議會制定法律將海盜行為明確列為處罰對象，另一方面獲得官方許可的掠奪，其核心型態也從追討個人損失的報復性追捕，轉為主權國家之間戰時半官方軍事活動的私掠。

之後直至十七世紀中期，官方認可的掠奪轉向私掠的過程方告一段落。不過從管制掠奪的角度來看，還有其他重要的轉折時點，十八世紀初期就是其中之一。此時透過鎮壓作戰，以北美洲與加勒比海為據點的海盜遭驅逐，之後幾乎整整一個世紀（零星海盜除外），在北美洲與加勒比海已經看不到以歐洲人為主的大規模海盜集團。此後掠奪的核心型態轉為獲公權力認可、由海軍從事的追捕及私掠行為，做為戰爭時期「通商破壞戰」的一環，目標是妨礙敵國海上貿易，並一直持續到十八世紀末。這種掠奪行為被嵌入了橫跨大西洋、印度洋及太平洋等全球規模的歐洲各國重商主義的角力戰中。

本章開頭提及的《卡卡弗戈號》追捕等德瑞克的掠奪事件，也間接影響了十八世紀歐洲各國的海上抗爭。筆者希望在本章結束前闡述此一重點。十八世紀的通商破壞戰原是以中小型商船為主要目標，但在與西班牙交戰或發生衝突之際，馬尼拉大帆船等白銀運輸船也成為海軍及私人掠奪的重要追捕目標。其中也有人想仿效德瑞克環繞世界進行掠奪，實際上也成功襲擊了馬尼拉大帆船。一七〇九年西班牙王位繼承戰爭之際，私掠者伍茲·羅傑斯（Woodes Rogers）就成功襲擊了大帆船；一七四三年奧地利王位繼承戰爭之際，英國海軍准將喬治·安森（George Anson）也追捕成功。換言之，德瑞克等人在十六世紀後期對西班牙的掠奪活動，特別是追捕白銀運輸船，成了十八世紀戰爭時期依循的歷史前例，許多後繼者都想再次重現。此外，人們對德瑞克掠奪行為的記憶，與一五八八年擊敗西班牙無敵艦隊海的記憶一同昇華成英格蘭輝煌光榮的歷史，逐漸被神話化，羅傑稱之為「英格蘭海權的國民神話」。稱讚海戰、特別是在美洲殖民地近海的海戰帶來的好處，成為政治論述的基礎，影響了十八世紀英國的政治與外交政策。換言之，十六世紀後期德瑞克的掠奪活動，成為建立全球殖民地帝國的海權國家英格蘭擴張其理念的神話支撐起點。

圖5-3	*1594 Le Sacre d'Henri IV à Chartres*, Chartres, Musée des beaux-arts, Chartres, 1994.
圖5-4～5-5	公眾領域
圖5-6～5-8	*1594 Le Sacre d'Henri IV à Chartres*, Chartres, Musée des beaux-arts, Chartres, 1994.
圖補-1	公眾領域

圖片來源

圖總-1～總-5	公眾領域
圖1-1	Carlos Prieto, *El Océano Pacífico*, Madrid, 1972.
圖1-2	平山篤子提供
圖1-3	平山篤子提供
圖2-1上	公眾領域
圖2-1下	城地孝提供
圖3-1	British Library (CC BY-SA 4.0)
圖3-2	Marcin Białek (CC BY-SA 3.0)
圖3-3	Diego Delso (CC BY-SA 4.0)
圖3-4	James Wescoat, courtesy of Aga Khan Documentation Center, MIT Libraries (AKDC@MIT)
圖3-5	真下裕之提供
圖4-1	堀井優提供
圖4-2	堀井優提供
圖5-1	公眾領域
圖5-2	公眾領域

Andrews, Kenneth R., *Elizabethan Privateering: English Privateering duringh the Spanish War 1585-1603*, Cambridge, Cambridge University Press, 1964.

Andrews, Kenneth R., *Drake's Voyages: A Re-assessment of their Place inElizabethan Maritime Expansion*, London, 1967.

Andrews, Kenneth R., *Trade, Plunder and Settlement: Maritime Enterprise and the Genesis of the British Empire, 1480-1630*, Cambridge, Cambridge University Press, 1984.

Appleby, John C., *Under the Bloody Flag: Pirate of the Tudor Age*, Strond, 2009.

Kelsy, Harry, *Sir Grancis Drake: The Queen's Pirate*, New Haven/London, Yale University Press, 1998.

Marsden, Reginald G.(ed.), *Documents relating to Law and Custom of the Sea*, vol. I A.D. 1205-1648, London, 1915.

Nuttall, Zelia(trans. and ed.), *New Light on Drake: A Collection of Documents relating to His Voyage of Circumnavigation, 1577-1580*, London, 1914.

Rodger, N. A. M., "Queen Elizabeth and the Myth of Sea-Power in English History", *Transactions of the Royal Historical Society*, 14, 2004.

Rodger, N. A. M., "The Law and Language of Private Naval Warfare", *Mariner's Mirror* 100-1. 2014.

Rubin, Alfred P., *The Law of Piracy*, Newport, RI, 1988, repr. Honolulu, HI, University Press of the Pacific, 2006.

Satsuma, Shinsuke, *Britain and Colonial Maritime War in the Early Eighteenth Century: Silver, Seapower and the Atlantic*, Woodbridge, 2013.

Stark, Francis R., *The Abolition of Privateering and the Declaration of Paris*, New York, Columbia University, 1897; repr. Honolulu, HI: University Press of the Pacific, 2002.

Starkey, David J., *British Privateering Enterprise in the Eighteenth Century*, Exeter, University of Exeter Press, 1990.

Thrower, Norman J. W.(ed.), *Sir Francis Drake and the Famous Voyage, 1577-1580*, Berkeley/Los Angeles/London, University of California Press, 1984.

Wernham, R. B., "Elizabethan War Strategy" in S. T. Bindoff, J. Hurstfield and C. H. Williams(eds.), *Elizabethan Government and Society*, London, 1961.

Whitfield, Peter, *Sir Francis Drake*, London, 2004.

Williams, Glyndwr, *The Great South Sea: English Voyages and Encounters, 1570-1750*, New Haven, CT/London, Yale University Press, 1997.

Williams, Neville, *The Sea Dogs: Privateers, Plunder & Piracy in the Elizabethan Age*, London, 1975.

Francia>>. El programa hispano-catolico ante los *Estados Generales de 1593, Espacio, tiempo y forma, serie IV, Historia Moderna*, t.7, 1994.

Jouanna, A., *La Saint-Barthhélemy*, Paris, 2007.

Kervyn de Lettenhove, J., *Les Huguenots et les Gueux*, 6 vols, Bruges, 1883-85.

Nouaillac, J., *Villeroy, secretaire d'etat et minister de Charles IX, Henri III et Henri IV (1543-1610)*, Paris, 1909.

Parker, G., *The Army of Flanders and the Spanish Road 1567-1659*, Cambridge, Cambridge University Press, 2004(second ed.).

Ibid., *The World is Not Enough: The Imperial Vision of Philip II of Spain*, Waco(Texas), 2000.

Ruiz Ibanez, J. J., *Esperanzas y fracasos de la politica de Felipe II en Francia(1595-1598)*, Muricia, 2004.

Sutherland, N. M., *The Massacre of St Bartholomew and the European Confict 1559-1572*, London/Basingstoke, 1973.

Tallon, A., *Conscience nationale et sentiment religieux en France au XVIe siècle*, Paris, 2002.

Vazquez de Prada, V., *Felipe II y Francia(1559-1598). Politica, Religion y Razon de Estado*, Pamplona, Editiones Universidad de Navarra, 2004.

Wolfe, M., *The Conversion of Henri IV, Cambridge(Massachusetts)*/London, Harvard University Press, 1993.

Yardeni, M., *La conscience nationale en France pendant les guerres de religion(1559-1598)*, Paris/Louvian, 1971.

補論　德瑞克環球航行與掠奪行為的變遷

薩摩真介『〈海賊〉の大英帝国——掠奪と交易の四百年史』講談社 2018年

近藤仁之『ラテンアメリカ銀と近世資本主義』行路社 2011年

フランク，アンドレ・グンダー，山下範久訳『リオリエント——アジア時代のグローバル・エコノミー』藤原書店 2000年

フリン，デニス，秋田茂・西村雄志編『グローバル化と銀』山川出版社 2010年

Cimber, L., Danjou, F. (ed.), *Archives curieuses de l'histoire de France*, t.11-13, Paris, 1834.

Gomberville (ed.), Mémoires de M. le duc de Nevers, prince de Mantoue, paie de France, gouverneur et lieutenant général pour les rois Charles IX, Henri III et Henri IV, en diverses provinces de ce royaume enrichis de plusierus pieces du temps, 2 vols., Paris, 1665.

Goulart, S. (ed.), *Mémoires de la Lique*, 6 vols., Amsterdam, 1758.

Isambert, F.A., and others(ed.), *Recuril général des anciennes lois grancaises depuis l'an 420 jusqu'a la révolution de 1789*, t.14-15, Paris, 1821.

Martin, M. (ed.) , *Satyre menipee*, Saint-Etienne, 2010.

Neufville, Nicola de, (sieur de Villeroy), *Mémoire d'état*, 2 vol., Clermont-Ferrand, 2004.

Vignier, N., *Raisons et causes de préséance entre la France et l'Espagne, proposée par un nommé Augustin Cranato Romain pour l'Espagne, et traduictes d'Italien en Francois, ensemble les responces et defenses pour la France a chacune d'icelles*, Paris, 1608.

▶参考文獻

阿河雄二郎・嶋中博章編『フランス王妃列伝』昭和堂 2017年

菅波和子訳『サチール・メニッペ（抄）』宮下志郎他編訳『フランス・ルネサンス文学集1　学問と信仰と』白水社 2015年

関哲行・立石博高・中塚次郎編『世界歴史体系　スペイン史１――古代～近世』山川出版社 2008年

高澤紀恵『近世パリに生きる』岩波書店 2008年

ブローデル，　フェルナン（浜名優美訳）『地中海』全５巻 藤原書店 1991-95年

和田光司「十六世紀フランスにおける寛容に関する諸概念について（上）（中）（下）」『聖学院大学論叢』17-3, 18-1, 12-2 2005年 2009年

Boltanski, A., *Les ducs de Nevers et l'état royal*, Geneve, Droz, 2006.

Haam, B., *L'amitié entre princes. Une alliance franco-espagnole au temps des guerres de Religion (1560-1570)*, Paris, 2011

Inurritegui Rodriguez, J.M., <<El intent que tiene S. M. en las coasa de

行政をめぐって」鈴木董編『オスマン帝国史の諸相』東京大学東洋文化研究所 2012年

堀井優「近世カイロのヨーロッパ人」『ヨーロッパ文化史研究』15 2014年

堀井優「16世紀後半・17世紀前半オスマン帝国―ヴェネツィア間条約規範の構造」川分圭子・玉木俊明編『商業と異文化の接触――中世後期から近代におけるヨーロッパ国際商業の生成と展開』吉田書店 2017年

Arbel, B., *Trading Nations: Jews and Venetians in the Early Modern Eastern Mediterranean*, Baltimore, 2006.

Dursteler, E. R., *Venetians in Constantinople: Nation, Identity, and Coexistence in the Early Modern Mediterranean*, Baltimore, 2006.

Faroqhi, S., "The Venetian Presence in the Ottoman Empire, 1600-30", H. Islamoglu-Inan(ed.), *The Ottoman Empire and the World-Economy*, Cambridge, 1987.

Faroqhi, S., "Before 1600: Ottoman Attitudes towards Merchants from Latin Christiandom", Turcica 34, 2002.

Faroqhi, S., *The Ottoman Empire and the World Around It*, London/New York, 2004.

Hanna, N,. *Making Big Money in 1600: The Life and Times of Isma 'il Abu Taqiyya, Egyptian Merchant*, Syracuse, 1998.

Inalcik, H., Quataert, D. (eds.), *An Economic and Social History of the Ottoman Empire, 1300-1914*, Cambridge, 1994.

Tuchscherer, M. (ed.), *Le commerce de café avant lere des plantations colonials: Espace, resaux, societes (XV-XIX siecles)*, Cairo, 2001.

Tuchscherer, M., Pedani, M. P., *Alexandrie ottoman*, vol. I, Cairo, 2011.

Winter, M., *Egyptian Society under Ottoman Rule 1517-1798*, London/New York, 1992.

第五章　宗教戰爭與國家整合

▶史料

Benoist, René, *Advertissement en forme d'Epistre consolatoire et exhortatoire, envoyee a l'Eglise et paroisse insigne et sincerement Catholicque de S. Eustache a Paris*, Saint-Denis, 1593.

Berger de Xivrey, M.(ed.), *Recueil des lettres missives de Henri IV*, t.III, Paris, 1846.

Bernard, A. (ed.), *Proces-Verbaux des Etats generaux de 1593*, Paris, 1842.

Francis H. Taft, “Honor and Alliance: Reconsidering Mughal-Rajput Marriages”, Karine Schomer, Joan L. Erdman, Deryck O. Lodrick and Lloyd I. Rudolph(eds.). *The idea of Rajasthan: Explorations in Regional Identity. Volume II: Constructions*, New Delhi, 1994.

Cynthia Talbot, “Justifying Defeat: A Raiput Perspective on the Age of Akbar”, *Journal of the Economic and Social History of the Orient*, 55(2/3), 2012.

Jan de Vries, “Connecting Europe and Asia: A Quantitative Analysis of the Cape-Route Trade, 1497-1795”, Dennis O. Flynn, Arturo Giradez and Richard von Glahn(ed.), *Global Connections and Monetary Hisroty, 1470-1800*, Aldershot, 2003.

Norman P. Ziegler, “Rajput Loyalties During the Mughal Period”, John F. Richards(ed.), *Kingship and Authority in South Asia*, Delhi, 1998.

第四章　東地中海的鄂圖曼帝國與威尼斯人

齊藤寛海『中世後期イタリアの商業と都市』知泉書館 2002年

長谷部史彦『オスマン帝国治下のアラブ社会』山川出版社 2017年

深沢克己『商人と更紗——近世フランス=レヴァント貿易史研究』東京大学出版会 2007年

堀井優「オスマン帝国とヨーロッパン商人——エジプトのヴェネツィア人居留民社会」深沢克己編『国際商業』ミネルヴァ書房 2002年

堀井優「エジプト社会のオスマン化——体制と貿易の変容をめぐって」『歴史学研究』822 2006年

堀井優「近世初頭の東地中海——オスマン帝国とエジプト海港社会」『史学研究』260 2008年

堀井優「条約体制と交渉行動——近世初頭のオスマン権力とエジプトのヴェネツィア人領事」林康史編『ネゴシエイション——交渉の法文化』国際書院 2009年

堀井優「16世紀オスマン帝国の条約体制の規範構造——ドゥブロヴニク,ヴェネツィア,フランスの場合」『東洋文化』91 2011年

堀井優「ヴェネツィア人領事が見たエジプトとその周辺——16世紀の商業と

John S. Deyell, "The Development of Akbar's Currency System and Monetary Integration of the Conquered Kingdoms", John F. Richards(ed.), *The Imperial Monetary System of Mughal India*, Delhi,1987.

John S. Deyell, "Cowries and Coins: The Dual Monetary System of the Bengal Sultanate", *Indian Economic and Social History Review*, 47(1), 2010.

Jean Deloche, *La circulation en Inde avant la revolution des transports*, Paris, 1980.

Carl W. Ernst and Bruce B. Lawrence, *Sufi Martyrs of Love: The Chishti Sufi Order in South Asia and Beyond*, New York, 2002.

Annabel The Gallop, "The Geneological Seal of the Mughal Emperors of India", *Journal of the Royal Asiatic Society, 3rd Series*, 9(1), 1999.

Vitorino Magalhaes Godinho, *Os descobrimentos e a economia mundial*, 4 vols., Lisboa, 1981-1983.

Irfan Habib, *The Agrarian System of Mughal India 1556-1707*,(Third Edition), New Delhi, 2014. (First Edition : London, 1963)

Najaf Haider, "Precious Metal Flows and Currency Circulation in the Mughal Empire", *Journal of the Economic and Social History of the Orient*, 39(3), 1996.

Iqtidar Alam Khan, "The Nobility under Akbar and the Development of His Religious Policy, 1560-80". *Journal of the Royal Asiatic Society of Great Britain and Ireland*, 1968(1/2),1968.

Shireen Mooscvi, " The Silver Influx, Money Supply, Prices and Revenue-Extraction in Mughal India" in Shireen Moosvi, *People, Taxation, and Trade in Mughal India*, New Delhi, 2008.(First Edition in *Journal of the Economic and Social History of the Orient*, 30(1), 1987.

Attilio Petruccioli, *Fathpur Sikri: La citta del sole e delle acque*, Roma, 1988.

Aattilio Petruccioli and Thomas Dix, *Fatehpur Sikri (Opus, Vol. 5)*, Berlin, 1992.

Om Prakash, "Global Precious Metal Flows and India, 1500-1750", John McGuire, Patrick Bertola and Peeter Reeves(eds.), *Evolution of the World Evonomy, Precious Metals and India*, New Delhi, 2001.

Syed Ali Nadeem Rezabi, *Fathpur Sikri Revisited*, New Delhi, 2013.

Jaroslav Strnad, "Mughal Silber Coin Hoards of Uttar Pradesh: An Important Source for the Study of Monetary History of Pre-Modern India", Amiteshwar Jha(ed.), *Medieval Indian Coinages : A Historical and Economic Perspective*, Nasik, 2001.

Sanjay Subrahmanyam, "Precious Metal Flows and Prives in Western and Southern Asia, 1500-1750: Some Comparative and Conjunctural Aspects", *Studies in History. New Series*, 7(1), 1991.

Jahangir, *Jahangir Namah*. Muhammad Hashim(ed.), Tihran, 1359 Sh. [『ジャハーンギール・ナーマ』]

'Abd al-Qadir Bada'uni, *Muntakhab al Tawarikh*. M. A. 'Ali & Kabir al-Din Ahmad (eds.), 3 vols., Calcutta, 1864-1869. [『諸史精選』]

Mirza La'l Beg, *Thamarat al-Quds min Shajarat al-Uns*. Kamal Hajj Sayyid Jawadi(ed.), Tihran, 1376 Sh. [『神聖性の果実』]

Shaykh 'Abd al-Haqq Dihlawi, *Akhbar al-Akhyar fi Asrar al-Abrar*. 'Alim Ashaf Khan(ed.), Tihran, 1383 Sh. [『善行者列伝』]

Ahmad Tattawi, *Tarikh-I Alfi*. Ghulam-Rida Tabatabayi Majd(ed.), 8 vols., Tihran, 1382 Sh. [『千年史』]

Joannes Oranus, *Japonica Sinencia Mogorana. Hoc est de rebus apud eas gentes a partibus societatis Jesu, ann. 1598 et 99*, Leodium, 1601. [ハビエル書簡]

Babur, *Babur Namah*.(Ed.) 間野英二『バーブル・ナーマの研究I』松香堂 1995.（日本語訳：間野英二『バーブル・ナーマの研究III 訳注』松香堂 1998年）[『バーブル・ナーマ』]

Antonio da Silva Rego(ed.), *Documentacao para a Historia das Missoes do Padroado Portugues do Oriente. India*, vol. 12, Lisboa, 1958. [ペレイラ書簡]

Anthonio Monserrate, *Mongolicae Legationis Commentarius*. H. Hosten(ed.), "Jesuit Letters and Allied Papers on Mogor, Tibet, Bengal and Burma, Part I: Mongolicae Legationis Commentatius", *Memoirs of the Asiatic Society of Bengal*, 3(9), 1914.（日本語訳：清水廣一郎・池上岑夫訳「ムガル帝国誌」『ムガル帝国誌・ヴィジャヤナガル王国誌』岩波書店 1984年）[『ムガル帝国誌』]

Francois Bernier, *Voyages de Francois Bernier doctrur en medicine de la faculte de Montpellier, contenant la description des etats de Grand Mogol, de l'Hindoustanm de Royaume de Kachemire, &c.* F. Tinguely, A Paschoud and Ch-A. Chamay(eds.), *Un libertin dans l'Inde Moghole: Les voyages de Francois Bernier (1656-1669)*, Paris, 2008. [『旅行記』]

▶参考文獻

Joseph J. Brennig, "Silver in Seventeenth-Century Surat: Monetary Circulation and the Price Revolution in Mughal India", J. F. Richards (ed.), *Precious Metals in the Later Medieval and Early Modern Worlds*, Durham, 1983.

John S. Deyell, "The China Connection: Problems of Silver Supply in Medieval Bengal", J. F. Richards(ed.), *Precious Metals in the Later Medieval and Early Modern Worlds, Durham*, 1983.

藤井宏「明代塩商の一考察——辺商・内商・水商の研究」(1)～(3)『史学雑誌』54-5・6・7 1943年
夫馬進「明代白蓮教の一考察——経済闘争との関連と新しい共同体」『東洋史研究』35-1 1976年
夫馬進「明清中国による対朝鮮外交の鏡としての対ベトナム外交——冊封問題と「問罪の師」を中心に」夫馬進『朝鮮燕行使と朝鮮通信使』名古屋大学出版会 2015年（初出は2007年）
韋慶遠『張居正和明代中後期政局』広東高等教育出版社 1999年
胡凡「論明世宗對蒙“絕貢”政策與嘉靖年間的農牧文化衝突」『中國邊疆史地研究』15-4 2005年
梁淼泰「明代“九辺”的軍数」『中国史研究』1997年第一期
城地孝『長城と北京の朝政——明代内閣政治の展開と変容』京都大学学術出版会 2012年
城地孝「咸寧侯仇鸞の周辺——十六世紀の商業化時代における明朝政治考察の一助として」『史林』96-3 2013年

第三章　蒙兀兒帝國的形成與帝都法泰赫普爾時代

▶史料

Abū al-Fadl, *A'in-i Akbari*. H. Blochmann(ed.), 2 vols., Calcutta, 1867-1877. [『アーイーニ・アクバリー』]
Muhammad ʻArif Qandahari, *Tarikh-i Akbari*. Sayyid Muʻin al-Din Nadwi et al.(eds.), Rampur, 1962. [『アクバル史』]
Nizam al-Din Ahmad, *Tabaqat-i Akbari*. B. De & Muhammand Hidayat Husayn (eds.), 3vols., Calcutta, 1913-1941. [『アクバル諸章』]
Abū al-Fadl, *Akbar Namah*. Mawlawi Agna Ahmad ʻAli & Mawlawi ʻAbd al-Rahim (eds.), 3 vols., Calcurra, 1877-1886. [『アクバル・ナーマ』]
馬歓『瀛涯勝覽』(馮承鈞校注)上海商務印書館 1935.（日本語訳：小川博訳『中国人の南方見聞録』吉川弘文館 1998年）[『瀛涯勝覽』]
William Finch,(Obserbations of William Finch, Merchant, taken out of his large Journall). William Foster(ed.), *Early Travels in India, 1583-1619*. London, 1921. [『見聞記』]

岩井茂樹「十六・十七世紀の中国辺境社会」小野和子編『明末清初の社会と文化』京都大学人文科学研究所 1996年
岩井茂樹「十六世紀中国における交易秩序の模索——互市の現実とその認識」岩井茂樹編『中国近世社会の秩序形成』京都大学人文科学研究所 2004年 所収
岩井茂樹「明代中国の礼制覇権主義と東アジアの秩序」『東洋文化』85 2005年
岩井茂樹「帝国と互市——十六－十八世紀東アジアの通交」籠谷直人・脇村孝平編『帝国とアジア・ネットワーク——長期の19世紀』世界思想社 2009年
大石隆夫「明代嘉靖初年の密掲政治について」『人文論究』52-2 2002年
大石隆夫「明代嘉靖朝の西苑再建」『人文論究』53-3 2003年
岡野昌子「萬曆二十年寧夏兵変」小野和子編『明末清初の社会と文化』京都大学人文科学研究所 1996年
奥山憲夫『明代軍政史研究』汲古書院 2003年
小野和子『明季党社考——東林党と復社』同朋舎出版 1996年
岸本美緒「東アジア・東南アジア伝統社会の形成」『東アジア・東南アジア伝統社会の形成——16～18世紀』岩波書店 1998年
小島毅「嘉靖の礼制改革について」『東洋文化研究所紀要』117 1992年
佐藤文俊『明代王府の研究』研文出版 1999年
清水泰次『明代土地制度史研究』大安 1968年
鈴木正「明代家丁考」『史観』37 1952年
谷井陽子「辺境と朝廷——十六世紀中国の北辺問題と中央政界」前川和也編著『空間と移動の社会史』ミネルヴァ書房 2009年
壇上寛『明朝専制支配の史的構造』汲古書院 1995年
壇上寛『明代海禁=朝貢システムと華夷秩序』京都大学学術出版会 2013年
寺田隆信『山西商人の研究』東洋史研究会 1972年
永井匠「隆慶和議をめぐるアルタン=ハーンと右翼モンゴル諸王公との関係について」『日本モンゴル学会紀要』33 2003年
野口鐵郎『明代白蓮教史の研究』雄山閣 1986年
萩原淳平『明代蒙古史研究』同朋舎出版 1980年

Chaunu, Pierre, *Les Philippines et le Pacifique des Iberiques, XVIe-XVIIe-XVIIIe siecles*, Paris, 1960.

The Philippine Islands, 1493-1898, 55 vols. (Ed. and annotates by Emma Helen Blair and James Alexander Roberson)

▶参考文獻

岸本美緒『明清交替と江南社会』研文出版 1999年

佐久間重男『日明関係史の研究』吉川弘文館 1992年

平山篤子『スペイン帝国と中華帝国』法政大学出版局 2012年

ヒル, フアン『イダルゴとサムライ』法政大学出版局 2000年

ブルック, ティモシー『フェルメールの帽子』岩波書店 2014年

百瀬弘『明清社会経済史研究』研文出版 1980年

Brook, Timothy, *The Confusions of Pleasure, Commerce and Culture in Ming China*, Berkley, University of California Press, 1999.

De ia Costa, S. J., Horacio, *The Jesuits in the Philippines, 1581-1768*, Cambridge (Massachusetts), Harvard University Press, 1999.

Flynn, Dennis O. and Giraldez, Arturo(ed), *Metals and Monies in an Emerging Global Economy*, An Expanding World, Vol. 4, Variorum, 1997.

Seijas, Tatiana, *Asian Slaves in Colonial Mexico, Fro, Chinos to Indians*, Cambridge Latin American Studies, New York, Cambridge University Press, 2014.

Von Glahn, Richard, *Fountain of Fortune, Money and Monetary Policy in China, 1000-1700*, Oakland, University of California Press, 1996.

Yuste Carmen, "De la libre contratacion a las restricciones de la permission. La andadura de los comerciantes de Mexico en los giros iniciales con Manila, 1580-1610", *Un oceano de seda y plata: el universe economico del Galeon de Manila*, Consejo Superior de Investigaciones Cientificos/Escuela Espanola de Historia y Arqueologia en Roma, 2013.

第二章　北虜問題與大明帝國

青木富太郎『万里の長城』近藤出版社 1972年

井上治『ホトクタイ=セチェン=ホンタイジの研究』風間書房 2002年

主要參考文獻

總論　白銀大流通與國家整合

ウォーラーステイン，イマニュエル（川北稔訳）『近代世界システム——農業資本主義と「ヨーロッパ世界経済」の成立』全２巻 岩波書店 1981年

岸本美緒「東アジア・東南アジア伝統社会の形成」『岩波講座世界歴史 13 東アジア・東南アジア伝統社会の形成』岩波書店 1998年

近藤和彦『近世ヨーロッパ』山川出版社 2018年

杉山清彦『大清帝国の形成と八旗制』名古屋大学出版会 2015年

永井和「東アジア史の『近世』問題」夫馬進編『中国東アジア外交交流史の研究』京都大学学術出版会 2007年

中島楽章「14 - 16世紀, 東アジア貿易秩序の変容と再編——朝貢体制から1570年システムへ」『社会経済史学』76-4 2011年

羽田正「三つの『イスラーム国家』」『岩波講座世界歴史 14 イスラーム・環インド洋ブローデル, フェルナン（浜名優美訳）『地中海』全５巻　藤原書店 1991-95年

Flynn, Dennis O. and Giraldez, Arturo, "Born with a 'Silver Spoon': World Trand's Origin in 1571, "*Journal of World History,* 6-2, 1995.

Reid, Anthony, Southeast Asia in the Age of Commerce 1450-1680, 2 vols, New Haven Yale University Press, 1988, 1993.（平野秀秋・田中優子訳『大航海時代の東南アジア』I・II 法政大学出版局 1997年 2002年）

第一章　西班牙之馬尼拉建城

▶史料

ゴンサーレス・デ・メンドーサ『シナ大王国誌』岩波書店 1965年

モルガ, アントニオ・デ『フィリピン諸島誌』岩波書店 1966年

和田光司

聖學院大學人文學部教授。1958年生，專長為法國近代史。

主要著作、論文：

〈17世紀初期法國的國王與新教〉，甚野尚志、踊共二編著《中近世歐洲的宗教與政治》(Minerva書房，2014)

〈喀爾文教派的發展〉，森田安一編《歐洲宗教改革的連續與斷裂》(教文館，2009)

〈現代法國、新教與「寬容」言論〉，深澤克己、高山博編《信仰與他者——寬容與不寬容的歐洲宗教社會史》(東京大學出版會，2006)

〈南特詔書——史料與內容〉(上、下)《聖學院大學綜合研究所紀要》第33號／第37號，2005/2007

〈16、17世紀法國的教派共存〉《歷史學研究》810號，2006

薩摩真介

廣島大學大學院綜合科學研究科副教授。

1976年出生，專長為英國近代史、大西洋史。

主要著作：

Britain and Colonial Maritime War in the Early Eighteenth Century: Silver, Seapower and the Atlantic (Boydell & Brewer, 2013)

《（海盜的）大英帝國——掠奪與交易的四百年史》(講談社選書métier，2018)

真下裕之

神戶大學大學院人文學研究科副教授。1969年生，專長為南亞史。

主要著作、譯作、論文：

〈蒙兀兒帝國印度的抄本與繪畫〉，小杉泰・林佳世子編《伊斯蘭　書籍的歷史》（名古屋大學出版會，2014）

〈顧特卜沙希王朝的起源相關諸論及其周邊——印度洋西側海域的人口移動諸面向〉《西南亞研究》86（2017）

〈阿布勒法茲（Abu'l-Fazl ibn Mubarak），《阿克巴治則》（*Ain-i-Akbari*）譯註（7）〉《紀要》（神戶大學文學部）46（合譯，2019）

堀井優

同志大學文學部教授。東京大學大學院人文社會系研究科博士課程畢業（文學）。

1965年生，專長為中世紀及近代中東、歐洲關係史。

主要論文：

〈16世紀鄂圖曼帝國的條約體制之規範結構——以杜布羅夫尼克、威尼斯、法國為例〉《東洋文化》第91號，2011

〈威尼斯人領事看到的埃及與其周邊——16世紀的商業與行政〉，鈴木董編著《鄂圖曼帝國史諸面向》（東京大學東洋文化研究所，2012）

〈近世開羅的歐洲人〉《歐洲文化史研究》第15號，2014

〈16世紀後半・17世紀前半的鄂圖曼帝國——與威尼斯的條約規範之結構〉，川分圭子、玉木俊明編著《商業與異文化的接觸——中世紀後期至近代歐洲國際商業的誕生與發展》（吉田書店，2017）

Religious Minorities and Foreigners in Ottoman Cairo, K. Fukasawa, B. J. Kaplan, P.-Y. Beaurepaire (eds.), *Religious Interacitions in Europe and the Mediterranean World: Coexistence and Dialogue from the Twelfth to the Twentieth Centuries*, London & New York, 2017.

作者

平山篤子

帝塚大學名譽教授。1951年生，專長為西班牙近代海外發展史。

主要著作、譯作：

《西班牙帝國與中華帝國的邂逅——十六．十七世紀的馬尼拉》（法政大學出版局，2012）

“Convivencia beneficiosa o cohabitacion hostil” *Nueva Espana: puerta Americana al Pacifico asiatico* (1singlos XVI-XVII)(Universidad Nacional Autonoma de Mexico, 2019

胡安．希爾．費南德茲（Juan Gil Fernández），《紳士與武士——16．17世紀的西班牙與日本》（叢書．Universita 693）（擔任翻譯，法政大學出版局，2000）

丹尼斯．弗林（Dennis Flynn），《全球化與白銀》（YAMAKAWA LECTURES 7）（合譯，山川出版社，2010）

城地孝

同志社大學文學部助理教授。1978年生，專長為明清史。

主要著作、論文：

《長城與北京的朝政——明代內閣政治的發展與變遷》（京都大學學術出版會，2012）

〈明末的弓術書《武經射學正宗》與其周邊〉，三木聰編《宋－清代的政治與社會（暫譯）》（汲古書院，2017）

〈咸寧侯仇鸞的周圍——做為十六世紀的商業化時代之明朝政治考察參考〉《史林》第96卷第3號，2013

〈沈雄森再論〉《文化學年報》第66輯，2017

〈《武經射學正宗》的傳入日本．翻譯．散布〉《史朋》第50號，2018

作者簡介

叢書監修

木村靖二

東京大學名譽教授。專長為西洋近現代史，德國史。

岸本美緒

御茶水女子大學名譽教授。專長為明清社會經濟史。

小松久男

東京大學名譽教授。專長為中亞史。

編者

岸本美緒

御茶水女子大學名譽教授。東京大學大學院人文科學研究科博士課程肄業。1952年生，專長為明清社會經濟史。

主要著作：

《清代中國的物價與經濟變動》（研文出版，1997）
《東亞的「近世」》（世界史 Libretto 13）（山川出版社，1998）
《明清交界與江南社會——17世紀中國的秩序問題》
（東京大學出版會，1999）
《風俗與時代觀——明清史論集1》（研文出版，2012）
《地域社會論再考——明清史論集2》（研文出版，2012）
《中國的歷史》（筑摩書房，2015）

歷史的轉換期 06

白銀大流通與國家整合 1571年

銀の大流通と国家統合

Turning Points In World History

編　　者　岸本美緒
譯　　者　李雨青
發 行 人　王春申
選書顧問　林桶法、陳建守
總 編 輯　張曉蕊
特約編輯　蔡傳宜
責任編輯　洪偉傑
封面設計　萬勝安
內文排版　康學恩
業　　務　王建棠
行　　銷　張家舜
影　　音　謝宜華
出版發行　臺灣商務印書館股份有限公司
23141 新北市新店區民權路 108-3 號 5 樓
（同門市地址）
電　　話　(02) 8667-3712
傳　　真　(02) 8667-3709
服務專線　0800-056193
郵　　撥　0000165-1
信　　箱　ecptw@cptw.com.tw
網路書店　www.cptw.com.tw
臉　　書　facebook.com.tw/ecptw
印　　刷　鴻霖印刷傳媒股份有限公司
定　　價　新台幣 430 元
2022 年 1 月　初版 1 刷
2022 年 12 月　初版 2.3 刷
臺灣商務印書館

局版北市業字第 993 號
法律顧問　何一芃律師事務所

國家圖書館出版品預行編目 (CIP) 資料

1571年：白銀大流通與國家整合／岸本美緒編；李雨青譯
——初版——新北市：臺灣商務印書館股份有限公司，2022.01
面；　公分（歷史的轉換期 6）
譯自：1571年：銀の大流通と国家統合
ISBN　978-957-05-3382-8（平裝）
1. 文化史　2. 世界史

713　110020434